Vettermann   Die Irrfahrten des Barawitzka

Vettermann

Die Irrfahrten des Barawitzka

DELIUS KLASING VERLAG

ISBN 3-7688-0710-X

© Copyright by Delius Klasing & Co., Bielefeld
Zeichnungen: Karl Vettermann
Printed in Germany 1991
Druck und Bindung: Clausen & Bosse, Leck

Kapitelübersicht

Die Bootsschau 7

Ein Jackenkauf und seine Folgen · Der Schreck in der Abendstunde · Barawitzka faßt einen heroischen Entschluß · Eine Kapitänswahl mit gezinkten Karten

Der Fluch der Götter 50

Ein Bruch kommt selten allein · Aufstieg und Fall des Ing. Westermayer · Das verschwundene Trinkwasser oder der große Durst · Eine Landung an unbekanntem Gestade

Polyphem 87

Eine herzbewegende Beichte · Ein Schuß und die verlorene Ehre der Anna Kyros · Eine seltsame Vaterschaft

Die Kunst des Anlegens 111

Von der unverschleierten Mondgöttin, dem Playboy Zeus, seinen mißratenen Kindern und den olympischen Dienstboten · Einige sehr spezielle Tips, ein Schiff festzumachen

Der Mond Mykonos 135

Ein enttäuschter Liebhaber, ein seltsamer Heiliger und eine schlagfertige Göttin · Die entschwundene Amazonenkönigin · Die Sache mit den beiden Doppelgängern

Apollos heilige Insel 166
Mitternächtliches Intermezzo · Wie der Hofrat ein vollkommenes Chaos stiftet · Gefangen in der Klosterküche · Das Orakel aus dem Brunnen

Die Sirenen von Manganari 184
Betrachtung über die Herkunft des Menschen und dreier nackter Mädchen · Wo ist Felix? · Eine handfeste Demonstration in der Kunst des Überredens · Liebe auf Französisch

Vulkanwein und Piraten 204
Ein Ehedrama · Der alte Mann und der Wein und ein modernes Marketing · Freud und Leid mit einer Mädchencrew · Die gelungene List des fintenreichen Barawitzka

Die Circe von Milos 227
Die Sklavenjäger der Ägäis · Ein Schiff mit zwielichtigen Absichten · Der Geist aus der Flasche · Eine zauberhafte Wirtin und wie die Crew das Weitersegeln vergißt · Ein höchst willkommener Orkan

Barawitzkas Heimkehr 253
Verheißungsvolle Rauchsignale · Ein Torpedo als Souvenir · Rudi, der rundum glückliche Mensch von Kea · Der Klabautermann ist an allem schuld

Die Bootsschau

*Ein Jackenkauf und seine Folgen · Der Schreck
in der Abendstunde · Barawitzka faßt einen heroischen
Entschluß · Eine Kapitänswahl mit gezinkten Karten*

Die ganze Szene erinnerte stark an eine Opernaufführung: Die festlichen Fahnen, die unaufhörlich vorrollenden Limousinen, aus denen die Besucher krabbelten, das Getue, Rufen und Einwinken der offiziellen Parkwächter und der inoffiziellen Gschaftlhuber, die an den Kassen anstehende Menge, die freudige Erwartung auf den Beginn des Spektakels. Zum Unterschied von einer Opernaufführung sah man hier, vor dem Eingang der Friedrichshafener Bootsschau, allerdings statt langer Abendkleider, Frack, Uniformen und Orden mehr Bordkostüme, Blazer, Schiffermützen und emaillierte Clubabzeichen. Die dazwischen vereinzelt auftauchenden Trachtenjacken und gamsbärtigen Försterhüte grimmiger Gebirgskapitäne, die verwaschenen Jeans und schlampigen T-Shirts von unfrisierten Jungseglern mit Ziegenbärten und Schubertbrillen und die geblümten Kleider von biederen Hausfrauen erinnerten wieder sehr stark an das gemischte Publikum einer Opernaufführung mit Abonnement.

Das rhythmische ferne Klingeln und Schlagen von Hunderten von Stahlfallen auf Hunderten von Alumasten auf dem Freigelände war wie das Gedudel und Geklimper des Opernorchesters vor der Ouvertüre. Und wie bei einer Opernaufführung gab es auch eine große Anzahl von Besuchern mit Freikarten. Wir waren auch darunter.

Wir, das waren, an diesem sonnigen Freitag im September, Simon Rebitschek, die Brüder Georg und Walter Hajduk und ich, Karl Vettermann, ehemaliger Winkelmesser, Navigator und Logbuchschreiber der Ketsch HIPPODACKL. Seitdem wir mit dieser Ketsch im Frühjahr gemeinsam von Triest nach Malta gesegelt waren, fühlten wir uns als Crew. Wenn wir uns irgendwo lässig als HIPPODACKL-Crew vorstellten, dann hatten wir so ein Gefühl, damit mehr zu sein als nur eine lose Vereinigung von hartgesottenen österreichischen Seeseglern. Wir waren zwar nur eine halbe Crew – die andere Hälfte wollten wir auf der Messe treffen –, aber meiner Meinung nach trotzdem repräsentativ genug. Simon Rebitschek sah sehr zünftig aus, in weißem Seemanspullover und glockigen Hosen, vollbärtig wie immer, aber die widerspen-

stigen schwarzen Haare getrimmt und anscheinend mit Winschenfett niedergebürstet. Sein gräßliches, langes Seemannsmesser hatte er glücklicherweise im Auto gelassen. Simon Rebitschek ist das ganze Jahr über ein normaler Beamter in einem normalen Ministerium, mit einer netten Frau, einer netten Tochter, einer netten Wohnung und netten Verwandten. Wenn er aber segeln geht – in diesem Fall zählte auch der Besuch einer Bootsausstellung zum Segeln – wenn er also segeln geht, macht er eine erschreckende Verwandlung durch. So ähnlich wie Dr. Jekyll und Mr. Hyde. Er wirft alle gute Erziehung, alle verbindlichen Manieren über Bord, er schleppt ein häßliches, scharfes Messer mit sich, mit dem er sehr oft auch herumfuchtelt, um ein Argument zu unterstreichen, und befleißigt sich eines betont rauhen Umgangstones. Kurz, er benimmt sich so, wie in alten Abenteuerbüchern der brutale und verbrecherische Bootsmann des Totenschiffes geschildert wird. Dabei ist er aber der beste Bordkamerad und ein äußerst zuverlässiger Vorschiffsgorilla und Seemann. Man muß sich halt nur erst an seinen gewollt rauhen Ton und an sein Hüftmesser gewöhnen. Das mit dem Tabakkauen und In-die-Gegend-Spucken hat er sich zum Glück schon abgewöhnt, weil ihm dabei meistens übel wird.

Die beiden Hajduken-Brüder sahen auch recht seemännisch aus. Sie hatten die weißblauen HIPPODACKL-Leiberln angezogen, damit man Bauch und Bizeps besser bewundern konnte, und trugen Schäkel,

Karabiner und weiße Bändsel ihrer Segelklappmesser am Gürtel, stolz wie frisch ernannte Bootsmannsmaaten ihre silbernen Pfeifen.

Walter Hajduk, Bierführer bei der Ottakringer Brauerei, war beinahe so breit wie hoch und sah so aus, als könnte er mit Leichtigkeit mit einer Hand einen 45-kg-Stockanker wegtragen und mit einem Eimerfaß Bier in der anderen Hand wiederkommen. Ein nahezu unentbehrlicher

Mann bei schwierigen Ankermanövern. Sein Bruder Georg war Tischler und auf dem sagenhaften Malta-Törn zum erstenmal auf See gewesen. Seine Beliebtheit an Bord rührte von seiner erfrischenden Unkenntnis nautischer Dinge her. (Bei wirklich guten Spitzenseglern gibt es wenig zu lachen, und welche Mannschaft lacht nicht gerne?) Georg hatte aber noch andere Qualitäten. Auf eine vielleicht etwas kantige Art war er ein fescher Bursche. Er erinnerte an eine Freistilringerversion von Omar Sharif, und er wußte das.

So marschierten wir an diesem schönen Morgen zum Eingang der Interboot.

„Sag, Karl, hast du vom Rest der Crew schon etwas gesehen?" fragte Walter, als ich gerade die Freikarten vorwies, die bestätigten, daß wir alle auf Einladung von Humpels Schiffsfarben die Messe besuchten.

Mit dem Rest der Crew meinte er die andere Hälfte der Mannschaft, den unser ehemaliger Skipper, B.A. Barawitzka, in seinem Wagen aus Wien mitbringen wollte. Direktor Barawitzka, von seinen Freunden nur kurz B.A. genannt – weil er weder Boris noch Anastasius gerufen werden möchte – war aber nirgends zu sehen, obwohl er gerade kein unauffälliger Typ ist.

„Die sind garantiert noch nicht hier, weil sie doch mit Barawitzkas schnellem BMW mitfahren wollten. Wetten, unser großspuriger Kapitän hat sich wieder so viel Zeit gelassen, daß er erst, weiß Gott wann, in

Friedrichshafen eintrifft. Ihr wißt doch, B. A. rechnet immer mit der theoretischen Maximalgeschwindigkeit und hat die Strecke Wien—Friedrichshafen sicher durch 280 Stundenkilometer dividiert, um seine Abfahrtszeit zu berechnen. Seine ETA ist natürlich im Eimer, wenn es an der Grenze bei Salzburg einen Stau gibt oder wenn auf der Autobahn bei Irschenberg ein Tankwagen an die Leitschiene geprallt ist. Aber Hauptsache, wir sind hier und ohne Verluste."

„Wo fangen wir an?" fragte Simon, und ein listiges Licht glomm in seinen dunklen Augen auf. „Ich würde vorschlagen, wir gehen erst einmal zur . . ."

„Nix da!" unterbrach ich ihn sofort mit der Autorität, die mir zusteht, wenn der Käptn nicht da ist. „Wir gehen nicht erst zur Schnapsbude, um ein paar Überlegungskorn zu kippen. Wir fangen einmal bei der Halle A an. Mir nach, Burschen! Fest zusammenbleiben im Gewühl, und wenn jemand wirklich verloren geht, zu jeder vollen Stunde steht der Simon im Freigelände und kippt einen Klaren!"

Ich hoffte nur, daß Simon die Suchwache nicht wieder wie voriges Jahr durchführte, wo er Schnäpse dem Glasenschlag entsprechend bestellte. Nach 8 Glasen Mittag war er dann als Vermißtensuchdienstleiter völlig unbrauchbar geworden.

Simon schleckte sich die Lippen: „Ich bin da, zu jeder vollen Stunde. Das ist so sicher wie Dieselöl in der Bilge bei einer lockeren Einspritzpumpe."

Damit drängten wir uns durch das Gewühl bis zum ersten Bootsstand. Mit den unförmigen Stoffpatschen an den Füßen, die die makellosen Ausstellungsdecks vor Nagelschuhen und Bleistiftabsätzen schützen sollten, kletterten wir an Deck und in alle Boote. Wie alle anderen Besucher drehten wir selbstverständlich an allen Knöpfen und Hebeln, schauten, ob Gas im Herd und Wasser in den Pumpen war, öffneten jedes Schapp und jede Lade und testeten die Qualität der Matratzen mit Fausthieben. Es gab große, dicke, kleine, schlanke, rote, gelbe, weiße und blaue Bootsrümpfe, tausend Schilder, hunderttausend Menschen, ragende Masten, unbewegt hängende Segel — außer in der Nähe der Eingangstüren —, mit gesponnenem Zucker verklebte Kinder, aus Lautsprechern dröhnende Seemannsmusik und an jeder Ecke die gleiche Frage:

„Haben Sie einen Plastiksack für die Prospekte?" Oder: „Wo werden hier die Reklamemützen verteilt?" Wir arbeiteten uns fleißig durch die

große Halle, kletterten Niedergänge rauf und runter, hüteten uns nach einer Weile, in den Cockpits den Kopf zu senken, weil dann sicher ein kräftiger Interessent unter dem Boot das Ruderblatt schwenkte und uns die Pinne auf den Schädel knallte. Wir sammelten Prospekte und Freiexemplare von alten Segelzeitungen. Wir ließen uns vom Computer unsere Traumyacht berechnen. „Groß genug für neun Personen und nicht teurer als 10000 Mark."

Als wir die Computerauswertung endlich erhielten, gingen wir geschlossen auf ein Bier.

„Das ist eine Frechheit von diesem Blechtrottel!" schimpfte Georg und starrte grimmig auf den gelochten Papierstreifen. *Die Selbstbauversion eines Neun-Mann-Kajaks ist auf dieser Messe nicht ausgestellt.*

Nachdem der Durst gelöscht war, führte uns Simon in die nächste Halle zum Hamburger Laden, und wir hatten viel Spaß, weil Walter unbedingt einen stilechten Seemannsjanker kaufen wollte.

Die Verkäuferin, eine kesse Berlinerin, bemühte sich echt. Aber es ist einfacher, eine passende Jacke für einen mittleren Wellenbrecher zu finden als für Walter, der über einen Körperbau im „goldenen Schnitt" verfügt. (Für die, die in der Schule nicht aufgepaßt haben – 1 mal 1 mal Wurzel aus 2.) Die Steuermannsjacken, die ihm in den Schultern paß-

11

ten, gingen ihm meistens bis zu den Knöcheln. Aber da er keinen Marinemantel wollte, schleppte Katja Jacke um Jacke an, und wir hatten einen lustigen Nachmittag. Sie einigten sich dann auf eine Neukonstruktion, und Walter Hajduk wurde vermessen wie eine IOR-Yacht. Katja wunderte sich gehörig über die gewaltigen Bizeps unseres Bierführers. Walter wird wahrscheinlich als Dressman und Photomodell nie eine besondere Karriere machen, aber er ist die beste und netteste Ankerwinsch, die ich in vielen Jahren kennengelernt habe. Als dann auch Georg vermessen werden wollte, ging ich mit Simon in die benachbarte französische Weinprobe. Wir verkosteten einen Teller frischer Austern und etliche trockene Weißweine, bevor wir dem mit dem Bestellblock lauernden Schnurrbart erklärten, wir seien selber Weinbauern und kauften nichts bei Kollegen. Das war zwar nicht sehr vornehm, aber ich hasse Schurken, die unter falscher Flagge segeln, denn die französischen Weinlokale auf deutschen Bootsmessen sind verkappte Weingroßhändler. Wir gingen zum Hamburger Laden zurück und erfuhren, daß Georg die Verkäuferin für heute abend eingeladen und ich als Navigator die Aufgabe hatte, ein besonders gemütliches Weinlokal zu finden. In Ermangelung eines geeigneten nautischen Handbuches löste ich die Aufgabe, indem ich einen besonders rotweinnasigen Nachtwächter befragte. Wir stiefelten ein wenig im Freigelände herum, um Luft zu schöpfen, bewunderten das übers Heck völlig offene Cockpit eines ausgestellten Renn-Eintonners und stellten Überlegungen an, was wohl passiert, wenn einem bei Seegang das Wurstbrot aus der Hand fällt.

Simon schob uns dann in die nächste Halle, wo die großen Yachten ausgestellt waren. Wieder mit den lustigen Stoffschuhen bewehrt, drängten wir uns durch die Menschenmassen, die auf jedem Deck herumstanden wie siegreiche Entermannschaften auf eroberten Schiffen. Bei einer großen 31er strömte gerade eine lachende Partie mit prall gefüllten Prospektsammelsäcken aus dem Niedergang. Wir huschten sofort unter Deck und machten es uns im Salon gemütlich. Walter hob das Abdeckbrett über dem Flaschenschapp und schüttelte bedauernd den Kopf:

„Auch hier ist kein Platz für Doppler."

Der junge Verkäufer, der in der Navigationsecke eifrig in einem Notizbuch kritzelte, fuhr auf. Er gehörte anscheinend zu dem Verkäufertyp, der keine Kritik an dem von ihm angebotenen Produkt vertragen kann.

„Für was haben Sie zu wenig Platz? Ich habe das nicht ganz verstanden", mischte er sich ungebeten ein. „Das Raumangebot und die Staumöglichkeiten auf dieser ganz modern konstruierten Yacht sind doch einmalig", rief er beschwörend. Walter sah ihn mit unschuldigen blauen Kugelaugen an.

„Für Doppler ist kein geeigneter Platz", wiederholte er bereitwillig.

„Für Doppler?" Der junge Verkäufer hob indigniert die Augenbrauen. „Wollen Sie auf See Schuhe doppeln?" Wie ein Barrakuda blitzschnell aus dem Riffschatten heraus zuschnappt, so überraschend griff Simon den ironischen Verkäufer an: „Doppler, Doppelliterflaschen sind natürlich gemeint, Sie begriffstutziger Schuster. Für Doppelliterflaschen ist kein Platz an Bord. Haben Sie sich noch nie überlegt, wo man die Doppelliterflaschen hinstauen soll?"

Auf ein paar Dinge reagiert Simon mit sonst ungewohnter Schärfe. Neben Segelclubfunktionären, Politikern, Navigatoren und Öltankerkapitänen zählen ironische und besonders „witzige" Verkäufer zu Erzfeinden, die er sofort anfällt.

Der Verkäufer zuckte zusammen. Doppelliter-Seeleute waren ihm fremd und unheimlich. Er versuchte einzulenken: „Große Flaschen kann man vielleicht in den Schapps unter den Sofabänken verstauen."

Simon knurrte verächtlich: „Sehr witzig! Ihnen zuliebe soll ich wohl beim Essen ständig aufstehen, mich bücken, die Kojendeckel hochklappen und in die Schapps greifen, wenn ich einen Schluck Wein trinken will?"

Simon stand abrupt auf und sah sich suchend um, wie ein Zöllner, der die erste geschmuggelte Flasche an Bord entdeckt hat. „Wo ist der Feuerlöscher?" herrschte er den Verkäufer an. Jetzt ging er voll zum Angriff über. Die Idee mit der Weinflasche unter seinem Sitzplatz im Salon war zuviel gewesen. Ich bemerkte, wie er instinktiv mit der Hand an den Gürtel tastete, wo er normalerweise sein häßliches langes Segelmesser stecken hatte. Der junge Verkäufer klammerte sich an sein Notizbuch wie an einen Rettungsring. „Da, neben dem Niedergang", stammelte er.

Simon bückte sich und brummte befriedigt wie ein Freistilringer, der den ersten Tiefschlag anbringen konnte: „Typisch, ein billiger Naßlöscher für Motor und Elektrik, das paßt zu der ganzen hirnlosen Konstruktion. Da . . . halbkardanisch nennen Sie so etwas?" Er kippte den Herd samt der darauf stehenden Wasserkanne aus der Waagerechten.

13

„Da, in die Kajüte schwingt er ja noch, aber jetzt passen Sie auf, was passiert, wenn das Schiff über Stag geht!" Er ließ den Ofen sausen. Hinter der Pantry war nicht so viel Platz, es krachte gewaltig, als der Herd in den Küchenverbau donnerte und die Wasserkanne scheppernd in die Luft sprang. Der Verkäufer schrie leise auf, aber Simon turnte schon weiter durch die Kajüte, mit dem scharfen Auge eines Galeerenkapitäns, der ein Opfer für die tägliche Auspeitschung sucht. Er zog an den Laden, hob Bodenbretter hoch, und er wurde immer wieder fündig. In der Bilge führten einige Kabel quer über die Kielverschraubung. Simon zeigte anklagend darauf. „Ordinäre Lüsterklemmen als Ersatz für seefeste Kabelverbindungen. Das ist einsame Spitze. Ein Kübel Seewasser, und die Elektrik dieser Kiste ist lahmgelegt wie das Atomkraftwerk Zwentendorf. Mann, Sie haben es notwendig, mit diesem traurigen Kahn anzugeben. Wo ist das Pump-WC?" fragte er mit einem gefährlichen Unterton in der Stimme, wie Eroll Flynn in einem Seeräuberfilm, wenn er wissen möchte, wo die Jungfrauen versteckt sind. Auch hier wurde er fündig. Er rüttelte an der Muschel. „Wie groß ist die Gegenplatte, mit der der WC-Fuß im Sandwichsockel verschraubt ist?" Aber der Verkäufer wußte keine Antwort auf diese Frage.

„Da ist wahrscheinlich keine!" rief Simon triumphierend. „Aber das werden wir gleich wissen, Walter, gib mir einen 12er-Ringschlüssel."

Dem Verkäufer quollen die Augen aus dem Kopf, wie einem Tiefseefisch, wenn man ihn mit der Angel an Deck zieht, als Walter in einigen Schapps nach der Werkzeugkiste suchte und Simon dann einen Schlüssel gab. Er rief heiser irgend etwas wie „das geht doch nicht" oder „das können Sie doch nicht tun", aber das hielt Simon wenig auf. Er werkte kurz und hielt dann grinsend eine Schraube hoch. „Na, was habe ich gesagt? Diese Schuster haben den Sockel einfach mit Selbstschneideschrauben in das weiche Sandwichbalsa geschraubt. Nach einigen Wochen auf See ist das Holz verfault, und der nächste WC-Benützer fällt mit der Muschel um." Er ließ Schraube und Schraubenschlüssel fallen und turnte an Deck, ohne den unglücklichen Verkäufer auch nur eines Blickes zu würdigen. Wir folgten ihm interessiert, denn Simon war blendend in Fahrt, und da konnte man noch mit weiteren Höhepunkten rechnen. Simon bemängelte beinahe alles an Deck, die optisch falsche Anordnung der Instrumente und die scharfen, Ölzeug zerfetzenden Schappdeckelverschlüsse. Er rüttelte an den Relingsstützen, bis es im Deck knisterte und dem Verkäufer die Tränen kamen, und er erklärte dem interessiert lauschenden Publikum, warum die Winschen falsch montiert waren. In dem Verkäufer erwachte ein Fünkchen seiner alten Ironie, und er sagte laut und trotzig:

„Natürlich braucht man dazu auch ein wenig Kraft."

Erst glaubte ich, Simon würde ihm mit der Winschkurbel über den Schädel hauen, um das mit der Kraft zu beweisen, aber dann legte er zu meiner Überraschung die Schot um die Winsch, setzte die Kurbel auf – und riß an.

Nach einer dreiviertel Drehung fing sich die Kurbel und seine Faust am unteren Relingsdurchzug und blieb stecken. Simon grunzte überrascht, starrte erst auf seinen aufgerissenen Handrücken und dann auf den Verkäufer.

„Modern konstruiert!" brüllte er dann grimmig und schlenkerte seine Hand, daß das Blut bis auf das weiße Deckshaus spritzte. Der Verkäufer wurde bleich wie ein Alte-Donau-Kapitän, der zum erstenmal einen vollen Beaufort 8 in den Wanten orgeln hört. Simons Zorn verrauchte schnell, er leckte seine Wunde und sagte ganz normal: „Wenn Sie zufällig Hansaplast an Bord haben, schenken Sie mir einen Streifen. Schreiben Sie einen Bericht an Ihre Firmenleitung und nehmen Sie 's nicht zu schwer. Aus dem Schiff kann noch was werden." Er blickte auf das Firmenschild. „Nicht jede Schuhfabrik erzeugt auf Anhieb eine ganz passable Yacht. Es sind die Kleinigkeiten, die zählen. Kleinigkeiten!" Er nahm mit großer Geste das Pflaster, klebte es auf seine Hand und kletterte von Bord wie ein zufriedener Zollfahnder, der einem schnippischen Chefsteward einmal gezeigt hat, was eine Harke ist.

Georg folgte kichernd. „So viel über die modern konstruierte Humanic 31. Schauen wir uns weiter um, vielleicht finden wir noch so ein lustiges Schiff. Da kann man viel dabei lernen."

Aber die anschließende Besichtigung der ausgestellten Yachten von Dehler, Schöchl, Conyplex, Alpa und Dufour brachte natürlich keine solchen grandiosen Höhepunkte wie die Humanic 31.

Der nächste Stand sorgte wieder für neue Abwechslung. Eine grellrote GFK-Rumpfschale war hier ausgestellt, in die jemand große zackige Löcher geschossen oder gehackt hatte. An den Kojenwänden hingen seltsame Geräte, die wie eine Mischung aus Golfschläger und Faltsessel aussahen und mit denen diese Löcher anscheinend gemacht werden konnten. Über dem ganzen die geheimnisvolle Aufschrift: „Leckumbrella – die Messeneuheit aus England".

„Wozu ist das?" wunderte sich Georg und langte nach einer der sonderbaren Waffen. „Da ist ein Rohr dran und eine Feder und eine Art Abzug wie bei einem Gewehr."

„Das ist äußerst praktisch", rief Simon plötzlich aufgeregt, „das muß sich um eine Art Panzerfaust für Segler handeln. Super Erfindung. Keine Raum-Brüllerei mehr auf Backbordkurs. Wenn einem da am Neusiedlersee so ein Antisegler in die Quere kommt, schießt man ihm einfach eine Platzpatrone unter die Wasserlinie, und er muß auf anderen Bug gehen. Haha! Georg, ziel einmal da drüben auf die Neptun 27 und drück ab, ich möchte sehen, wie weit das Ding schießt!"

Der Aussteller guckte aus dem durchlöcherten Wrack und fragte: „Würden Sie gerne haben zu sehen, wie die Leckumbrella arbeitet, Sir?"

„Und ob!" rief Simon erfreut. „Drücken Sie ab!" Er stopfte sich die Finger in die Ohren in Erwartung des Knalles. Es knallte zwar nicht, war aber trotzdem sehr schön anzusehen. Der Engländer arbeitete flink. Die von ihm durch die Löcher gesteckten Schirme entfalteten sich wie weiße Riesenblumen über einem roten Sandstrand, und die sinnreiche Konstruktion saugte die Plastikblumen über die Lecks. Erfreut über unseren Applaus schaute der Verkäufer wieder über den Bootsrand.

„Es ist extraordinär, ist es nicht? Diese Leckumbrella dichtet jedes Leck auf einer Yacht, bevor Sie können sagen: Jetzt würde ich gebrauchen einen Schöpfeimer. Wenn Ihre Yacht erhält größere Rumpfdurchlöcherungen und Sie tun nicht haben unsere Leckumbrellas, dann können Sie singen wie Harry Belafonte in diese berühmte Lied 'water, water everywhere'. Haha, haha!"

„Wie haben Sie die Löcher gemacht?" fragte Simon interessiert. Der Verkäufer schilderte eine ganze Weile die Vorteile seiner Leckstopfschirme, ehe ihm dämmerte, daß Simon nicht an den Schirmen, sondern an dem Gerät zum Machen dieser Löcher interessiert war. Nachdem der Engländer „tat nicht wissen dieses, bedauerlicherweise", gingen wir zum Stand der Firma Hydrofitting, um zu sehen, was es auf dem Beschlagssektor Neues gibt.

Simon fand einen Bootshaken, an dessen krummer Spitze ein großer Karabiner so geschickt befestigt war, daß man damit eine Festmacherleine an eine Boje hängen konnte, ohne zwischen der Reling heraushängen zu müssen wie ein Affe vom Baum.

„Wenn wir in Malta so etwas gehabt hätten, wäre Janos das letzte Segelkapperl nicht in die Hafenbrühe gefallen. Ich muß das gleich ausprobieren." Er nahm kurzerhand den Haken von der Wand, reckte sich und hängte den Karabiner mit der Leine hoch oben in einen Ring der Kojenbeleuchtung. Ein kurzer Ruck, ein metallisches Schnappen, er hatte den Bootshaken in der Hand und die Leine war sauber da oben angeschäkelt. „Super Erfindung", sagte Simon und reckte sich abermals, um den Festmacher wieder von seiner Übungsboje zu holen.

Das klappte aber nicht so toll. Nach langem vorsichtigem Stochern hatte er den Karabiner wieder am Bootshaken und riß an der Tripleine. Es geschah nichts, außer daß die Lampe schwankte wie eine Ankerlaterne auf der Reede.

„*Sacrebleu!*" schimpfte Simon, der mit ausgestreckten Armen und auf Zehenspitzen langsam müde wurde. Er riß fest an der Leine. Jetzt hüpften und schwankten die Leuchtkörper aller benachbarten Ausstellungsstände wie die Laternen der untergehenden spanischen Armada, und ein Verkäufer sprang mit einem erschrockenen Ausruf herbei. Simon drückte ihm den Patentbootshaken in die Hand.

„So, jetzt zeigen Sie mir einmal, wie dieser Hundskarabiner wieder abgeht."

„Mann Gottes, was haben Sie denn da angerichtet!" rief der Verkäufer entsetzt.

Simon zeigte vorwurfsvoll auf das Reklameschild. „'Patentbootshaken' steht da, 'macht an jeder Boje einen Karabiner fest', steht da, 'unentbehrlich für jeden Segler', steht da. Gut. Da oben ist meine Boje. Ich habe bequem angelegt, und jetzt möchte ich bequem wieder ablegen und kriege dieses Hundszeugs nicht wieder ab. Zeigen Sie's mir."

Der Verkäufer starrte nach oben: „Mann Gottes, wie soll ich denn dieses Ding da oben wieder abkriegen?"

Simon starrte ihn einen Moment verblüfft an, dann erst verstand er und begann lauthals zu lachen. Er klopfte dem Mann auf die Schulter: „Mann Gottes und Händler vertrackter Patentdinge! Sie kriegen das auf dieselbe Art wieder ab wie ich, wenn ich dieses Zeugs gekauft hätte. Sie müssen nur auf die Boje klettern und den Karabiner wieder mit der Hand aufmachen. Prima Erfindung!"

Wir gingen weiter und Georg meinte, es sei eine überaus kluge Maßnahme, vor einem Kauf einmal alles richtig auszuprobieren. Ein paar Stände weiter konnte ich ihn gerade noch zurückreißen, weil er die

17

Aufblasautomatik einer Zehn-Mann-Rettungsinsel ausprobieren wollte. Schaudernd versuchte ich mir vorzustellen, wie uns das sich aufblähende Gummifloß an die Kojenwände gedrückt hätte. Da jetzt auch Walter kindisch wurde und mit Notraketen hantierte, trieb ich die Gruppe aus der Halle und zum Farymann-Diesel-Stand, um zu sehen, ob wir einen Schnaps kriegen könnten.

Ich kenne den Farymann-Diesel-Chef schon lange von vielen Bootsmessen. Er freut sich immer besonders, wenn er mich sieht. Da er sich stets für die letzten Aufträge bedankt, nehme ich an, daß er mich mit einem besonders guten Kunden verwechselt, aber ich habe nicht das Herz, ihm seine Freude zu verderben. So trinken wir auf jeder Messe einen Schnaps miteinander und schimpfen über die Konkurrenz. Ich muß sagen, ich bin sehr für Faryman-Diesel, weil mir bisher weder Volvo noch Perkins oder Renault je einen Schnaps angeboten haben.

Auch dieses Mal war der Chef sehr froh, mich wiederzusehen, begrüßte meine Segelkameraden überschwenglich und führte uns in das Prospektlager, wo er eine Runde Schnaps einschenkte. Um ihm eine Freude zu machen, erzählte ich ihm über die Entlüftungsprobleme, die wir auf der HIPPODACKL gehabt hatten. Stolz zeigte er uns dann an seinen ausgestellten Motoren, wie einfach diese zu entlüften sind, und Walter und Georg lernten eine Menge Insider-Informationen über Dieselmotore. Wir schieden im besten Einvernehmen. So eine jahrelange gute Geschäftsbeziehung, wie ich sie mit Farymann-Diesel habe, ist etwas sehr Schönes. Wir haben noch nie wegen verspäteter Ersatzteillieferungen, Reklamationen oder Rabatten gestritten, der Schnaps war immer sehr gut.

Wir folgten Simon dann in die Halle 6, wo holländische Yachten ausgestellt waren. Wir enterten eine große Ketsch und setzten uns sofort in die zufällig leere Kajüte. Walter sah sich genießerisch um und betastete das Leebrett an der Backbordseite.

„In so einer ähnlichen Koje hab ich auf der HIPPODACKL geschlafen", sagte er mit einem Anflug von Rührseligkeit.

Walter guckte auf den Herd. „Und auf einem so ähnlichen Herd sind mir die Eier neben die Pfanne geflogen."

„Und dort drüben im Bücherschapp stand immer der Schnaps", grinste Simon und blickte auffordernd auf den blonden Verkäufer, der sich in einer Ecke gerade ein Glas einschenkte. Der junge Mann machte einen erschöpften Eindruck.

„Sind Sie an die Kauf von so eine Schiff interessiert?" fragte er.

Simon antwortete offenherzig: „Nein, nein, Minheer, wir kaufen nichts. Wir sind nur an Bord eines ähnlichen Schiffes im April von Triest nach Malta gesegelt. Aber wir sagen trotzdem nicht nein, wenn Sie uns unbedingt einen Schnaps aufdrängen wollen." Das Gesicht des Holländers lichtete sich, wie der Nebel, wenn die Sonne kommt.

„Es ist mir sehr willkommen, einmal nicht tausend Fragen beantworten su müssen", lachte er, „hier, das ist echte Alte Genever. Schenken Sie ein und reden Sie einmal. Wie waren Sie sufrieden mit die Schiff?"

Georg, der Tischler, drückte sich lobend über die gute Holzverarbeitung aus, regte aber an, bei der nächsten Serie eine Vorrichtung zu schaffen, in die man Gläser zum Trocknen aufstellen kann, damit sie auch kleine Wellen heil überstehen. Er habe da so seine Erfahrung. Walter bemängelte die Position der Bilgepumpe, weil man sich beim Pumpen unweigerlich die scharfe Kante des Herdes in die Hüfte bohrt, und daß der Zugang zur Maschine anscheinend von einem sehr kleinwüchsigen und verkrüppelten Techniker entworfen worden sei, der sich vielleicht nicht vorstellen kann, daß manchmal auch jemand mit mehr als 25 Kilo Lebendgewicht an die Entlüftungsschrauben kommen muß. Ich fragte ihn, ob die Bleistifthalter nicht etwas tiefer gemacht werden könnten, so daß der spitze Navigationszirkel bei gröberem Wellengang nicht immer wie ein Wurfpfeil in Richtung Kombüse abgeht. Der freundliche junge Mann notierte eifrig alles in seinem Notizbuch.

„Das gefällt mir schon besser", grinste er, „das kann ich in meine Verkaufbericht aufnehmen. Sie stellen nicht so Fragen wie „Wo haben Sie den Reservemast verstaut?" oder „Warum ist der Tisch nicht vollkardanisch gelagert?" oder „Dieses Schiff ist doch selbstverständlich voll ausgeschäumt und absolut unsinkbar?" Der junge Mann schluckte schwer. „Wenn wir auf diese Boot 15 Tonnen ausschäumen, paßt keine Maus mehr unter die Deck. Ich habe gestern eine Herr geantwortet, nein, mein Herr, das Schiff ist laut Vorschrift schnell sinkbar gemacht, damit es bei Havarie nicht im Meer treibt, als Gefahr für andere Schiffe, sondern besonders schnell untergeht. Haha!"

Der junge Mann mußte in den ersten Tagen der Bootsschau schon Schreckliches mitgemacht haben. Er war gezeichnet von sinnlosen Fragen und leicht hysterisch.

Von draußen am Rumpf ertönte lautes kräftiges Klopfen. Der junge

Verkäufer zuckte zusammen wie vom Klabautermann gebissen und bekam einen irren Blick. „Sie klopfen seit die Messeeröffnung, um su hören wie stark die Bordwand ist", flüsterte er heiser, „aber mich macht diese Klopfen verrückt!"

Er fuhr auf, schüttete aus einem bereitstehenden Kübel Wasser in die Toilette und pumpte wie wild. Draußen gurgelte es und irgendwer unter dem Rumpf schrie erschreckt auf.

Der junge Mann setzte sich befriedigt wieder hin. „Die klopft nicht mehr!"

Ich bemerkte, daß an Bootsmessen mehr dran sei, als man auf den ersten Blick erraten konnte. Eine Bootsmesse aus der Sicht eines Ausstellers war sicher eine einmalige Erfahrung. Wir bedankten uns für den Genever und gingen, da es langsam spät wurde. Die Menge strömte bereits wieder dem Ausgang zu. Wir holten Katja ab und pferchten uns in meinen Golf. Die empfohlene Bodega war sehr nett und gemütlich und die Weinkarte vielversprechend lang. Aber das Lokal war voller als die U-Bahn um halb sechs. Die Butzenscheiben bogen sich bereits gefährlich nach außen und die spitzen Schreie, die ab und zu über den ohnehin hohen Lärmpegel gellten, waren sicher von Menschen, die im Gewühl zerquetscht worden waren. Georg mußte sich natürlich vor Katja aufspielen und versuchte ein paar Male tapfer, in das Lokal vorzudringen. Er gab dann auf, als er bereits einen Meter hinter der Eingangstüre mit Rotwein bekleckert und mit Zwiebeltorte beschmiert wurde. Wir versuchten hierauf ein Kaffeehaus ein paar Häuser weiter, aber da gab es keinen Wein, und Simon legte ein Veto ein. Wir rannten von Wirtshausschild zu Wirtshausschild, aber entweder schlug uns der Krach von Tausenden von Gästen entgegen oder es gab nur Kaffee und Kuchen. Im historischen Restaurant „Zum Reiter über dem Bodensee" führte uns ein weißbefrackter Kellner wie ein Blindenhund durch mystische finstere Katakomben, in denen schemenhafte Figuren beim Schein von Kerzen vor irdenen Schüsseln saßen wie die ersten Christen vor dem Abendmahl. Um ein Haar wären wir in die Falle gegangen. Walter rettete uns, weil er seine kleine Taschenlampe anknipste und auf die Preise auf der Echt-Pergament-Speisekarte leuchtete. Im Gänsemarsch verließen wir die Katakomben sofort wieder, und Simon ärgerte sich, daß er sein Segelmesser im Auto gelassen hatte und so mit den bloßen Fingern das Empfehlungsschild des ADAC nicht von der Hauswand schrauben konnte, um seiner Empörung über diese Preise Ausdruck zu verleihen.

In Bahnhofsnähe tranken wir dann in einem Gasthaus einen Schoppen Wein. Aber Georg ersuchte uns um einen erneuten Lokalwechsel, weil ihn die grelle Neonbeleuchtung, die dröhnende Musikbox und die klikkenden, summenden und lichtblitzenden Spielautomaten anscheinend für einen längeren Süffelabend mit Katja nicht romantisch genug einstimmten.

Unten am Hafen fanden wir dann endlich in der „Alten Fischerstube" Georgs Geschmack. Das winzige Lokal war mit Netzen verhängt, die Wände mit ausgestopften und verstaubten Fischen und gerahmten Bildern von grinsenden Ölzeugriesen bedeckt, die irgendwelche toten Fische in der Hand hielten. An einem langen Tisch hockten wir uns gegenüber wie die Nürnberger Meistersinger und verkosteten die Weine.

„Das ist nett hier", stellte Katja fest, „fast so jemütlich wie in der Fliejerbar!" Sie ließ die geheimnisvolle Fliejerbar so unter den Netzen schweben. Georg zuckte zusammen wie ein Bordfunker, der plötzlich ein Mayday-Signal hört. Er blickte scharf auf Katja. Seit wir von der Malta-Fahrt zurück waren, ging Georg uns allen sehr auf die Nerven mit seinem „Malta-Spiel". Die Regeln für dieses Spiel waren sehr einfach. Georg versuchte mit geheimnisvollen Andeutungen und halben Sätzen über die Brittania-Bar harmlose Zuhörer zu einer verhängnisvollen Frage zu verleiten, um dann sofort mit einer schrecklichen Geschichte vom letzten Törn über den Betreffenden herzufallen. Die Fliejerbar klang verdächtig nach einer Abart von Georgs Spiel. Georg legte auch sofort los.

„Fast so gemütlich wie die Brittania-Bar", sagte er mit einem anerkennenden Blick auf die Einrichtung. Ich stieß Walter unter dem Tisch an. War Katja eine ebenbürtige Gegnerin für Georg?

„Die Fliejerbar in Tempelhof ist noch viel toller, Jeorgchen, mein Junge. Da würden dir aber die Oogen aus det Jesicht quellen, wennste dat siehst. Alle voll Fluchzeuchmodelle. Und die Buletten, die es da jibt! Ha! So jroß wie'n Elbsegler. Da muß ich dir 'ne Geschichte erzählen . . ."

Georg sah so verblüfft drein wie ein mittelmäßiger Tennisspieler, wenn er erfährt, daß sein Gegner bei der Clubmeisterschaft Björn Borg heißt. „Ich meine die Brittania-Bar in Malta", warf er ein. Aber er hatte keine Chance. Katja war Halbschwergewichtsmeisterin im Maltaspiel, und Georg kam eine Weile nicht mehr zum Zug.

„Malta kenn ick", sagte Katja geringschätzig, „winzige Insel, nur

Steine und Staub, keen bißchen Jrünzeuch. Also, daß ick det von die Buletten erzähle." Katja ratschte ihre Geschichte herunter, wie aus einer automatischen Waffe abgefeuert und ließ Georg keine Chance, irgendwo zu unterbrechen. „. . . und der Taxi-Emil bestellt sich ordentliche Buletten, so zwischen Brötchen serviert, und als ihm Muttchen das Ding auf die Theke knallt und obenauf klebt so'n Stückchen Brot, wie der Hut von Oliver Hardy, sacht Emil, 'jut, daß ick früher mal beim Zirkus war und öfters für den dressierten Löwen injesprungen bin, wenn der Grippe hatte, so hab' ick jelernt, meine Schnauze so weit aufzureißen, daß der Löwenbändiger seinen Kopp rinstecken konnte. Sonst müßt ick jetzt an die Buletten picken wie'n Sperling und könnte nich abbeißen! Hihihihi!" Katja lachte, daß ihr die Tränen kamen.

Georg versuchte verzweifelt Terrain zu gewinnen: „Auf der Malta-Fahrt hatten wir einmal eine Meuterei", sagte er mit unheilschwangerer Stimme, „wenn ich damals nicht eingegriffen hätte . . ."

„Apropos Meuterei", unterbrach ihn Katja, „wir hatten auch mal 'ne Meuterei in der Fliejerbar. Justav, unser Wirt, hatte in der Zeitung was jelesen von der Jleichberechtigung und verlangte von Muttchen ..."

Jetzt wurde Georg grob und hieb mit der Faust auf den Tisch. „Windstärke 10 hatten wir auf der Malta-Fahrt, Windstärke 10! Da wären deine dummen Buletten aber davongesegelt, wie die Elbsegler!"

„Hallo Katja!" brüllte jemand aus einer größeren Partie von Gästen, die soeben in das Lokal kamen. „Da haste dir verkrochen mit deinem Matrosen! Janz Fritzenhafen ham wa abjesucht nach dir!"

Georgs Gesicht sah man deutlich an, daß er den Eifer der Berliner überhaupt nicht zu schätzen wußte. Aber die restliche Belegschaft vom Hamburger Laden ließ sich nicht abschrecken und setzte sich ungeniert zwischen uns an den langen Tisch, und es wurde sofort laut und sehr berlinerisch. Georg hielt das keine zehn Minuten aus, dann begann er auf seinem Sitz herumzurutschen und hastig Wein in sich hineinzuleeren. Über Georgs romantischem Abend mit Katja stand ein ungünstiger Stern.

Als sich dann einer aus der Runde als eine Art Harald-Juhnke-Imitation präsentierte, die abgeschmackter war als das Samstagabend-Fernsehprogramm, wünschte ich mir auch, woanders zu sein. Nachdem Konfuzius schon sagt, der Wunsch allein ist wie ein Schiff ohne Segel, stand ich sofort auf, zahlte an der Theke unseren Wein und winkte mit ein paar kleinen Papierkupons.

„Jetzt hätten wir beinahe den Filmvortrag über die Whitbread-Regatta vergessen", rief ich laut, „kommt schnell. Katja, für dich hab ich auch eine Karte besorgt. Kommst du mit?"

Obwohl der ganze Hamburger Laden vor Protest aufheulte und nicht glauben wollte, daß die Vorstellung restlos ausverkauft war, kletterten wir kurz danach in den Golf, und ich brauste los. Im Rückspiegel sah ich, wie Georg, wieder unternehmungslustig grinsend, seinen Arm um Katja legte, weil sonst angeblich auf dem Rücksitz nicht genügend Platz war. Ich fuhr straks zu unserer Pension „Zum Grafen Zeppelin".

„Sag, was sind denn das wieder für komische Lügengeschichten", fuhr mich Simon an, als wir ein paar Minuten später die Haustüre aufsperrten, „du gibst Georg den Autoschlüssel und sagst ihm, er solle Katja noch irgendwo einen Gute-Nacht-Schluck kaufen, und ich und Walter seien so müde, daß wir sofort ins Bett müßten? Ich bin überhaupt nicht müde und ebenfalls wahnsinnig durstig. Und was ist mit den Karten für den Filmvortrag?"

„Pst, nicht so laut, du weckst die anderen Gäste. Die Karten, die ich hergezeigt habe, sind die Messe-Eintrittskarten für morgen früh. Du bist heute abend sehr langsam im Mitdenken, Simon. Oder wärst du lieber noch beim Berliner Heimatabend gesessen? Da vorne im Korridor sehe ich noch Licht, und dort steht „Zur Weinstube". Kommt mit, vielleicht kriegen wir auch noch einen Gute-Nacht-Schluck!"

Simon murmelte irgend etwas auf französisch, das sicher sehr bösartig und ordinär gemeint war, und wir folgten dem Korridor, öffneten zwei Türen und standen verblüfft genau an dem Ort, den wir den ganzen Abend lang so verzweifelt gesucht hatten. Es war eine jener Kneipen, die schon von der Einrichtung her eine besonders heimelige Atmosphäre ausstrahlen und in denen man sich sofort wohl fühlt und zu Hause ist. Unter einer Holzdecke hingen Luftschiffmodelle, die getäfelten Wände waren mit alten Fotografien von Zeppelinen und bärtigen Luftschiffern sowie alten Plakaten bedeckt, die für den Flug von Friedrichshafen nach London und Paris warben. Über der blanken Kupfertheke mit Bierzapfhahn, Kaffeemaschine und Limonadenautomaten hingen hölzerne Propeller, polierte Messinggeräte, dahinter ein reichliches Lager an bunten Schnaps- und Likörflaschen, und auf einer großen schwarzen Tafel waren mit Kreide die verschiedenen Weinpreise angeschrieben. Neben dem Musikautomaten an der Türe stand ein großer altertümlicher Vitrinenschrank mit reichverzierten Gläsern und Humpen. Die privaten Weingläser der Stammgäste wurden hier verwahrt, wie wir später entdeckten. Ein Schild in altdeutscher Schrift besagte, daß Luftschiffer und Ballonfahrer 10 % Rabatt auf alle Getränke erhalten. Ein anderes Schild berechtigte Reiter über den Bodensee, die nachweislich vom Schweizer Ufer kommen, zu einem Freibier.

Die in Schwarz und weiße Spitzen gekleidete Kellnerin dürfte den ollen Grafen Zeppelin noch persönlich gekannt haben, sah meiner Tante Emmi sehr ähnlich und schubste uns sofort hinter einen runden Tisch in einem Alkoven. „Nur rein in die gute Stube!" rief sie und stemmte die Hände in die Hüften.

Während wir noch auf der Eckbank hin und her rutschten, weil uns die Geranien auf der Fensterbank im Genick kitzelten, führte Simon mit Tante Emmi ein vinotechnisches Fachgespräch und bestellte, ohne uns zu fragen, drei Schoppen Weißherbst − er sagte sogar Weischherbscht.

Tante Emma war zwar auch nach dem goldenen Schnitt gebaut, wie Walter grinsend bemerkte, aber sie servierte sehr flink große betaute Gläser. Der Wein hatte eine schwach rötlichbraune Färbung, mundete hervorragend und war bestens geeignet für einen langen und versüffelten Abend.

„Also, wenn Georg das wüßte, wie gemütlich wir es hier haben", lachte Walter, „ich glaube, er würde platzen vor Ärger."

„Hauptsache, wir haben es gemütlich", stellte Simon nach dem ersten vollen Zug aus seinem Römer fest. „Wir können jetzt in Ruhe einen zur Brust nehmen. Ich habe schon festgestellt, daß während der Messewoche die Sperrstunde bis zwei Uhr früh verlängert wird. *Néanmoins tu es une formidable canaille,* du bist ein niederträchtiges Gfraßt, Karl, aber ich verzeihe dir deine Machinationen, denn die Berliner sind auch mir schon auf den Wecker gefallen, und hier ist es s u p e r gemütlich."

Es war dies aber der Abend der Abende. So wie es am Traunsee sofort regnet, wenn man sich mit Sonnenöl einreibt, so wurde es an diesem Abend sofort schaurig, als wir uns gemütlich zurücklehnten. Simon hatte die verhängnisvollen Worte kaum ausgesprochen, als neue Gäste in der Türe erschienen. Ein blondes Gift und ein coppertonebrauner Halbgott, beide in weißen Hosen und schnittigen, messinggeknöpften Blazern.

24

„Der Teufel soll mich holen!" stieß Simon erschrocken hervor und vergaß sein Imponierfranzösisch. „Der hat mir gerade noch gefehlt. Westermayer!" Er ließ die Luft ab wie ein angestochenes Schlauchboot. Auch ich zuckte zusammen. Es war wirklich Dipl.-Ing. Giselher Westermayer und seine Vorschotbraut Bella. Der Abend war so gut wie im Eimer.

Westermayer entdeckte uns leider sofort, obwohl wir uns in unserer Ecke so klein wie möglich machten, und stand schon an unserem Tisch.

„Das ist doch Simon Rebitschek, der alte Wantenspleißer, wenn mich meine vom Fahrtwind entzündeten Augen nicht täuschen", rief er herzlich, „und Vettermann, der alte Miesmacher, und Walter Hajduk, unser Bierfaßjongleur. Barawitzka hat mir verraten, daß ihr euch hier eingenistet habt."

„Deine entzündeten Augen täuschen dich nicht", sagte Walter schlicht, „wir sind es."

„*Merde*", knurrte Simon leise, „Pest und juckende Warzen über alle Verräter." Dann fuhr er laut fort: „Sieh einer an, der alte Westermayer. Ich hätte dich beinahe nicht erkannt mit dieser gesunden Hautfarbe. Du siehst aus wie frisch von einem Segeltörn zurück. Wollt ihr euch zu uns setzen?"

Es war nutzlos, daß er sich diese Einladung abgequält hatte. Westermayer saß schon, und Bella drückte uns allen kichernd einen gehauchten Kuß aufs Ohr, im Vorbeugen die kurze Vision eines bloßen Busens in einer offenen Bluse und eine erstickende Wolke exotischen Parfums zurücklassend. Während wir noch nach Atem rangen, legte Westermayer schon los wie ein ungebremster Rosenthal beim Fernsehquiz.

„Wißt ihr, wo ich war?" Er beantwortete diese Frage der Einfachheit halber gleich selber. „Komme soeben von einem Traumsegeltörn nach Ibiza zurück. Herrliches Schiff, toll in Schuß, eine kompetente Mannschaft, ich war Schiffsführer. Jeden Tag Sonne und viel Wind. Und Erlebnisse hatten wir, ha! Gleich am zweiten Tag, nachdem wir in Marseille abgelegt hatten, auf 4°12 Ost und 41°24 Nord, gegen Nullachteinsundvierzig GMT, sichten wir ein Segel. ‚Kapitän', ruft mein Ausguck, ‚der läuft die gleiche Richtung, zeigen wir ihm, was Segeln ist?' Na, was soll ich euch sagen!" Er winkte Tante Emmi, und obwohl er nicht sollte, sagte er uns leider ungefragt alles. Nach ein paar Minuten schwirrte mir der Kopf vor heruntergehämmerten Positionsangaben, Wettermeldungen, minutiösen Berichten über den Stand der Segel und die Befehle, die er gegeben hatte. Bella verschlimmerte die Tortur noch, indem sie unvermutet aufkicherte oder begeistert dazwischenkreischte: „Ist er nicht einsame Spitze, mein Giselherchen?"

Dann wieder beugte sie sich, ihrem Giselherchen gespannt zuhörend, so weit vor, daß Walters Kugelaugen beinahe in ihren Ausschnitt kullerten. Ich klammerte mich an meinen Römer und festigte mich mit großen Schlucken Weischherbscht. Simon dürfte vor lauter Gram ebenfalls beim Einschenken ein paar Umdrehungen zugelegt haben, denn Kap Formentor war noch gar nicht in Sicht, als er den Kopf auf die Brust senkte und laut zu schnarchen begann.

„Unser kleiner Matrose gehört ins Bettchen", kicherte Bella. Ich ertrug noch tapfer Westermayers sicher Nobelpreis-verdächtiges Anlegemanöver unter Segel in Porto San Antonio, dann hatte ich aber restlos genug von Ibiza und Wein und empfahl mich, entsetzliche Müdigkeit vorschützend.

„Bis morgen früh beim Frühstück", winkte mir Westermayer gutgelaunt nach, „ich habe hier ein Zimmer gebucht."

Das setzte einen nicht mehr zu überbietenden Schlußpunkt unter den verpatzten Abend. Jetzt war auch der nächste Morgen im Eimer. Ich wankte betäubt von diesen Schicksalsschlägen auf mein Zimmer.

Am Samstag früh begann meine Kopfuhr leise heitere Weisen zu spielen, und als ich ein Auge öffnete, schien mir die Sonne direkt ins Gesicht. Ein Traumtag. Ich beglückwünschte mich zu der Superidee, ganz früh aufzustehen, um vielleicht Westermayer auszumanövrieren. Überfülltsegelschiffs-Segler wie ich sind es gewöhnt, sich lautlos zu bewegen und Toilette zu machen, und etwas vor sieben Uhr schlich ich rasierwasserduftend die Treppe hinab, um die Frau Graf Zeppelin zu bewegen, mir in einer stillen Ecke ein riesiges Glas kalten Apfelmost zu geben, bis der Schinken in der Pfanne angebrutzelt war und sie ein paar Eier drüber geworfen hatte.

Als ich lautlos wie Winnetou ins Frühstückszimmer glitt, hockten dort Simon und Walter, wie zwei aus dem Winterschlaf gerissene Bären, vor großen Gläsern Apfelmost, und in der Küche brutzelte etwas und roch kräftig nach Schinken mit Ei. Da sich im Haus sonst nichts rührte, rief ich halblaut in die Küche: „Dasselbe noch einmal, bitte!" und setzte mich zur Crew.

„Wir müssen irgend etwas unternehmen", murmelte Simon dumpf in seinen Most. „Wenn Westermayer aufwacht und mir beim Frühstück vom Ibiza-Törn erzählt, bekomme ich einen Nervenzusammenbruch."

„Ist Georg schon zurück?" fragte ich Walter. Der schob mir die Autoschlüssel und einen kleinen Zettel mit dem Text zu: „Wartet nicht auf mich, ich schlaf mich aus. Treffen uns auf der Messe. Georg."

„Eine Sorge weniger", sagte ich, „laßt mich nachdenken."

Die Frau vom Grafen Zeppelin brachte drei Ham & Eggs, hübsch mit gehacktem Schnittlauch verziert, frisches Gebäck und Kaffee. Eine Weile war es sehr ruhig bis auf ein gelegentliches Gabelkratzen auf einem Teller und das bröselnde Sägen von stumpfen Messern beim Aufschneiden von Brötchen. Simon säbelte wie wild an einem Brötchen herum, und als er es halbzertrennt aufbog, um Butter hineinzuschmieren, grunzte er belustigt: „Die schwäbischen Bäcker müssen ein Geheimrezept haben. Wenn man so ein Brötchen aufschneidet, dann ist es zur Hälfte hohl, und das Weiche ist in der anderen Hälfte zusammengerollt, wie der Inhalt einer verhungerten Auster. Ich hab's schon ein paarmal probiert, immer das gleiche Resultat."

Walter hatte nach ein paar Schluck Kaffee seine Betriebstemperatur erreicht und redete plötzlich mit: „Das ist vielleicht eine Landesspezialität hier. Die Schwaben brauchen keine Münzen zu werfen, um eine Entscheidung zu treffen. Sie schneiden ein Brötchen auf und setzen entweder auf die hohle oder auf die volle Hälfte. Ganz lustiger Brauch."

„Ich versuch das gleich", sagte Simon und langte nach einem neuen Brötchen, „volle Hälfte oben: Wir warten, bis Barawitzka kommt, und Westermayer schläft vielleicht so lange. Hohle Hälfte oben: Wir warten, Barawitzka kommt nicht, aber dafür Westermayer und der Tag ist verpatzt . . ."

„Warte", unterbrach ich ihn, „ich habe einen Plan."

„Ein Plan ist immer gut", sagte Walter, „Käptn Barawitzka hat immer einen Plan zur Hand, wenn etwas schief läuft."

Mir schmeichelte es, mit dem genialen Barawitzka auf eine Stufe gestellt zu werden. „Hört zu, die Idee kam mir beim Brötchen aufschneiden. Was macht das Brötchen, wenn das Messer kommt? Es weicht aus und kauert sich in einer Ecke zusammen. Wir machen es genauso." Ich erklärte meinen Plan.

Ein paar Minuten später waren die Teller ausgewischt, der Kaffe ausgetrunken, Georgs Messekarte mit der entsprechenden Anweisung bei der Köchin deponiert, und wir brausten mit meinem Golf durch die noch leeren Straßen, im Herzen das erhebende Gefühl, Westermayer ein Schnippchen geschlagen zu haben. Ich hatte noch kurze Zeit das komische Gefühl, irgend etwas Wichtiges übersehen oder vergessen zu haben. Es gibt da so ganz hinten in meinem Kopf eine Art winziges Nebelhorn, das ab und zu tutet. Das Dumme ist nur, ich höre das Tuten, aber ich komme nie rechtzeitig darauf, vor welcher Gefahr mich das eingebaute Nebelhorn warnen möchte. Aus Erfahrung weiß ich, daß es nie zu Unrecht tutet, was sich aber meistens immer erst viel zu spät herausstellt. Während wir so zum Vorführhafen fuhren, hatte ich wieder das Gefühl, als ob es mich auf etwas Wichtiges aufmerksam machen wollte. Ich ging meinen Plan noch einmal durch, und er war logisch perfekt. Also zuckte ich mit den Schultern und ließ das Unterbewußtsein tuten was es wollte.

Im Vorführhafen der Interboot liegt immer eine Menge schöner, auf Hochglanz geputzter Schiffe, und echten Interessenten wird hier die Möglichkeit geboten, die Yacht ihrer Wahl vor Unterzeichnung des Kaufvertrages einmal in der Praxis auf See auszuprobieren. Hierfür werden für die Messezeit von den Werften Vollblutsegler mit klingenden Namen angestellt, um mit prospektiven Kunden auf dem Bodensee eine Runde zu drehen und dabei Auskünfte über die enorme Schnelligkeit, Wendigkeit und die hervorragenden Schwerwetter-Eigenschaften zu geben. Sie haben abgezogene Listen parat mit sämtlichen Regattaerfolgen dieses erfolgreichen Modells in Übersee und eine großzügig ausgestattete Bordbar, um zaudernde Käufer in die richtige Stimmung zu bringen. Für jeden unterschriebenen Vertrag bekommen sie einen angemessenen Judaslohn.

Da es noch ziemlich früh war, fanden wir leicht einen Parkplatz und suchten die SMEE VI. Ihr Konstrukteur, ein alter Schulfreund und Transatlantik-Kumpel, schlief noch fest, als wir an Bord kletterten und am Niedergang Reveille trommelten. Blinzelnd kroch er aus seiner Koje, stand dann etwas verloren in der Kajüte herum und kratzte sich schlaftrunken am ganzen Körper. Simon kramte in der Eisbox und mixte dann eine Bloody Mary, um ihn wachzukriegen. Smee trank in großen Schlucken, während ich meinen Vorschlag vorbrachte. Dann hielt er Simon das leere Glas hin.

„Ischt guet", sagte er dann, „segeln wir. Aber erscht gibscht mir no so ä Tomatensäftli. Aber ä bizzle mehr Vodka und ä bizzle weniger Tabasco-Sauce, gelt?"

Jetzt kratzte er nur mehr seinen blonden Wikingerbart, und als er die zweite Bloody Mary unten hatte, liefen wir aus. Gleich hinter dem berühmten Leuchtturm am Friedrichshafen setzte ich mit Walter Segel, Simon klappte den Außenbordmotor an seiner Patenthalterung aus dem Wasser, und ein genial grinsender Smee, mit einem dritten Drink in der Hand, steuerte die dunkelblaue schnittige S 31 auf den sonnenglitzernden See hinaus. Das Schweizer Ufer war im Dunst nur als hellblauer Aquarellpinselstrich zu sehen, und die weite, offene Wasserfläche gab uns das Gefühl, auf dem Meer zu segeln.

„Ganz super", sagte Walter genießerisch und biß in eins der Sandwiches, die Simon hergerichtet hatte, „ganz super dein Plan, Karl. "

Es war wirklich ein 1000-Gulden-Vormittag. Eine leichte Brise von den Schweizer Bergen her füllte unsere Segel, und die SMEE VI plätscherte über die kleinen Wellen gemütlich dahin. Walter hörte interessiert zu, wie ich mit Smee ein paar der Highlights aus dem Transatlantik-Rennen von 1975 wieder aufwärmte. Dann gruben wir alte gemeinsame Erinnerungen an die Schulzeit aus und lachten Tränen über bestimmte Untaten, als ein gewisses Trio namens Smee, Simon und Karl der Schrecken einer technischen Lehranstalt im 5. Wiener Gemeindebezirk gewesen war. Dann fingen wir an, uns so richtig zu amüsieren, weil die S 31 ziemlich übertakelt war und bei den herrschenden Windverhältnissen allen anderen Vorführschiffen mit Leichtigkeit das Heck zeigen konnte. Nachdem der Vorrat an Tomatensaft und Wodka erschöpft war, hatte sich Smee in einen erbarmungslosen Schotenzupfer verwandelt. Er lag seltsam verkrümmt an der Leereling, fuhr die Großschot aus der Hand, führte die Pinne geschickt mit den Zehen wie ein Schimpanse und hetzte uns mit einer Kommandoflut zu Mikro-Segeleinstellungen wie:

„Fier die Genua zwei Zentimeter, na, na! Hol dichter, fünf Millimeter, Simon, das Unterliek um einen Zentimeter, Karl, das Bändsel am Genua-Achterliek, ä bizzle . . . na, na, zuviel . . . jetzt ischt's guet! Walter, hock dich fünfzehn Zentimeter mehr nach achtern."

Wir hatten ein neues lustiges Spiel erfunden. Wir lauerten vor der Hafeneinfahrt, und sowie eine Segelyacht zur Vorführung auslief, wendete Smee, legte sich gierig auf Parallelkurs und forderte den Gegner zum Duell heraus. Das war natürlich nicht die feine französische Art. Die meisten Vorführboote hatten Standardbesegelung drauf und konnten die eleganten Kunden, die meist in Strümpfen und Blazern in der Plicht saßen, nicht gut aufs Vorschiff hetzen, um Regattabesegelung setzen zu lassen. Außerdem kamen die Attacken der SMEE VI unerwartet aus heiterem Himmel, aber Smee machte das viel Spaß und uns auch.

„Jetzt hätt's bald kei' Bootle im Vorführhafe', das no' nit weiß, daß die S 31 's schnellsti Schiffle am See ischt", lachte Smee zufrieden. „S' is' ä guete Idee von dir gsi", Karl. Das ischt die beschte Reklame für die S 31. Das ischt tausendmal mehr wert, als mit irgendwelch' nä g'schissne Landratte uf d'See z'kurve als Vorführfahrt! Hescht no' was zan suffe, Simon?"

Simon verschwand wieder im Niedergang, um nochmals alle Schapps zu durchsuchen.

„Da drüben, die große grüne Yacht, die haben wir noch nicht besiegt", machte uns Walter aufmerksam. Smee hob den Kopf und guckte kurz. „Nee", lachte er dann, „da gang i nit dran, das ischt d'r Ruodi Magg. Der ischt mir über."

„Der Magg Rudi!" rief ich erfreut. „Den möcht ich gern wiedersehen, der hat uns doch damals trainiert bei der Regatta."

„Dann kommscht am beschte z'abig zum Seglerhock nach Langenargen in die Feschthalle. Da ischt der Magg mit dabei. Ich reservier euch dort einen Tisch." Smee entdeckte plötzlich ein neues Opfer.

„Achtung, die rote Yacht dort!" brüllte er. „Klar zur Wende, schwupp!" Wir gingen wieder auf Jagd, und Simon reichte von unten eine kleine Flasche Schattenmorellenlikör für den Manöverschluck.

Kurz danach schnappte Smee buchstäblich über und kreuzte wie verrückt um ein Motorboot herum, machte eine Wende nach der anderen und verlangte dazwischen blitzartigen, tausendprozentigen Segeltrimm.

„Hau ihn mit der Winschkurbel nieder", knurrte Simon, „was hat ihn denn gebissen? Was will er von dem Motorboot?"

„Vielleicht ist ihm die Flasche Schattenmorellenlikör in den See gefallen und er möchte sie bergen, bevor das Motorboot heran ist", keuchte Walter, der die Genuaschot nur mehr mit seiner Büffelkraft dichtholte, weil die Winsch viel zu lange dauerte.

Plötzlich war es vorbei. Das Motorboot heulte auf, jagte spritzend davon und Smee ließ sich zufrieden grinsend zurücksinken.

„Das ischt die beschte Sach' gsi", lachte er. „Ein guetes Dutzend Bildli hat er g'schosse von meinem Schiffle. Da kommt sicher eins oder zwei in die Messeausgab' von die Yachtzitige. A Glück muaß der Mensch ha'!"

Simon hielt sich die Stirne und fragte grantig: „Wer hat welche Bildli geschossen?"

„Ja, hescht ihn net kennt?" wunderte sich Smee. „D' Peter Neumann war's, d' bescht Yachtfotograf den i kenn', da in den Motorbötli. Hescht net g'sehe, wie er wie wild g'schosse het mit sim Photoapparätli? Bischt du an blinder Siach!"

Als zu Mittag die Sandwiches zu Ende gingen und die leere Likörflasche im Abfalleimer landete, erlahmte Smees Enthusiasmus. Er erinnerte sich, daß gegen 14 Uhr ein ganz wichtiger Kunde eine Probefahrt mit ihm vereinbart hatte. Wir halfen ihm, das Boot wieder auf Messeglanz herzurichten und lagen rechtzeitig wieder im Vorführhafen.

„S'ischt ä luschtiger Vormittag gsi", sagte Smee zum Abschied, „sind 'r hüt z'abend in der Feschthalle in Langenargen, ihr Schnapsbrüeder?"

Beschwingt von dem herrlichen Morgen am See fuhren wir zur Messe zurück.

„Eigentlich habe ich noch einen ordentlichen Hunger", stellte Simon fest und machte mit dem Zeigefinger Probebohrungen in seinem Bauch. „Die paar Sandwiches waren für mich so wie eine Handvoll Vogelfutter für einen Büffel. Sollten wir nicht kurz bei Tante Emmi vorbeischauen, ob sie uns nicht eine Schiffsladung Käsespätzle macht? Die enorme Auswahl an weißen und roten Bratwürsten auf der Interboot hängt mir schon beim Hals heraus."

„Ich stimme für Simons Antrag", meldete sich Walter, „auch ich habe von der verrückten Schotenzerrerei auf der SMEE einen enormen Appetit bekommen."

Da auch ich kein besonderer Freund von einer Diät aus weißen und roten Bratwürsten bin, kam ich dem Wunsch der Mannschaft gerne entgegen. Eine Stunde später waren wir die sattesten Jungen der Stadt und spazierten gemütlich zur Messe zurück. Wir gondelten noch einmal durch die große Halle, Walter suchte sich bei Delius Klasing ein neues Knoten- und Spleißbuch aus, Simon kaufte eine originelle Messingplakette mit der Aufschrift *Drinking hour aboard, is 24 hours* für seine Bücherecke und ich besorgte mir ein Paar neue Bootsschuhe, wie auf jeder Bootsmesse. Bootsschuhe werden auf See leider noch schneller unbrauchbar als verchromte Schäkel und sogenannte wasserdichte Sportuhren. Ein paar Stunden in der Kombüse, und die blendend weißen Oberteile der neuen Schuhe tragen unauslöschliche Ketchupspuren und schwarze Punkte von den vielen abgebrannten Streichhölzern, die man braucht, bis so eine verdammte Gasflamme brennt, ohne auszugehen, wenn man den Drehgriff wieder ausläßt. Ein kurzer routinemäßiger Ölwechsel, und die Schönheit der Bordschuhe ist im Eimer. Nachdem mir noch niemand vorführen konnte, wie man die Schuhe wechselt, während man mit den Leinen über die Reling an den Kai springt, reicht in den meisten Häfen ein einziges Anlegemanöver, und die neuen Bord-Bordschuhe sind schon wieder zu alten Land-Bordschuhen degradiert, von denen ich jede Menge besitze. Wirklich saubere Bordschuhe werden deshalb in Seemannskreisen mit demselben ungläubigen Zweifel betrachtet wie eine 18karätige Jungfrau.

Lustigerweise war weder von unserer restlichen Mannschaft, die eigentlich mit Barawitzka hätte kommen müssen, noch von Westermayer oder Georg etwas zu sehen. Dann endlich fand ich ein Zeichen, daß B.A. vorbeigekommen sein mußte. So wie man eine bestimmte auf See treibende Bierdose sichtet und messerscharf schließt, daß der alte Joe hier unterwegs war, weil der immer Adambräu-Diätbier mit dabei hat. In der französischen Weinkost fiel mir ein unbesetzter Tisch auf mit Bergen von aufgebrochenen Austernschalen und zwei leeren Chablisflaschen. Einer plötzlichen Eingebung folgend, befragte ich die

Kellnerin. Sie erinnerte sich an ein gutes Trinkgeld und einen schwarzhaarigen Herrn mit einem Bart, so wie ein alter Assyrer, und einem viel zu engen Blazer. Ich wußte genug, ich hatte Barawitzkas Fahrwasser gekreuzt.

Walter trennte sich dann von uns, um während der vollen Stunde im Freigelände auf seinen Bruder zu warten, und ich spazierte mit Simon weiter, um beim Korneuburger Stand nach Barawitzka zu forschen. Der Verkäufer hatte ihn ein paarmal vorbeirennen sehen, aber keine Nachricht, kein Zettel, nichts. Wir drehten eine weitere ergebnislose Runde und machten dann den Abschneider durch die Motorboothalle, um ebenfalls die Schnapsbude aufzusuchen.

„Ahoi, Rebitschek, uhuuhu, da sind wir!" rief eine wohlbekannte Stimme. Wir drehten uns ungläubig um, wie zwei an Schnüren gezogene Pinocchios. Vom hohen Schanzdeck eines dreistöckigen Motorkreuzers winkte Hofrat Dr. Viktor von Trauttmannsdorff. Elegant wie immer im Clubblazer des Österreichischen Akademischen Marine Traditions Clubs (ÖAMTC) mit einer ungewohnten dicken Hornbrille über den weißen Schläfen.

„Wir rennen seit Stunden wie Lawinensuchhunde kreuz und quer durch die Ausstellung und suchen euch", bellte Simon ärgerlich hinauf, „was zum Teufel treibst du denn da?"

Er sagte das voller Empörung, wie jemand, der seine Freunde beim Picknick in einem anrüchigen Lokal entdeckt.

„Na, das hier ist doch der beste Ausgucksplatz, den es gibt", entgegnete der Hofrat. „Kommt herauf, ich möchte euch meinem Freund Dr. Müller vom YMCA vorstellen . . ."

Aber Simon hatte gar nicht zugehört. „Etwas Blöderes ist euch nicht eingefallen, was?" plärrte er, viel zu laut für diese vornehme Halle, zum hohen Schanzdeck hinauf. „In der Motorboothalle auf einen Simon Rebitschek zu warten! Das nächste Mal wartet ihr auf mich vielleicht in einem Kosmetiksalon oder im Mother Care oder beim Damenkaffee-Kränzchen im Hotel Sacher, weil ein Rebitschek dort so häufig anzutreffen ist, was? Einen großen Bogen haben wir jedesmal um diesen Haufen stin . . ."

Jetzt nahm ich Simon in eine Art japanischen Würgegriff, weil der Hofrat leise herunterrief, wir sollten kein Aufsehen machen, es sei etwas Schreckliches passiert, und ich weiters verhindern wollte, daß Trauttmannsdorffs Bekanntenkreis durch Simon eingeengt wurde.

„Halt still und komm mit. Viktor sagt, etwas Schreckliches ist passiert, okay?" Simon gurgelte und nickte dann, ich hatte ihn zum Glück sehr gut erwischt, sonst hätte er unweigerlich zu raufen begonnen. Wir kletterten die Leitern hoch, ich wie ein neugieriges Eichhörnchen, Simon wie ein Hörnchen, dem sie die Nüsse weggenommen hatten. An Deck trafen wir Dr. Müller, Viktor und B.A. Barawitzka. Aber wie sah der aus. Wie Napoleon nach der Schlacht bei Waterloo. Zusammenge-

sunken hockte er in einem Decksstuhl, die Haare in der Stirne, und starrte abwesend vor sich hin. Viktor von Trauttmannsdorff stand neben ihm wie der letzte Überlebende der kaiserlichen Garde, und wir schüttelten Dr. Müllers Hand mit einem leise gemurmelten Gruß, wie es Trauergäste bei einem Begräbnis machen.

„Was ist denn los?" flüsterte ich.

B.A. erwachte kurz aus seiner Starre, blickte mich mit glanzlosen Augen an und sagte anklagend: „Wo, beim Henker, hast du gesteckt? Warum hast du auf Georg nicht aufgepaßt? Kann ich euch keine Sekunde aus den Augen lassen?" Er verfiel wieder in seine Reich-und-Thronverloren-Pose.

„Was ist mit Georg?" fragte ich verständnislos.

Der Hofrat wirkte etwas fahrig. „Eine Katastrophe, eine richtige Katastrophe", murmelte er. „Westermayer ist seit heute morgen in der Mannschaft, er hat Georg ausgefragt und . . ."

In dieser Sekunde heulte mein kleines unterbewußtes Nebelhorn vorwurfsvoll auf. Uuu, Uuuu, Uuuuu! machte es, so daß in meinem Kopf gar nichts anderes zu hören war. Davor also hatte es mich warnen wollen. Das war der Flop in meinem genialen Plan gewesen. Ich selbst hatte das unvermeidliche Treffen zwischen Westermayer und Georg gefördert. Daß der harmlose Georg dem listigen Westermayer nicht gewachsen war, hätte ich wissen müssen. Westermayer in der Mannschaft! Entsetzlich. Mein Nebelhorn heulte weiter, wie immer viel zu spät.

„Ach, halt die Klappe, du nutzlose Tute", knurrte ich.

„Wie bitte?" fragte der Hofrat.

„Ach nichts, aber wie ist das passiert?"

Trauttmannsdorff erzählte mit gedämpfter Stimme, wie ein Notar am Sterbebett, wie alles gekommen war.

Es hatte relativ harmlos begonnen. Starker Verkehr an der Grenze und ein Tankwagenunfall bei Irschenberg zwangen Barawitzka zu zeitraubenden Umleitungen in kriechenden Kolonnen, und ein Auspuffschaden beendete dann die Sternfahrt. Sie mußten in Memmingen übernachten und kamen so erst Samstag früh nach Friedrichshafen. In unserer Pension trafen sie Georg, Ing. Westermayer und seine Vorschotbraut und verabredeten ein Treffen auf der Messe. Unter der fachkundigen Führung von Barawitzka begann dann der Rest der HIPPODACKL-Crew mit der geplanten Besichtigung der Interboot. So wie Simon den Schnapsstand zum Zentrum der Messe erkoren hatte, zog Barawitzka seine Kreise, wie ein Geometer, von der französischen Austernbude aus. Dort trafen sie auf Herrn Kettering, den Eigner der HIPPODACKL, der alle auf ein Glas Rosé einlud, um über einen besonders preisgünstigen Chartertermin zum Saisonende zu sprechen, bei dem er die Yacht gleichzeitig von Malta nach Athen überführt haben wollte. Drei Wochen für den Preis einer Charterwoche mit der HIPPODACKL segeln zu können, war ein Angebot, das B.A. höchst interessierte, und er versuchte, sich mit Kettering auf einen frühen Termin im nächsten Jahr zu einigen, da er in diesem Jahr keine Zeit mehr hatte. Viktor hatte so früh noch keine Lust auf Austern und marschierte los, um allein Boote zu besichtigen. Bei einer neuerlichen Runde durch die

Hallen sah er B.A. und Westermayer noch immer mit Kettering beim Rosé sitzen. Etwas später traf er Ing. Westermayer und half ihm arglos, einen größeren Betrag auf das Bordsparbuch der HIPPODACKL-Crew zu überweisen.

Der Hofrat stemmte trotzig seine Fäuste in die Taschen seines Blazers. „Westermayer hat 5000 Schilling auf unser Bordkonto überwiesen. Ich habe geglaubt, das war mit B.A. so ausgemacht, so sicher ist er aufgetreten."

„Westermayer in der Mannschaft!" Simon erbleichte, trotz seiner dunklen Gesichtsfarbe, und sank wie betäubt in den nächsten leeren Decksstuhl. „Sie haben Westermayer in die Bordkassa einzahlen lassen. Wenn das stimmt, dann könnt ihr mich vom nächsten Törn schon streichen. Wenn dieser Knilch mit seinem Marinefimmel und dem goldenen Lorbeer auf der Segelmütze an Bord kommt, gehe ich lieber Schwammerln suchen in den Wäldern, als da noch mitzusegeln." Er sank in sich zusammen wie ein Spinnaker, wenn das Fall abreißt. Dr. Müller drückte ihm, wie ein barmherziger Samariter, ein Glas Whisky in die Hand.

„Sagen Sie, was für ein entsetzlicher Mensch ist dieser, äh, Westermayer?" flüsterte Dr. Müller zu mir gewandt. „Schon bei der bloßen Erwähnung dieses Namens werden kräftige und gesunde Männer von Entsetzen gelähmt, wie wenn sie den sagenhaften Basilisken erblickt hätten."

Bei diesen Worten wurde mir das Groteske an dieser ganzen Situation bewußt. Dr. Müller sah Mann um Mann aus der Mannschaft seines Bekannten Dr. Trauttmannsdorff an Bord klettern und, auf das Stichwort „Westermayer", wie Zinnsoldaten umfallen oder wie geschockte Karpfen erstarren. Ich mußte grinsen und versuchte ihm die Sache zu erklären:

„Ing. Westermayer ist ein begeisterter Segler, so wie wir alle. Aber leider stammt er aus einem uralten österreichischen Seefahrer-Geschlecht. Seine Familie hat den Habsburger Kaisern eine endlose Reihe von Admirälen, Korvettenkapitänen und U-Boot-Kommandanten gestellt. Seinen Erzählungen nach ist ein Westermayer schon in der Seeschlacht von Lepanto mit seiner Galeere untergegangen. Ein Westermayer war sicher an Bord von Christoph Columbus' SANTA MARIA, einer begleitete Vasco da Gama um die Welt, und ein anderer scheiterte mit der spanischen Armada vor Cornwalls Küste. Ein Westermayer hat den Sextanten erfunden. Westermayers kämpften in der Seeschlacht von

Lissa, segelten mit der Fregatte NOVARA um die Welt, holen sich Brandblasen bei der Beschießung von Algier und ertranken in ihren U-Booten in den Dardanellen, weil sie gewohnt waren, bei offenem Fenster zu schlafen. Unser Westermayer ist deshalb mit Kriegsschiff-Bilgenwasser statt mit Muttermilch gesäugt worden. Von ihren Ölgemälden starrten alle seefahrenden Ahnen in Zweispitz und Epauletten in seine Wiege, und da kann man im zarten Kindesalter schon einen Knacks bekommen. Er konnte vor dem Einmaleins die Regattabestimmungen und das Flaggenalphabet hersagen und hat die Seefahrt mit dem großen Löffel gefre . . ."

„Genug, genug", rief Dr. Müller lachend. „Ich kann ihn mir jetzt sehr gut vorstellen. Wir haben auch jemand im Club, der die Seefahrt erfunden hat. Ich würde eher mein Schiff versenken, als ihn an Bord zu lassen. Aber warum sagen Sie diesem Ingenieur nicht einfach, er soll seinen Seesack packen und verschwinden?"

„Das geht leider nicht so einfach", versuchte ich Dr. Müller zu erklären, „wegen der Spielregeln, die Kapitän Barawitzka vor der letzten Fahrt eingeführt hat. Wenn ein neuer Törn in Aussicht steht, dann zahlen alle Mitsegler erst einmal einen gewissen Betrag auf ein gemeinsames Konto ein, das wir Bordkassa nennen. Diese Bordkassa bezahlt die

Chartergebühr und alle gemeinsamen Ausgaben. Die Einzahlung auf dieses Konto ist für die Mannschaft sozusagen die Berechtigung, mitsegeln zu dürfen und für Barawitzka der Garant, daß er nicht im letzten Moment alleine mit einem gecharterten Boot dasteht und nicht weiß, wo er jetzt eine Crew hernehmen soll. Das ist ihm nämlich vor zwei Jahren einmal passiert."

Dr. Müller nickte anerkennend. „Großartige Idee. Ich war auch schon einmal in großer Verlegenheit, als ich, nur auf die mündliche Zusage einiger Freunde hin, eine große Motoryacht charterte und plötzlich keiner von Wien wegkonnte und ich die enormen Ausgaben mit Leuten teilen mußte, die ich sonst lieber nicht an Bord nehme. Aber trotzdem sehe ich nicht . . .“

Ich unterbrach ihn: „Der Haken an der Sache ist, daß bei zu vielen Interessenten nur die ersten Einzahler auch ein Anrecht haben, mitgenommen zu werden. Mit dieser Klausel hatte B.A. den Westermayer bei der Malta-Fahrt ausgebootet. Jetzt hat ihn Westermayer mit seinem eigenen Trick hereingelegt.“

„Aber das ist noch nicht alles“, sagte der Hofrat dumpf, „es kommt noch schlimmer.“

„Ha!“ lachte Simon bitter auf. „Was kann es Schlimmeres geben als Westermayer in der Mannschaft? Mich kannst du jetzt mit nichts mehr schrecken.“

„Westermayer ist nicht das Problem“, wehrte der Hofrat ab, „die Katastrophe ist vielmehr, daß wir jetzt nicht wissen, wie wir die HIPPODACKL nach Athen bringen sollen. Ein wenig später hat uns Herr Kettering voller Freude mitgeteilt, daß sich B.A. keine Sorgen um seine Termine zu machen brauche, da der Navigator der HIPPODACKL-Crew zugesagt hat, die Yacht noch im Oktober nach Griechenland zu segeln.“

Der Hofrat machte eine fahrige Geste mit der Hand und fuhr direkt zitternd fort: „Und Barawitzka rief noch: 'Der verdammte Vettermann'. Da sagte Herr Kettering: 'Aber keine Spur, ich meine Ing. Westermayer, den Navigator, den Sie mir heute vorgestellt haben.“

Ich duckte mich unwillkürlich, weil ich jetzt endlich die Katastrophe sehen konnte, die wie ein drohend überhängender Felsen über uns knisterte und jeden Moment herabstürzen konnte.

„Und da hat es B.A. tun müssen“, fuhr der Hofrat fort.

„Nein!“ stieß ich erschrocken hervor. „Sag nicht, er hat ...“

38

Da stand Barawitzka plötzlich auf wie ein entzaubertes Denkmal. „Ich habe! Jawohl, ich habe!" sagte er mit Burgtheaterstimme. „Ich habe den Chartervertrag angenommen. Ich gebe doch einen so günstigen Kontrakt nicht kampflos an so einen Dahergelaufenen ab! Ich habe die Überführung fix für Oktober zugesagt."

Jetzt war es passiert. Das war allerdings wirklich eine Katastrophe. Zwei Segeltörns in einem Jahr, das ist mehr als Firma und Familie — bei allem Verständnis für dieses hirnrissige Hobby — einem österreichischen Seesegler zubilligen. Stumm standen wir im Kreise, wie Jason und seine griechischen Halbstarken, und starrten fassungslos auf den Trümmerhaufen, den wir angerichtet hatten. Ein modernes Trauerspiel wäre jetzt zu Ende gewesen. Vorhang und Schluß, alle wichtigen Fragen noch offen, damit sich die Zuschauer zu Hause noch eine Weile über den unbefriedigenden Ausgang ärgern können. Käptn Barawitzka mag so seine Fehler haben, was er aber jetzt tat, nahm mich sehr für ihn ein. Er machte etwas, was die modernen Helden der Tagespolitik schon lange nicht mehr machen, er nahm die ganze Verantwortung für das Debakel auf sich.

„Ich habe diesen Chartervertrag ganz alleine abgeschlossen! Es ist meine Angelegenheit. Ich hab jetzt ein Schiff für Oktober!" (Er sagte „ich" und nicht „wir"!) „Ich habe zwar wichtige Seminare, und meine Frau wird sich scheiden lassen, wenn ich mit diesem Chartervertrag nach Hause komme, aber ich habe zugesagt, und wenn ich die HIPPO-DACKL einhand segeln muß. Ende Oktober steht die in Athen, wie ich es mit Handschlag besiegelt habe!"

Das war ein überraschend neuer und sympathischer Zug an B.A. Ich hatte ihn immer für einen harten Karrieremenschen gehalten, der mit beiden Beinen fest im heutigen Leben steht. Er selbst leitet Seminare für Führungskräfte und Kommunalpolitiker, in denen man lernt, wie man Mißerfolge und persönliches Versagen erfolgreich weiterdelegiert und wie man seine Mitmenschen motiviert — wie es so schön heißt —, damit sie mit Begeisterung etwas tun, was sie eigentlich nie tun wollten. Aber vielleicht war es die Tatsache, daß B.A. auf alle solche psychologischen Mätzchen verzichtete, die ihn auf einmal so sympathisch machten.

„Daß du allein fährst, kommt überhaupt nicht in Frage", hörte ich mich sagen. „Wir sind eine Mannschaft, und wir werden jede Schwierigkeit gemeinsam überwinden; und wenn ich meine Stellung kündigen muß, ich fahre mit dir nach Athen."

Ich mußte mir eine ganz blöde Feuchtigkeit aus den Augen wischen, als er mir stumm die Hand hinhielt, überwältigt von meiner Treue, und wir uns die Hände schüttelten wie alte Waffengefährten vor dem Sturm auf die feindliche Mauer.

„Ich bin selbstverständlich mit von der Partie, Käptn", sagte Simon etwas heiser und legte seine Hand, wie zum Schwur, an die Gürtelstelle, wo er normalerweise sein Segelmesser hängen hat.

„Zum Teufel mit meinem Chef und mit der neuen Garage. Die kann ich auch im Frühjahr bauen", stieß der Hofrat hervor, „ich segle mit."

Barawitzka lebte auf, wie wenn er eine Hormonspritze bekommen hätte. Verschwunden war der leidende Napoleon-Ausdruck aus seinem Gesicht. Er stand vor uns wie der siegreiche Alexander nach der Schlacht bei Issos.

„Auf die Griechenlandfahrt!" rief er und griff nach Dr. Müllers Whiskyflasche. Wie die drei Musketiere stießen wir mit unseren vollen Gläsern an und schwammen in der erhabenen Größe dieses Augenblicks.

„Ich habe noch viel zu erledigen", sagte Barawitzka dann, „sammelt bitte die ganze Mannschaft auf der Messe zusammen, und wir treffen uns heute abend in Langenargen, da gibt es ein Seglertreffen in der Festhalle. Dort werden wir dann die Mannschaftseinteilung machen!" Er drückte uns allen dankbar die Hand und kletterte geschickt die Leitern hinunter.

„Ein bemerkenswerter Charakter, dieser Herr Barawitzka", sagte Dr. Müller und sah ihm mit einem seltsamen Ausdruck nach, den ich aber nicht deuten konnte.

Die Festhalle in Langenargen war genau das, was man sich im süddeutschen Raum unter einer Festhalle vorstellt. Der Saaleingang war nach Art eines Wellenbrechers mit quergestellten Tischen bis auf eine schmale Durchfahrt verbarrikadiert, in der charmant lächelnde Clubfunktionärsgattinnen die Festgäste mit Stecknadel und Festschleife markierten wie die Vogelwarte seltene Möwen. Ein gieriger Clubkassierer verlangte, nach Straßenräuberart, neun Mark und hatte selbstverständlich leider überhaupt kein Wechselgeld, wie das in diesem Gewerbe so üblich ist. Ein bekannter Trick, da um diese Zeit niemand mehr bis zum Bahnhof läuft, um zu wechseln, und die Clubkassa kann die Einnahmen automatisch um 11 % steigern.

Bei uns kam er aber an die Unrechten. Unsere Mannschaft hielt auch in der Nicht-Segelsaison wie Pech und Schwefel zusammen und bezahlte alle gemeinsamen Ausgaben aus der Bordkassa. Und die verwaltete Trauttmannsdorff als Bordbankier. Als berufsmäßiger Rechnungshofprüfer kannte er alle finsteren Finanztricks. Während wir den schmalen Eingang verstopften, verhandelte der Hofrat mit dem Kassierer. Drinnen im Saal rannten die Kellnerinnen mit den Maßkrügen und hinter uns stauten sich die Festgäste. Aus der Menge kamen witzige Zurufe, der Kassierer wurde nervös, und wir durften endlich in die heiligen Hallen.

„A hartnäckiger Bursche", sagte Viktor beim Weitergehen, „wollte mir nicht um die Burg einen Gruppenrabatt geben, dabei konnte er ohnehin nicht auf die genaue Summe herausgeben. Mußte ganz massiv werden, so mit 60 Mark oder nix, bis er nachgab!"

Die große rechteckige Halle war mit vielen buten Fahnen und Flaggen geschmückt und nach Schema F für Clubfeste eingerichtet. Die Bühne mit Tannenreisig benagelt, Blasorchester im Halbrund, Rednerpult, Wasserkaraffe, Glas und Mikrophon, Saal-Bestuhlung: lange Tische mit durchgehenden Bänken, damit auch die Damen Beine und Röcke hochschwingen müssen beim Platznehmen und dadurch schon eine gewisse Lustbarkeit zum Anwärmen geboten wurde. Ein langer Tisch am Podium, auf dem silberne und goldene Pokale im Scheinwerferlicht glänzten, deutete auf den Höhepunkt des Festes hin: die öffentliche Nennung und Ehrung der erfolgreichsten Regattasegler dieser Saison.

Der Hofrat schaute sich um, da taumelte er plötzlich und griff Halt suchend nach einer der soeben vorbeisausenden Kellnerinnen. Ich sah im Geist die Bierkrüge durch die Luft segeln wie in einem Didi-Hallervorden-Film. Die Kellnerin war aber absolute Meisterin im Jonglieren. Mit einer eleganten Pirouette entwischte sie Viktors Händen, nahm blitzschnell ein Glas Bier, leerte es dem Hofrat ins Genick und mit einem resoluten: „Da hescht a Abkühlung, du alter Bock!" sauste sie weiter.

Ich half dem verdatterten Hofrat auf. Zack! Da erwischte es mich, und wir wären beinahe beide hingefallen.

„Seid ihr zwei vom Affen gebissen? Was treibt ihr denn?" rief Walter und riß uns an seine breite Brust, weil schon wieder eine mit Bier überladene Kellnerin daherschäumte wie ein Teeklipper vor dem Wind.

Ich rieb mir die Augen. „Das ist der Barawitzka, er hat sich anschei-

nend so einen verdammten französischen Signalspiegel eigens für diesen Zweck gekauft. Der blendende Lichtblitz kam aus dieser Ecke."

Mit dem tropfenden Hofrat marschierten wie zu B.A.'s Tisch. Er hockte da wie Falstaff und lachte wie zehn Männer über die kleine Einlage, die wir gerade gegeben hatten. Ich wollte gerade, ziemlich ärgerlich, den kleinen Spiegel verlangen, um ihn an der nächsten Wand zu zerschmettern, da sah ich, daß auch Kettering und Westermayer mit seiner Braut am Tisch saßen. Mein kleines Nebelhorn tutete wieder, und ein leiser Zweifel an Barawitzkas Lauterkeit befiel mich. Diesmal wollte ich aber die Warnung des Nebelhorns nicht in den Wind schlagen, und ich nahm mir vor, heute abend alles sehr gelassen und ruhig zu beobachten und höllisch aufzupassen, wie bei der Durchfahrt durch die Proversa-Vela-Enge mit einem tiefgehenden Schiff. Wir nahmen Platz, Käptn Barawitzka winkte und bestellte bei einer wie ein Flaschengeist erscheinenden Kellnerin die erste Runde Bier und einen Korb Salzbrezel. Als das Bier binnen weniger Minuten auf dem Tisch stand, konnte sich Kettering vor Verwunderung nicht halten.

„Sie sehen mich regelrecht erstaunt, mein lieber Barawitzka. Sie haben anscheinend eine Märchenkellnerin erwischt. Bei Volksfesten dauert es normalerweise mindestens eine Stunde, bis Bedienung auftaucht, und dann muß man mindestens eine weitere Stunde auf die Getränke warten!"

B.A. lächelte: „Das ist auch der normale Servierstandard, lieber Herr Kettering. Aber ein paar Mark Trinkgeld im vorhinein können da Wunder wirken!"

„Da hast du es", zischte Simon mir ins Ohr, „er steckt voller Tricks und Schliche wie ein Gebrauchtbootshändler. Ich habe ein ungutes Gefühl für diese Fahrt!"

Die anfängliche Begeisterung, die uns zuerst für Barawitzka und die Griechenlandfahrt erfüllt hatte, war den Nachmittag über den mehr und mehr aufsteigenden Gewissensbissen und Zweifeln gewichen, je mehr wir darüber nachdachten und je mehr wir von der über die ganze Interboot verstreuten Mannschaft trafen.

Walter sagte gleich, daß er keinen einzigen Urlaubstag mehr habe, und unbezahlten Urlaub könne er sich wegen seiner Familie nicht leisten. Von den beiden anderen, die mit Barawitzkas BMW gekommen waren, rieb Felix Hufnagel, unser Dieselmechaniker, seine indianische Adlernase und brummte irgend etwas von den Bäumen, die seine Verlobte aufstellen werde, und Lazlo Rosenstein schwang entschieden seine langen blonden Locken über die Schultern zurück und sagte: „Griechenland? Im Oktober? Is er meschugge, der Barawitzka?" Georg Hajduk interessierte sich mehr für Katjas rosige Ohrläppchen und war keine rechte Hilfe. Janos Gludowatz, den letzten noch fehlenden Mann der alten Malta-Crew, konnten wir nicht befragen, weil er wegen einer wichtigen Gemeinderatsitzung nicht zur Interboot gekommen war.

Da sich nichts Entscheidendes tat, außer daß B.A. jeden Versuch Westermayers, von Ibiza zu erzählen, im Keime erstickte, schlenderte ich mit Simon ein wenig in der Festhalle herum. Wir tranken ein Bier mit Smee und seiner Frau und begrüßten Rudi Magg, der am Prominentenstammtisch sitzen mußte und uns versprach, nach der Siegerehrung einen Sprung vorbeizukommen. Die Kapelle spielte jetzt einen Tusch, und ein bärtiger Funktionär sprach ins Mikrophon: „Sehr verehrter Herr Abgeordneter, verehrter Herr Bürgermeister, verehrter Herr Präsident, liebe Sportkameraden und verehrte Festgäste . . ."

Simon verdrehte die Augen, und ich wußte, es war jetzt besser, ihn aus dem Saal zu entfernen, bevor er zu pfeifen anfing oder „Schiebung" brüllte oder sonstwas Ungebührliches anstellte. Ansprachen von Clubfunktionären wecken seine niedrigsten Instinkte. Sie wirken auf ihn wie das berühmte rote Tuch auf einen Kampfstier. Ich begleitete ihn in den Vorsaal, wo die Gesellschaft zur Rettung des Bodensees selbstgebrannten Obstbrand ausschenkte, um die Vereinskassa aufzufüllen.

„Ich verstehe es ja auch nicht", sagte ich zu ihm, als wir an der rohgebastelten Bar lehnten, „daß in unseren Breiten niemand eine gescheitere Ehrung für außerordentliche sportliche Erfolge einfällt, als die

Volkshelden von einem Fest-Feldwebel auf ein Podium treiben zu lassen, dann die Namen aufzurufen, dann die kurze Verbeugung mit allgemeinem Applaus, dem Tätärätää-Tät är ät ää der Kapelle, und sie mit einem Händedruck des Bürgermeisters zu belohnen. Ich glaube nicht, daß die Sportler etwas dagegen hätten, wenn man sie auf klassisch-griechische Art ehrte, indem ihnen der Bürgermeister einen Zuchtochsen schenkt oder ein Rennpferd oder einen fetten Hammel oder vielleicht seine blumengeschmückte Tochter für eine Jubelnacht zuführt."

„Ochs und Hammel nähm ich ungeschaut, bei den Töchtern wäre ich mißtrauisch", grinste Simon.

„Du bist eben zu wählerisch, Simon."

„Ich bin nicht wählerisch, ich bin aus Erfahrung mißtrauisch. So wie ich jetzt dem Barawitzka mißtraue und mich ärgere, daß ich mich zu dieser Wahnsinnsfahrt habe überreden lassen. Die Ägäis im Oktober. Ei wei! Die Inseln sind von den Touristen leergefressen wie von Termiten und die Griechen sind angefressen von allen Fremden, die sich im Sommer überall breitgemacht haben. Außerdem habe ich nur mehr eine Woche Urlaub und die habe ich meiner Frau für den Skiurlaub versprochen. Ein feines Schlamassel, in das uns unser Chef und Volksverführer da geritten hat!"

Ich wußte ihm kaum Rat, denn ich war selbst in der Klemme. Mit meiner Frau konnte ich das sicher irgendwie regeln, aber ob das meine Auftraggeber so einfach hinnehmen würden, daß ich schon wieder segeln ging, statt eifrig die Werbetrommel für unsere Wintersaison zu rühren, erschien mir höchst fragwürdig. Nebenan in der Halle wechselte Applaus mit Tätärätää. Dann ertönte eine Polka, das untrügliche Zeichen, daß die offizielle Ehrung vorüber war. Jetzt durften sich die

Sportler in das Tanzgewühl werfen und bei den Töchtern des Landes ihr Glück versuchen.

„Na, endlich!" rief B.A., als wir wieder zum Tisch kamen, „ihr zwei entwickelt in der letzten Zeit eine auffallende Tendenz, euch vor wichtigen Mannschaftsentscheidungen zu drücken. Wir wollen endlich die Wacheinteilung machen. Wie das letzte Mal beginnen wir wieder mit der bei uns üblichen Wahl des Kapitäns."

Ich schaute Simon entgeistert an, aber er zuckte nur mit den Achseln. Kein Mensch hätte B.A.'s Position als Schiffsführer in Frage gestellt. Wozu also dieser Mumpitz. Wegen Westermayer?

„Wenn einer von uns den Westermayer als Kapitän wählt", knurrte Simon in mein Ohr, „den nagle ich mit meinem Marlspieker an Deck wie einen Schmetterling in einer Sammlung!"

„Keine Sorge", flüsterte ich zurück, „Barawitzka weiß, wie man eine Wahl gewinnt. Erinnere dich an die Malta-Fahrt!"

Aber diesmal kam es anders. Barawitzka ließ den Schiffsführer nicht, wie das letztemal, aus einem Hut ziehen, sondern er holte ein noch verpacktes Paket Spielkarten aus der Tasche.

„Jeder zieht eine Karte, wer die höchste zieht – ist Chef! Es gilt die normale Reihenfolge: kleine Karten bis 10, dann Bub, Dame, König und As, Herz ist die höchste Farbe. Alles klar?"

Er riß das Paket auf, und ich spürte, wie mir kalt wurde. Das war tollkühner Wahnsinn, mit Westermayer am Tisch. Ich bemerkte, wie Dr. Müller und Kettering mit großen runden Augen diesem ungewöhnlichen Treiben zusahen. Sie hatten wahrscheinlich noch nie eine Schiffsführerwahl gesehen. B.A. mischte flink, ließ Bella zweimal abheben und fächerte dann das Spiel mit den Kartenrücken nach oben auf. „So, links herum, wie beim Geben. Georg, du bist dran."

Georg mußte von B.A. zweimal gerufen werden, bevor er seine Nase von Katjas Wange entfernte und, ohne viel hinzusehen, den Herzbuben zog. Jemand am Tisch zog die Luft scharf durch die Nase ein. Felix schien sich über die Karoacht direkt zu freuen, und Simon warf den Herzzehner hin, wie wenn er entweder glühend heiß oder mit ekelhaft glitschigem Zeug beschmiert gewesen wäre. Ich zog das Karoas, und mein Puls begann schneller zu ticken. Jetzt wurde es ernst. Viktors Karte veranlaßte die Runde zu einem ersten nervösen Aufschrei: Herzdame.

„Bei Zeus, Merkur, Mars und allen anderen gängigen Göttern", flüsterte Simon neben mir, „nur nicht er. Nicht er."

Westermayer wählte lange und mit verbissenem Gesicht. Die Spannung wurde unerträglich.

„Waaaaaaaah!" Wir heulten entsetzt auf, Westermayer legte den Herzkönig auf den Tisch und begann nervös zu lachen.

„Mein Zuckerputz ist Kapitän!" kreischte Bella und umschlang ihren Giselher wie ein blonder Tiefseekrake.

„Darf ich der Ordnung halber auch noch eine Karte ziehen?" fragte Barawitzka schneidend.

Es wurde sofort still wie in einer Kirche. B.A. reichte das Kartenpaket an Katja: „Halten Sie das bitte einmal für mich!" Als Katja die Karten auffächern wollte, schüttelte B.A. den Kopf: „Nur so festhalten, zwischen Daumen und den anderen Fingern, das genügt. Hopp!"

Er schlug blitzschnell auf das Paket, die Karten flogen wie ein Schauer durch die Gegend, eine einzige blieb in Katjas Hand.

„Genau die möchte ich", sagte Barawitzka und lehnte sich zurück.

Katja drehte die Karte verblüfft um und legte sie vorsichtig hin. Es war das Herzas.

Eine Sekunde waren noch alle still von dem Schock, dann übertönten wir die Kapelle und waren wieder einmal der lauteste Tisch im Saal. Barawitzka lachte dröhnend wie ein fröhlicher Gorilla, ließ sich die

Hände schütteln und von der begeisterten Katja küssen. Das wiederum veranlaßte Bella aufzuspringen, um den Tisch herumzurennen und B.A. von der anderen Seite mit Lippenstift zu beschmieren.

„Genug, genug!" brüllte B.A. „Kellnerin!"

„Ja, genug, genug, der Arme bekommt ja schon keine Luft mehr", sagte Westermayer mit einem schiefen Lächeln und etwas Säure in der Stimme.

B.A. hatte es wiederum geschafft. Er hatte alles aufs Spiel gesetzt und gewonnen. Die Mannschaft war begeistert, und B.A. sammelte grinsend seine Karten wieder ein.

„Hol mich der Teufel", raunte mir jetzt Dr. Müller quer über den Tisch zu, „wenn ich das verstehen soll. Was war das? Ein alter Segelschiffsbrauch oder eine Verlosung?"

Ich befürchtete langsam, daß der liebe Dr. Müller nach den heutigen Erlebnissen Segelschiffern in Zukunft nur mehr mit größter Vorsicht begegnen würde und neigte mich zu ihm hin.

„Das ist auch eine von Käptn Barawitzkas neuartigen Einführungen an Bord der HIPPODACKL", sagte ich, „er nennt das demokratische Schiffsführung. Nachdem keiner von uns Schiffseigner ist und wir alle den gleichen Anteil an der Chartergebühr und an den Kosten tragen, möchte B.A. jedem Mitsegler die Chance einräumen, Kapitän zu werden. Er nennt das 'Primus inter pares' durch freie demokratische Wahl. Dazu läßt er auch Lose aus einem Hut ziehen, oder eben diese heutige Kartenspielerei. Aber Mut hat er schon, bis jetzt hat er zwar immer gewonnen, aber ich möchte doch gerne wissen, was er macht, wenn einmal ein anderer gewinnt."

Ich grinste in mich hinein, weil ich mich in einer kurzen Vision heute schon in der Lage gesehen hatte, B.A. zum Tellerwaschen einzuteilen.

Dr. Müller hatte eine steile Falte auf seiner Stirne und murmelte vor sich hin: „Bordkassa . . . demokratische Schiffsführung . . . Kapitänsskat . . .", so als ob er noch nicht ganz sicher sei, ob er diese neuesten Errungenschaften moderner Hochseesegelei auch auf seinem Motorkreuzer einführen sollte.

Ich bemerkte, daß B.A. sein Kartenspiel erneut mischte.

„Geben Sie acht", sagte ich zu Dr. Müller, „jetzt verlosen wir noch die anderen Positionen an Bord und die Wachen. Sie werden sehen, das geht tadellos und ohne verletzte Gefühle."

B.A. mischte und gab mit der Fingerfertigkeit eines Croupiers im

Spielkasino die Karten aus. Ich hatte diesmal die höchste rote Spielkarte und war damit automatisch Wachführer der Backbordwache und gewann noch Simon, Felix, Georg und den nicht anwesenden Janos Gludowatz, seines Zeichens burgenländischer Gemeinderat und Reiseführer, für den Fall, daß er sich später entschließen sollte, an dieser Fahrt teilzunehmen.

Westermayer wurde wieder etwas besser gelaunt, als er mit dem Pikas Wachführer der Steuerbordwache wurde, auch wenn er sich momentan mit dem Hofrat als einzigem Befehlsempfänger begnügen mußte, bis B.A. Ersatz für Walter und Lazslo aufgetrieben hatte.

Auf allgemeinen Wunsch wurde dem Hofrat wieder die so wichtige Verwaltung der Bordkassa anvertraut, und wir stießen auf die Griechenlandfahrt an.

Später wurde der Abend etwas unübersichtlich. Ich unterhielt mich eine Weile mit Smee, und Kettering schwärmte davon, daß er sich als nächstes einen neuen $^3/_4$-Tonner kaufen wollte, um bei der Nordseewoche alle Pokale für die DDSG (Demokratische Döblinger Segelgemeinschaft) einzuheimsen.

„Apropos", wandte sich Westermayer an Dr. Müller, „Sie tragen eine Nadel mit der Aufschrift YMCA. Ist das nicht so eine christliche Jungmänner-Herbergsvereinigung?"

„YMCA steht für Yacht Motorsport Club Austria", antwortete Dr. Müller eisig, stand auf und setzte sich auf die andere Tischseite zu mir. „Sie haben recht", ärgerte er sich, „er muß ein sehr naher Verwandter von unserem Clubekel sein."

Kettering entwarf mit B.A. zusammen auf einem Bierdeckel eine Rennyacht, die alle Rekorde brechen sollte. Ein ganz leichtes, flaches, ballastloses Schwertboot, wo auf ausfahrbaren Leitern eine Crew von 20 bis 30 Walter Hajduks für den Trimm sorgen sollte. Westermayer spielte dann dumm mit Barawitzkas Signalspiegel und brachte prompt einen Kellner mit vierundzwanzig Portionen Hackbraten mit Tunke und Spätzle zu Fall, indem er ihn ebenso blendete, wie B.A. den Hofrat und mich geblendet hatte. Simon stieß mich an, und wir verschwanden in Richtung Gesellschaft zur Rettung des Bodensees. Noch grinsend über den Spätzleregen und die wie Badeschwämme auf den Boden glitschenden Hackbraten, in denen sich der geblendete Kellner ringelte, stieß ich mit Simon an. Aber er machte ein so finsteres Gesicht, als wenn das seine Hackbraten gewesen wären.

„Das wird Westermayer aber eine schöne Stange Geld kosten", lachte ich schadenfroh, „das Essen, die Teller, die Reinigung, das Trostpflaster für den Kellner."

Simon starrte mit zusammengezogenen Brauen in sein Schnapsglas: „Er hat es schon wieder gemacht", sagte er bitter.

„Wer hat was gemacht?"

„B.A.!" Simon griff in seine Tasche und holte ein Stück zerfetztes Papier hervor. Er glättete es und hielt es unter meine Nase. Es war die aufgerissene Verpackung von B.A.'s Spielkarten. Ein kleiner Aufdruck besagte: „Magier-Trickkarten. Für normale Kartenspiele nicht geeignet". Ich spürte wie mir die Ohren zu brennen begannen, wenn ich daran dachte, wie ich vor kurzer Zeit B.A. Treue und Gefolgschaft geschworen hatte, begeistert von seiner Ehrlichkeit, Aufrichtigkeit und seinem Anstand.

Simon steckte das Papier wieder ein.

„Er fälscht und betrügt, belügt und besticht und beschwindelt die ganze Welt ohne den geringsten Skrupel. Und das Schlimme ist . . .", er kippte den Rest seines Schnapses, „ . . . daß wir immer wieder darauf hereinfallen."

„Er hat das vielleicht wirklich nicht mit böser Absicht gemacht", murmelte ich, „sondern nur, um zu verhindern, daß der Westermayer Kapitän wird."

Simon klopfte mir kopfschüttelnd auf die Schultern: „*Tu es un uncorrigible Idiot*, Karl! Du bist ein unverbesserlicher Depp!"

Der Fluch der Götter

*Ein Bruch kommt selten allein · Aufstieg und Fall
des Ing. Westermayer · Das verschwundene Trinkwasser oder
der große Durst · Eine Landung an unbekanntem Gestade*

Die HIPPODACKL lief unter Backstagsbrise nach Westsüdwesten. Die
Sonne stand schon tief am Horizont, die letzten fahlen Umrisse von
Malta waren bereits im blau-violetten Dunst des Abends verschwunden. Das Meer wurde schwarzblau, und orangener Widerschein tanzte
auf den Wellen. Weit vor dem Bug lockte das Abenteuer, die große
Freiheit. Aber noch waren wir unter Stich-in-See-Streß. Das Cockpit
war voll von rotweißen Spinnakerbergen, und ich versuchte die Klebe-
streifen so faltenfrei wie möglich über den behelfsmäßig zusammenge-
nähten Stellen anzudrücken. Simon hockte in dem Haufen wie ein ara-
bischer Seidenhändler im Bazar und hielt die Nahtstellen parallel. Er
beäugte meine Nähte und meinte anzüglich: „Also, nicht einmal wenn
ich Koks hieße, ließe ich mir von dir einen neuen Sack nähen. Es ist
zum Weinen, was du hier zusammengestichelt hast. Hier diese Falten-
ansammlung, sieht aus wie eine verknitterte Karikatur von Karl Valen-
tin, wenn er Grimassen schneidet!"

„Himmel, Arsch und Zwirn!" stieß ich ärgerlich hervor. „Wie soll
ich das besser machen mit dem dicken Garn? Hab ich den Spi so zerris-
sen? Die Charterer vor uns müssen berufsmäßige Abwracker gewesen
sein. So sieht das alles hier aus."

„Und wer hat den Spi im Hafen kontrolliert und gesagt: Alles
okay?" „Die Lieken und die Schothörner waren in Ordnung. In ganz
Taxbiex Bay ist kein Platz, um diese Riesenblase voll auszubreiten. Wer
nimmt denn an, daß es jemand fertigbringt, in der Mitte eines Segels
lange Bahnen voll aufzutrennen und alles wieder sauber zu verpacken,
ohne die Fetzen zu bemerken?"

„Wie du siehst, haben die Abwracker es fertiggebracht. So, wie sie
auch das Sumlog hingebracht haben. Felix werkt jetzt schon eine ganze

Stunde daran herum, und laut Instrument sind wir seit La Valetta erst eine knappe Meile gesegelt."

Ich klebte verbissen weiter. Meinem Geschmack nach war unser Käptn viel zu hastig ausgelaufen, obwohl wir sofort bemerkt hatten, daß die HIPPODACKL in einem erbärmlichen Zustand war. Verdreckt, verrußt, viele Rostflecken, überall ausgefranste Enden ohne Takling, primitiv zusammengeknotete Leinen; unter Deck ein schaler Gestank nach ungelüfteter Bettwäsche, verschütteter Suppenwürze, Urin und Diesel und schwarzes Öl in der Bilge.

Aber B.A. hetzte uns wie ein verrückter Ajatollah, trieb die Startvorbereitungen mit ungeheurem Dampf voran, schickte die Einkaufsteams, teils mit vorbereiteten, teils mit hastig improvisierten Listen los, um Proviant, Putzmittel, Duftsprays, Bilgereiniger und Ersatzteile wie Reservelämpchen, Schäkel jeder Größe und Werkzeug einzukaufen, da die früher einmal so reich ausgestattete Werkzeugkiste der HIPPODACKL jetzt bis auf einen rostigen Hammer und eine Rolle Leukoplast leer war. Seit wir heute vormittag am Luqa Airport angekommen waren, schufteten wir wie ein Mechanikerteam vor dem Start zum Großen Preis von Monaco, um die vollkommen verlotterte HIPPODACKL wieder in Schuß zu bringen. Kaum daß alles zumindest provisorisch verstaut

51

war, Wasser und Diesel in den Tanks und ein Kanister dunkelroter
Maltawein im Cockpitschapp war, trieb er uns, verschmiert wie wir
waren, in eine gegenüberliegende Kneipe, wo er gegrillte Schwertfisch-
steaks für das Käptn-Abschieds-Dinner vorbestellt hatte. Trotz meiner
Vorbehalte wegen verschiedener Schäden an Takelage und Segel fing
Barawitzka wieder mit Lampedusa an. Zwischen ihm und dieser winzigen Insel mußte es eine geheimnisvolle Verbindung geben, da er schon
im Flugzeug ständig von dieser Insel geschwärmt hatte, dieser Insel der
Inseln, dem einzigartigen Traumziel für Segler auf dieser Hälfte der
Erdkugel. Er lud uns großzügig zu einem weiteren Krug Rotwein ein
und schwenkte triumphierend ein Wetterbulletin, das ihm der Satan
persönlich zugespielt haben mußte. Er packte alle bei ihrem Stolz mit
der Feststellung, daß, in Verbindung mit einer amtlich in Aussicht gestellten Winddrehung, die nur alle hundert Jahre einmal vorkommt, ein
Spi-Wetter von Malta nach Lampedusa und dann Winddrehung für
einen Vormwindkurs nach Griechenland in zwei Tagen einmalige
Chance wäre, die nur von einer mutigen und schnell entschlossenen
Crew wahrgenommen werden könnte. So gelang es Barawitzka, einen
Mannschaftsmehrheitsbeschluß herbeizuführen durch sein: „Wenn wir
gleich ablegen, gewinnen wir einen Tag – Kleinigkeiten lassen sich unterwegs reparieren. Und ich segle euch noch nach Lampedusa! Wart ihr
schon einmal in Lampedusa?"

Er gewann die demokratische Abstimmung mit knapper Mehrheit,
da jeder zu einer mutigen und schnell entschlossenen Crew gehören
wollte. Dadurch fiel aber das Besichtigungsprogramm für die Blaue
Grotte, das steinzeitliche Hypogäum und die Altstadt von M'dina, das
Janos Gludowatz, unser Weinbauer, Gemeinderat und Reiseleiter aus
Oggau, so sorgfältig vorbereitet hatte, ins ölige Hafenwasser des Laza-
retto Creek. Gludowatz legte daraufhin sein Amt als Reiseleiter und
Ausflugsorganisator nieder und ersuchte B.A., ihn auf dieser Reise
nicht mehr anzusprechen, außer in rein borddienstlichen Belangen.

So hockte ich mit Simon im Cockpit, und wir reparierten die „Kleinigkeiten".

Am Steuer saß Max, der Neue an Bord, und drehte mit Feuereifer am
Ruder, als ob es gelte, einen Weltrekord im Achterbahnfahren aufzustellen. Der Hofrat hockte über ihm auf dem Dach der Achterkabine
und hinderte Max daran, volle Kreise zu drehen, indem er bei Bedarf
seine Bordschuhe zwischen die Radspeichen steckte. Max Casaroli war

52

nicht nur der Neueste, sondern auch der Kleinste in unserer Mannschaft. Ein unbeschnittener schwarzgeringelter Vollbart und eine Haartracht wie ein biblischer Prophet gaben seiner schmächtigen Figur eine gewisse Würde und Gewicht. Wie er so dasaß, am großen Ruder der HIPPODACKL und mit seinen schwarzen Mausaugen die tanzende Kompaßrose zu hypnotisieren versuchte, eine von Gludowatz' blauen Kibbuzkäppchen auf den Scheitel gestülpt, eine knielang abgeschnittene

helle Arbeitshose um die mageren Lenden, sah er nicht aus wie der berühmte ehemalige Schiffskoch, als den ihn B.A. vorgestellt hatte. Barawitzka hatte Casaroli in die Mannschaft genommen, als feststand, daß Walter Hajduk und auch Lazslo Rosenstein bei diesem verrückten Griechenland-Törn nicht mitfahren konnten. Angeblich auch, weil er endlich etwas Besseres vorgesetzt bekommen wollte, als Rebitscheks Bröselnudeln mit Corned Beef und Erbsen, wie mir Lazslo vertraulich mitgeteilt hatte. Wie es wirklich alle geschafft hatten, doch noch mitzusegeln, wußte ich noch gar nicht. Felix Hufnagel hatte mir auf dem Flug von Wien nach Malta erzählt, daß er eigentlich in einer Kur für seinen schlimmen Rücken war. Bei Simon dürfte die Schwierigkeit weniger beruflicher Natur gewesen sein – in dem großen Gebäude, wo er arbeitet, fällt es, glaube ich, überhaupt nicht auf, wenn einer der vielen tausend Beamten zwei Wochen nicht da ist und ein wenig segeln geht –, aber seine Frau hatte mir beim Abschied in Schwechat erklärt, es sei ihr ganz egal, wenn er über Bord fällt und ertrinkt, Hauptsache wir fischten ihn nicht wieder heraus. Ich selbst war zum Glück noch in der

Woche vor der Abreise auf einen passenden Dreh gekommen. Ich war ganz offiziell auf Dienstreise, um persönlich herauszufinden, warum unsere Gesellschaft, besonders bei den ionischen Hotels, in dieser Saison so viele Reklamationen hatte. Ich habe zwar vergessen, der Direktion mitzuteilen, daß ich nicht nach Griechenland fliege, sondern mit dem Segelboot anreise, aber das sind sicher uninteressante Details für eine Direktion.

„Karl!" brüllte Felix unten im Schiffskeller. „Komm bitte einmal und schau dir das an." Ich drückte Simon den ganzen klebrigen Kram in die Hand und turnte nach unten. In der Navigationsecke thronte Barawitzka mit Kopfhörern, wie ein von Stereomusik begeisterter assyrischer Gottkönig, und Westermayer drehte an den Abstimmknöpfen des See-Empfängers. Ich drängte mich an dem schimpfenden Georg vorbei, der am Herd mit Scheuersand und Drahtbürste herumputzte, wie ein Archäologe, der König Agamemnons Petroleumkocher in jahrtausendealtem Schutt gefunden hat, und kletterte zu Felix in den Waschraum. Es war ein Glück, daß ihn sein Chefarzt jetzt nicht sehen konnte, wie er da verkrümmt unter dem Waschtisch hockte mit seinem schlimmen Rücken. Er zeigte mir den Geber des Sumlogs, dieser hatte einen leichten Knick und der kleine Plastikpropeller nur mehr eineinhalb Schaufeln.

„Die müssen irgendwo gegengefahren sein. Deshalb habe ich ihn kaum aus dem Seeventil gebracht. Aber damit hat es sich, einen neuen Propeller kann ich nicht nachschnitzen."

Damit war die HIPPODACKL ohne Logge. Westermayer konnte sein spezielles Computerprogramm für die Koppelkursberechnungen bereits vergessen.

„Macht nix", beruhigte ich ihn, „die alten Griechen hatten auch keine elektronische Logge. Binde das Dings da irgendwo unter dem Waschtisch an und komm an Deck. Unsere Wache ist gleich aus und ich brauche jemand, der mir hilft, ein paar Dosen Bier leerzumachen für die Tuborg-Logge."

„Was ist mit dem Sumlog?" fragte B.A., als ich wieder nach oben kletterte, und hielt sich die Kopfhörer ein wenig von den Ohren ab.

„Propeller zerbrochen. Kannst ihn auf die Defektliste setzen."

„Gluteal", sagte Barawitzka und meinte damit dasselbe, wie wenn einer „arschig" sagt. Bei Seminaren mit Krankenhausmanagern hatte er in der letzten Zeit so manches Ordinär-Latein aufgeschnappt. Simon wartete bereits sehnsüchtig auf meine Rückkehr, denn ein Windstoß hatte die Arbeitsstelle hochgeweht und er sah jetzt aus wie ein Bazar-Araber, der sich in seine Fliegenfänger verwickelt hat. Ich guckte auf meine Uhr und schrie: „Feierabend! Freiwache ausfallen! Helft mir noch den Spi einzupacken und Simon von den Streifen zu befreien, und dann übergeben wir das Schiff den faulen Kerlen von der Steuerbordwache." Ich sauste in die Navigation und zeichnete freihändig einen verhältnismäßig großen Bleistiftkreis westsüdwestlich von Malta in die Seekarte und notierte daneben: U.O. 20.00 h.

„Was ist ein U.O.?" fragte Westermayer verblüfft.

„Das ist ein Grundbegriff aus der instrumentenlosen Annäherungsnavigation", erklärte ich ihm, „U.O. heißt ungefährer Ort."

Die Backbordwache, zu der jetzt Max statt Walter gehörte, zog sich mit einer halben Schachtel Dosenbier auf das Achterdeck zurück und begann aus reiner Hilfsbereitschaft, leere Bierdosen herzustellen, damit die Wache besser loggen konnte. Plötzlich beugte sich Simon zu mir und kicherte unterdrückt: „Bei allen herausgeputzten Hafendirnen von St. Nazaire, sieh ihn dir bloß an."

Giselher stieg aus dem Niedergang zu seinem ersten offiziellen Dienstantritt als Wachführer. Er hatte eine schnittige dunkelblaue Yachtkappe auf; Schirm und Aufschrift „Commodore" mit goldenem

Lorbeer verziert. Eine Shagpfeife hing in seinem Mundwinkel und ein langrohriges Nachtglas um seinen Hals. Jetzt hob er das Glas und kontrollierte einmal den Horizont. Da ging ein lautloser Aufschrei rund ums Boot. Jemand verkutzte sich in sein Bier und der Hofrat ließ die HIPPODACKL entgeistert aus dem Ruder laufen. Giselher hatte weiße Handschuhe an.

Ich hatte auf See schon viel gesehen, aber so etwas noch nicht. Westermayer mit seinen Zwirnshandschuhen war ein derart unwahrscheinlicher Anblick, wie wenn der sagenhafte weiße Wal neben der HIPPODACKL eine Mazurka auf den Schwanzspitzen getanzt hätte. Ich war so gebannt, daß ich vergaß, meine Kamera zu holen, um ein Dokumentarfoto zu machen. Aber wir haben es alle gesehen, und seither ist die Bordsprache der HIPPODACKL um einen besonders farbigen Vergleich reicher. Die Bezeichnung „ein Segler mit weißen Handschuhen" verwenden wir fortan in krassen Fällen von Unseemannschaft.

„Wenn Lazslo hier wäre", murmelte Simon, „hätte er sicher . . ."

„Dann setze ich einen Preis aus", unterbrach ihn Felix ebenso leise, „wer als erster Giselher dazu bringt, sich seine Handschuhe dreckig zu machen, der bekommt von mir Gratiswein für einen ganzen Abend."

Die ersten Attacken wehrte Westermayer beinahe zu spielerisch ab. Felix ersuchte ihn, doch noch den Ölstand der Maschine zu kontrollieren. Simon erinnerte ihn daran, daß jede Wache die Bilge komplett auspumpen muß, und B.A. fand, daß die Zeit für eine Tasse heißen, schwarzen Kaffee gerade richtig wäre. Ohne mit der Wimper zu zukken, teilte Westermayer seine Wache ein, schickte Georg Kaffeewasser aufzusetzen, die Bilge zu lenzen und ersuchte uns, Gludowatz in der Achterkabine wachzutrommeln, damit er geht und den Ölstand überprüft. Simon schob die Luke auf, hängte seinen Kopf in den Niedergang und brüllte: „He, Janos Bácsi, aufstehen! Dein Wachführer hat eine dreckige Arbeit für dich!" Es dauerte trotzdem eine ganze Weile, bis Janos mißmutig erschien und sich an die Arbeit machte.

„Seltsam", murmelte Simon, „unser Gemeinderat ist auf seine alten Tage zum Beatfan geworden. Er lag da unten mit so einem kleinen Rock- und Rollerskating-Stereo-Mini-Kopfhörer – oder wie das Zeugs heißt – und so einem Winzig-Rekorder, den man am Gürtel trägt."

„Meinst du diese japanischen Minidinger, mit denen die Jugend jetzt durch die Straßen läuft und öfters unter die städtischen Autobusse kommt, weil sie das Kreischen der Bremsen nicht hören kann?"

„Vielleicht lauscht er Beethovens Symphonien?" meinte Max. Simon zog mit dem Finger sein Augenlid herunter und schnitt eine Das-glaubst-du-doch-selbst-nicht-Grimasse.

B.A. kam jetzt an Deck, eine dicke Zigarre paffend, und setzte sich in den Windschatten der Kajüte. Ich brauchte eine Weile, bis mir plötzlich klar wurde, warum sich dieses Grinsen so gewaltig von seinem Grinsen an Land unterschied. B.A. war einfach mit sich zufrieden – nicht weil er jemand übervorteilt, oder in den Sack gesteckt hatte – es war kein triumphierendes oder selbstgefälliges Grinsen. B.A. war einfach zufrieden, weil er auf hoher See war, weil die Seen rauschten, sich das Deck des Schiffes im Rhythmus hob und senkte, es unter dem Kiel gurgelte; und vielleicht auch, weil die Insel Lampedusa vor dem Bug lag. Er verströmte geradezu Wohlwollen, machte dem Hofrat Komplimente über die ausgezeichnete Qualität der eingekauften Lebensmittel, lobte Georgs Kaffee ganz besonders und entschuldigte sich sogar bei Gludowatz für die versäumten Ausflüge in Malta. Dann schwärmte er wieder von Lampedusa, dieser so wenig bekannten Insel zwischen Sizilien und Libyen, daß wir es kaum erwarten konnten, sie endlich am Horizont auftauchen zu sehen.

B.A. sah auf seine Uhr. „Wie wäre es denn mit einem kräftigen Abendessen, das uns alle aufrichtet?" Er blickt auffordernd auf Max.

Casaroli war noch zu kurz an Bord, um gelernt zu haben, daß man angedeutete Wünsche des Kapitäns immer ignorieren muß, weil er sonst größenwahnsinnig wird und sich einbildet, ein kurzer Blick aus seinen Adleraugen allein genüge schon, und die ganze Mannschaft tanze nach seinen Vorstellungen. „Du hast Freiwache", warnte ich Max, als er sich prompt aufrappelte. Simon packte mich bei der Hand und blinzelte: „Laß ihn, ich hab' da was eingefädelt", flüsterte er.

Zum farbenprächtigen Sonnenuntergangs-Happening wurden die Kameras zum ersten Mal ausgepackt, und ich holte meinen Frotteepulli, weil es sehr bald kühl wurde. B.A. wollte dann anscheinend den ausgesetzten Handschuhpreis gewinnen, weil er Giselher bat, die Bordweinflasche mit Rotwein aufzufüllen. Doch Westermayer übernahm das Ruder und kommandierte den Hofrat dazu ab. Der färbte sich beim Umfüllen die Manschetten seiner Windbluse ein. Jetzt kam langsam Zund in das Spiel. Westermayer war ein harter Gegner.

„Na, ja", meinte Simon, als die Flasche die Runde auch in der Freiwache machte, „dieser Malteserwein tröstet mich über etliche Unbill hinweg. Wenn es so bleibt, fängt mir die Griechenlandfahrt zu gefallen an."

Halblaute Musik aus dem Kassettenrecorder erzeugte jene träumerische Stimmung, bei der man in Gedanken auf ganz große Fahrt gehen kann. Es war sehr gemütlich. Ein Segler an Bord seines Schiffes − die Schapps voll mit Konserven, die Tanks voll mit Diesel, Wasser und Rotwein, freien Seeraum ringsum, vierzehn freie Tage vor sich und keinen drohenden Sturm hinter sich − ist der freieste und zufriedenste Mensch der Welt; und ich glaube, er würde mit niemand tauschen, nicht für Macht, schöne Frauen oder Geld − es sei denn, um auf einem noch größeren Schiff, mit noch mehr Proviant und Wein, mit einem noch größeren Meer rundherum, mit noch mehr frei verfügbarer Zeit dasselbe zu machen. Einfach loszusegeln in eine der 360 Richtungen der Kompaßrose, um nachzuschauen, was hinter dem Horizont ist, immer weiter, immer weiter, bis zu der unbekannten Insel der Inseln, vielleicht auch zu Barawitzkas geheimnisvollem Lampedusa.

B.A.'s lautes „Wie weit ist das Festessen, Max?" riß mich aus meinen Träumen.

„Alles fertig, Käptn, es kann sofort serviert werden."

„Super, die Freiwache kommt sofort mit mir zu Tisch." Wir nahmen die Bordflasche und folgten unserem Chef in den Salon. Der Tisch war gedeckt. Die einstmals rotleuchtenden Servietten waren ausgebleicht und mit Brandlöchern übersät, aber Max hatte lustige Serviettensteks reingemacht. B.A. rieb sich freudig die Hände und fragte: „Welche Köstlichkeiten gedenkst du uns zu servieren, Casaroli?"

Max machte ein pfiffiges Gesicht: „Sie werden staunen, Käptn." Er klapperte am Herd und trug stolz die ersten Portionen auf. „So, sehr heikel für unseren Kapitän, guten Appetit."

Barawitzka starrte auf seinen Teller und sein Gesicht verfinsterte sich wie eine Laterne, wenn die Kerze rußt. „Was ist das?"

„Ihr Lieblingsgericht, Käptn", strahlte Casaroli, wie jemand, der jeden Augenblick ein besonders großes Lob erwartet. „Ich habe mich extra erkundigt, was Sie besonders gerne haben — Bröselnudeln à la Rebitschek. Ich hoffe nur, daß sie für Ihren Geschmack scharf genug gewürzt sind."

B.A. zuckte zusammen, wie wenn ihm jemand einen Karatetritt in den Unterleib versetzt hätte. Die Runde um den Tisch machte so glucksende Geräusche, wie jemand, der ganz innen lacht, aber nicht will, daß man es von außen merkt.

„Und wer hat dir meine Lieblingsspeise verraten, lieber Max?"

„Ich war es", rief Simon mit unverhülltem Hohn, „Max ist doch neu an Bord, und er wollte dir eine Freude machen. Da hab' ich es ihm verraten."

Ich dachte gerade, jetzt, jetzt packt er den Teller und zerschmettert ihn entweder auf Simons oder Casarolis Kopf, aber er erstaunte mich. Er hielt sich eine Sekunde am Tisch fest, wie ein niedergeschlagener Boxer in den Seilen, dann zwang er ein strahlendes Lächeln in sein Gesicht und sagte: „Vortrefflich, Max. Du siehst mich gerührt. Ich liebe Bröselnudeln." Er fuhr mit der Gabel in den Teller und kostete. Zu unserer Überraschung wurde sein Lächeln noch breiter.

„Köstlich", rief er, „ehrlich, das schmeckt hervorragend, ich habe nicht gewußt, daß Bröselnudeln . . ." Er begann richtig einzuhauen. Jetzt prusteten alle los vor Lachen. Max und Simon waren die einzigen, die den Humor der Sache nicht so ganz zu schätzen wußten. Nach den ersten Bissen wurde es für Simon noch schlimmer. Casarolis Bröselnudeln waren ein Gedicht.

„Wer hätte das gedacht", sagte Felix, „richtig zubereitet ist das ja ein ganz schmackhafter Eintopf."

Jetzt war es an Simon, grantig zu werden. Er schmiß die Gabel hin und hämmerte so wild mit der Faust auf den Tisch, daß die Teller hüpften. „Das ist eine bodenlose Gemeinheit", schimpfte er, „jeder macht hier Tricks und gewinnt immer dabei, und wenn ich einmal einen probiere, geht der Schuß nach hinten los! Hol euch alle zusammen der Teufel, wenn euch dieses Zeugs auch noch schmeckt." Er sprang auf und stürmte an Deck.

„Was hat er denn?" fragte Max besorgt. „Ist es ihm jetzt doch zu scharf gewürzt? Aber er hat doch selber gesagt . . . "

Jetzt brüllte die ganze Tischrunde vor Vergnügen. Max sah verständnislos von einem zum anderen. B.A. beruhigte den Schiffskoch schließlich.

„Das kannst du nicht wissen, Max, Simon Rebitschek hat deine Unkenntnis ausgenützt, um mir einen Streich zu spielen. Nur hast du viel zu gut gekocht, und jetzt ist er der Dumme. Ha, ha! Wisse nämlich, o Meister der verschmitzten Gewürze, Rebitschek hat auf der historischen Malta-Fahrt mit den gleichen Zutaten einen heimtückischen Anschlag auf unsere Magenschleimhäute verübt, und ich habe damals alle Arten von Bröselnudeln als ungenießbar auf die schwarze Liste gesetzt. Dank der ausgleichenden Gerechtigkeit bleiben aber jetzt nur Bröselnudeln à la Rebitschek auf dem Index, während deine à la Casaroli ganz oben auf die Menüfolge der HIPPODACKL gesetzt werden. Kann ich noch eine Portion haben?"

Gleich darauf kam die Freiwache herunter und berichtete, Simon habe alle abgelöst, er sei schon satt. Es war ein gelungener Abend.

Ich legte gerade meine Phrygenmütze, Chiton und das Bronzeschwert ab, um die Einladung einiger hübscher, leicht bekleideter Lampedusinnen zum Bad in der heiligen Nymphenquelle anzunehmen, als mich Gludowatz grob aufrüttelte. „Laß mich weiterschlafen", grunzte ich unwillig und drehte mich um. Aber Gludowatz schüttelte mich noch kräftiger. „Westermayer ist ausgefallen", brüllte er, „und außerdem fängt deine Wache gleich an!"

Ich rappelte mich auf und merkte gleich, daß etwas nicht stimmte. Gludowatz war in tropfendes Ölzeug gehüllt, die Karabiner der Sicherheitsleinen klingelten an seiner Brust und die HIPPODACKL stampfte, hart überliegend, in einer kurzen und schweren See. Alle Augenblicke prasselte etwas rauschend über das ganze Deck, und dann gurgelte es in den Abflußrohren wie zur Zeit der Schneeschmelze unter einem Gletscher.

Ich bin weit davon entfernt, wie ein Computer auf Tastendruck zu funktionieren, aber im Lauf der Jahre auf See habe ich bestimmte Instinktprogramme im Unterbewußtsein gespeichert, die vollkommen narrensicher durch bestimmte Umweltreize automatisch gestartet werden. Das Programm: „Wasser an Deck, Wind heult – rein ins Ölzeug" war schon beinahe vollständig durchgelaufen, bis ich mich endlich vollkommen von den in der Quelle plätschernden Lampedusinnen gelöst und wieder auf Bordbetrieb umgeschaltet hatte.

„Was ist denn eigentlich los?" fragte ich Gludowatz, der sich im Mittelschiff verkeilt hatte wie eine vierarmige Panzersperre.

„B.A.'s Wetterbulletin ist einen Dreck wert. Der Wind hat schon vor Stunden gedreht und haut uns vierkant in die Fresse!" Janos schien das enormen Spaß zu machen. Ich band den Südwester unterm Kinn fest und hangelte mich von Handgriff zu Handgriff durch das Schiff, das versuchte, uns loszuschütteln wie Kartoffeln auf dem Sortiersieb. Beim Dämmerlicht der Kartenlampe hockte Barawitzka wie ein Ölzeug-Buddha mit Kopfhörern in der Navigation und spielte mit dem Handfunkpeiler. Es war kurz nach Mitternacht, und als ich auf den Tisch schaute, schockte mich die Einsamkeit meines gestern so witzigen U.O.s in der leeren Seekarte doch einigermaßen.

„Was ist mit Westermayer?" schrie ich zwischen seine Kopfhörer. Barawitzka zeigte mir die Faust mit dem Daumen nach unten, wie früher die Linienrichter beim OUT für Amphitheater-Gladiatoren.

Ich wollte mir gerade etwas denken, dann fiel mir ein, daß jetzt nicht die richtige Zeit war für philosophische Betrachtungen über den Unterschied zwischen Ibiza- und Malta-Seglern.

„Habt ihr wenigstens Kurse und Zeiten mitgeschrieben?"

Barawitzka schüttelte den Kopf. „Westermayer hat die ersten Wenden noch mitgetippt in seinen Taschenrechner, dann hat er was vertippt, und bevor er umkippte, wollte er in der Früh alles mit einem Starfix in Ordnung bringen. Ich versuch jetzt eine Funkpeilung."

Hinter mir tapsten jetzt zwei weitere Backbordwachen in ihrer Schwerwetterausrüstung heran. Ein kleiner Ölzeug-Moses fehlte.

„Habt ihr Max nicht geweckt?"

„Max fällt aus. Liegt als Seeleiche in seiner Koje mit offenen Augen und reagiert auf nix."

„Na gut, lassen wir ihn. Simon, wir brauchen deinen Unterwasserschreibblock."

61

Die an Deck angezurrte Wache war salzverkrustet und sehr froh, abgelöst zu werden. Als ich hinter das Ruder turnte, trat ich auf einen Segelsack und wäre beinahe über die Reling gekippt.

„Kruzitürken! Warum habt ihr denn den Spisack nicht verstaut?" schimpfte ich und versuchte, die sich in der schwarzen Nacht auftürmenden Seen ein wenig schräger und sanfter zu nehmen.

„Das ist kein Spisack", rief der Hofrat, bevor er den Niedergang schnell wieder verschloß, „das ist Westermayer!"

Felix fummelte im Finsteren in den seitlichen Staufächern und knipste eine Taschenlampe an. Giselher hing wie ein toter Fallschirmspringer in seinen Gurten. Jemand hatte ihn fest und kurz an die Reling gelascht. Gerade als ihn Felix anleuchtete, übergab er sich gurgelnd an Deck und über sein Ölzeug; in der nächsten Sekunde spülte ihn der Gischt wieder sauber.

„Ich glaube, wir lassen ihn lieber hier an der frischen Luft", schrie Simon durch das Brausen, „da ist er ganz gut aufgehoben."

Das war ehrlich gemeint, und Felix verstaute die Lampe wieder.

Wir boxten uns auf einem 200°-Kurs gegenan. Das war kein guter Kurs nach Lampedusa.

„Wir sollten umdrehen", meinte Felix, als uns gleich danach eine voll ins Cockpit schlagende See das Ölzeug bis zum Kragen anfüllte, „wir verlieren viel zu viel Zeit mit diesem Lampedusa."

„Alle 100 Jahre gibt es Spiwetter von Malta nach Lampedusa", äffte Simon irgendwo im Dunkeln B.A. nach, „und nach zwei Tagen eine Winddrehung für einen Super-Kurs nach Zakynthos. Wir sind ihm schon wieder auf einen Dreh hereingefallen. Geh zu diesem Stereo-Ölgötzen da unten am Radio, Karl, und mach ihm klar, daß dieser Hundertjahretag vorvorgestern war."

Wenn ich die HIPPODACKL nicht ständig vom Kiel bis zur Mastspitze durchschütteln lassen wollte, mußte ich manchmal ziemlich weit abfallen, und der Luvgewinn für Barawitzkas Trauminsel war erschreckend gering. Die Steuerbordwache hatte die Genua gegen die Fock 2 ausgetauscht und das Groß auf das zweite Reff gebunden. Gerade als ich überlegte, wie ich B.A. am wirkungsvollsten überzeugen konnte, klapperte es oben am Großmast laut und metallisch und das ganze Rigg erzitterte wie unter einem gewaltigen Schlag.

„Felix, die Lampe!"

Im tanzenden Lichtkegel war nicht viel zu sehen, aber daß sich der

Mast oben wie ein Schilfrohr nach Lee verbog und das Luvwant lose baumelnd im Licht aufblitzte, sagte genug.

Die nächsten Sekunden waren wild. Ich wendete ohne Rücksicht auf den Seegang und erwartete eigentlich jeden Augenblick das häßliche Geräusch brechenden Aluprofils.

„Wende! Wende!" brüllte ich den beiden zu. „Über die Fock!" Einmal schlug die See wie mit einem Riesenhammer auf unseren Bug, daß die HIPPODACKL erdröhnte wie eine geschlagene Pauke, dann lagen wir auf Steuerbordbug und die straffen Backbordwanten nahmen den Druck auf. Wir waren gerade noch davongekommen. Ich gab Felix das Ruder und turnte mit Simon nach vorne.

„Salingleuchten?" − „Die blenden uns nur, nimm die Taschenlampe!" Wie Bergsteiger in einer Felswand arbeiteten wir uns mit Leinen und Karabiner über das Deck und hängten uns am Mast fest. Das Steuerbordwant war locker wie ein abgerissener Hosenträger, und dann sahen wir oben am Mast die Saling herumklappern. Da sie noch im Want hing, war also der Mastbeschlag gebrochen oder die Verschraubung aufgegangen. Simon mochte seine schwierigen Seiten haben, aber in Situationen wie dieser war er einfach unbezahlbar. So lange ich Simon mit dabei habe, ist es mir egal, wie gut die anderen an Bord segeln können und ob sie bei Seegang umfallen oder nicht; mit ihm allein werde ich mit jedem Wetter und jeder Situation fertig. Deshalb nennt uns Barawitzka auch oft ‚das doppelte Lottchen‘, weil wir immer als sogenannte Doppelpackung an Bord kommen. Ohne daß Worte notwendig gewesen wären, bargen wir das Großsegel ganz. Ins Cockpit zurückgekehrt, legten wir die HIPPODACKL auf einen Kurs, auf dem die Schiffsbewegungen am sanftesten waren, um das angeschlagene Rigg zu schonen.

Lampedusa-Kurs war das keiner mehr, wir liefen auf Sizilien los. Ich hatte jetzt mein Argument, um Barawitzka zum Umkehren zu bewegen, aber ein weniger spektakulärer Grund wäre mir lieber gewesen. Ich hakte meine Sicherheitsleinen aus und kletterte den Niedergang hinunter.

Barawitzka schob die Kopfhörer in den Nacken und fragte: „Was war das für ein Krach da an Deck?"

„Die Steuerbordsaling ist gebrochen! Du kannst das in die Defektliste eintragen. Wo sind wir?"

B.A. nahm die Kopfhörer ab und hängte sie resignierend in die Ecke.

Seine Augen waren vor Müdigkeit gerötet, und jetzt wurden sie stumpf vor Enttäuschung.

„Schade", murmelte er, „das ist das zweite Mal, daß es mir nicht gelingt, bis Lampedusa zu kommen. Und dabei war ich dieses Mal so nahe dran." Er klemmte den Handfunkpeiler achtlos in die Halterung neben den Seefunkempfänger. „Glutealer Mist, was Kettering da zusammengekauft hat. Eignet sich vielleicht zum Nüsseknacken, aber nicht zur Navigation. Das Minimum ist nicht scharf genug abzugrenzen, gibt nur ungefähre Richtungen, wie wenn man ein Taschenradio so hin und her dreht. Pantelleria und Malta ist einfach nicht auszumachen, zwischen 320 und 400 kHz brummt ein Bienenschwarm herum, Cozzo Spadaro ist beinahe rundum zu hören. Das einzige, was ich halbwegs deutlich hören kann, ist das dada didadidit von Gozo. Aber dort, wo ich es höre, kann es wirklich nicht sein. Dreck! Ich weiß nur, wir sind da irgendwo zwischen Pantelleria, Linosa, Lampedusa und Malta. Wohin laufen wir jetzt?"

„Einen groben Nordkurs. Auch wenn wir hart rangehen, ist unser nächster Hafen Trapani oder so ähnlich. Ich geh' aber nicht hart ran so lange ich nicht weiß, was da oben kaputt ist. Simon wird in den Mast steigen . . ."

„Das verbiete ich euch! Niemand steigt in den Mast, so lange es dunkel ist." Er stand auf wie ein müder alter Mann. „Wir gehen auf Zakynthos-Kurs, sobald wir wissen wo wir sind. Ich geh' jetzt an Deck, setz Teewasser auf und stell dir für morgen ein paar Sterne zusammen, weißt eh!"

Er tastete sich die Stufen empor wie jemand, der die Macht der Götter unterschätzt und vom Schicksal einen Handkantenschlag ins Genick bekommen hat. Ich machte mich an die Arbeit.

Der heraufziehende neue Tag fand eine vom Wind zerzauste und auf einem Bug dahinhinkende HIPPODACKL und eine nicht besonders muntere Crew. B.A. hockte seit Stunden wie eine rubinäugige phrygische Statue mit entzündeten Augen am Ruder und war nicht dazu zu bewegen, sich ein wenig auszuruhen. Das ist auf See etwas gerechter als an Land. Ein Kapitän kann nach einem verlorenen Gefecht nicht einfach wie ein General davonreiten und das trümmerübersäte Schlachtfeld den Raben und Sanitätern überlassen oder, wie ein Pleitemanager, an fernen tropischen Gestaden Vergessen suchen und die ruinierte Firma dem Masseverwalter zur Auflösung anvertrauen. Ein Kapitän muß an

64

Bord bleiben und das Resultat seiner Fehlentscheidung selber aufräumen. Wir anderen mußten natürlich auch mitträumen, obwohl der Ausflug nach Lampedusa überhaupt nicht unsere Idee gewesen war. Aber es ist für einen Matrosen einer demokratischen Crew doch ein erhebendes Gefühl, wenn er sieht, daß auch der Chef hungrig und übermüdet ist und aufgeweichte Finger, feuchte Unterwäsche und verschwollene Augen hat.

Obwohl ich beim ersten schwachen Schimmer des neuen Lichtes im Osten an Deck stand wie einst Käptn Cooks Leibastronom, Sextanten in der Hand, aufgezogene Stoppuhren in allen Taschen, Listen mit vorbereiteten Sternhöhen und -Azimuts im Brustbeutel meiner Latzhose, wurde es nichts mit einem genauen Astrofix. Ja, nicht einmal eine dumme einfache Standlinie war zu bekommen. Tiefliegende graue Wolkenfetzen unter einer grauen Stratusschicht degradierten meine nächtlichen Berechnungen zu wertlosen Astronomieübungen.

Das war der Moment, wo zum ersten Mal das Wort vom Unglücksschiff fiel. Ein zerrissener Spinnaker, eine kaputte Logge, ein nicht funktionierender Funkpeiler, zwei Seekranke an Bord, eine gebrochene Saling und ohne Navigation, verloren auf hoher See – das war wirklich ungewöhnlich viel Pech für zwölf Stunden und für ein „glückliches Schiff", wie es die HIPPODACKL bisher immer war. Während ich die

Navigationsinstrumente wegräumte, hörte ich im Dunkel der Kajüte eine dumpfe unheilschwangere Stimme: „B.A. hat diesmal in seiner Vermessenheit die Götter herausgefordert. Er hat es unterlassen, beim Auslaufen Poseidon um guten Wind und gutes Wetter zu bitten. Jetzt zürnen die Götter."

Ich konnte nicht erkennen, welche Kassandra da unkte. Um sieben Uhr war es licht und Simon und Georg mit den Vorbereitungen für den Aufstieg in den Großmast fertig. Neben dem Großmast hatten sie das Spifall straff gespannt und den Bootsmannsstuhl mit Stropp und Simons Bergsteigerhandgriff – einem sogenannten Jumar – gesichert, damit er nicht bei einer heftigen Mastbewegung abgeschüttelt und in der Luft herumgewirbelt wird wie die Quaste am Fez eines tanzenden Derwisches. Simons Jumar war ein recht praktisches Ding an Bord – ursprünglich für Senkrecht-Felswand-Alpinisten entwickelt –, ein metallener Handgriff, der jedes Seil entlang geschoben werden konnte und der, losgelassen, wie eine Art Super-Stopperstek festhielt. B.A. übergab mir das Ruder und ging an den Mast, um die Arbeiten eigenhändig zu leiten, und ich steuerte die HIPPODACKL wie ein rohes Ei über die jetzt schon viel glattere Dünung, um Simon zu helfen. Felix und Georg drehten an der Großfallwinsch, um den Bootsmannsstuhl hochzuhieven, und Simon turnte den Mast hoch wie ein Tarzan im Regenmantel. Wie ein Oktopus klammerte er sich an die Saling und untersuchte die Schadensstelle. Ein paarmal hörte ich ihn kräftig fluchen, wenn ihm das lose Salingprofil ein paar Hiebe überzog, wie der „Knüppel-aus-dem-Sack", bevor er das herumschlagende Ding bändigen konnte.

Der Hofrat stand im Niedergang und schoß eine komplette Fotoreportage über Simons Mastkletterei. Dann schaute er mitleidig auf Westermayer, der noch immer dahing wie ein bewußtloser Fallschirmspringer in einer Hochspannungsleitung. „Können wir ihm überhaupt nicht helfen?" „Nachher hilft nichts mehr, er hätte vorher ein Zäpfchen nehmen sollen. Felix, unser Sanitäter, hat ihn natürlich nicht gefragt, wegen der wüsten Schilderungen über die Ibizafahrt . . . Achtung, Simon kommt von oben!"

Simon kam nach unten gesaust wie ein Kübel voller Schutt von einer Baustelle im fünften Stock, torkelte ins Cockpit, kaum daß er sich von den Sicherheitsleinen befreit hatte, und ließ sich schwer auf die Cockpitbank fallen.

„Dam mobem schpeibfft diff am", murmelte er undeutlich und fischte sich einige Unterlegscheiben, Schrauben und Niroteilchen aus dem Mund. Seine nächsten Worte waren gleich viel verständlicher: „Pfui Teufel, das schwenkt einen da oben herum wie ein übermütiger Ministrant seinen Weihrauchkessel. Ich bin zittriger als nach einer dreifachen Blutspende. Gebt mir einen ordentlichen Schluck Rotwein."

B.A. kam kopfschüttelnd mit dem Salingprofil und stellte fest, daß die Blindnieten glatt abgeschert seien. Simon setzte die Doppelliterflasche ab, holte keuchend tief Luft und dann vertieften sie sich in ein Fachgespräch über Nieten, Blindnieten und den Vorteil von geschraubten Beschlägen. Kaum, daß feststand, daß der Schaden wahrscheinlich mit Bordmitteln behoben werden konnte, war Barawitzka wieder der alte, zynische Schiffs-Nebukadnezar. Er lobte das von ihm gekaufte Werkzeug in den höchsten Tönen, und während er in der Werkzeugkiste kramte, erheiterte er sein aus Georg und Felix bestehendes Reparaturteam mit bissigen Bemerkungen über Navigatoren, die sich, trotz teuerster Ausrüstung, hilflos wie kleine Kinder auf See verirren. Georg gab auch seinen Senf dazu: „Schade, das schwäbische Orakel können wir auch nicht befragen, weil wir keine geeigneten Brötchen mithaben, hihi!"

Gludowatz, der schon eine ganze Weile mit knurrendem Magen im Cockpit herumgesessen hatte, erhob sich plötzlich wortlos, setzte entschlossen Wasser auf den Herd und fing an, Eier mit Speck zu braten. Max Casaroli, der schon einmal mit bleichem Gesicht aus dem Niedergang geblinzelt hatte, floh daraufhin mit großer Hast und versteckte sich in der Achterkajüte. Ich übergab jetzt das Ruder an den Hofrat, weil es am Himmel voraus etwas lichter geworden war und ein Stück der weißen Sonnenscheibe verschämt hinter einer Wolke aufblitzte, wie ein nackter Po, wenn jemand im Gebüsch hastig die Badehose wechselt. Ich saß dann lange auf dem Verdeck, bis das Auge tränte und die rechte Hand einen Krampf vom Sextantenhalten bekam, aber dann hatte ich eine Sonnenhöhenmessung, die mir ein recht positives Gefühl vermittelte. B.A. und sein Reparaturtrupp verließen jetzt zum Glück die Navigation, und ich machte mich ans Rechnen. Eine halbe Stunde später schien es, als ob der Fluch der Götter von der HIPPODACKL genommen worden war.

„Fier weg!" rief Simon müde hoch oben vom Mast. „Und hängt das Want wieder ans Pütting."

„Ich hab eine Standlinie", rief ich zufrieden an Deck.

„Das Frühstück ist fertig!" verkündete Janos und hämmerte mit der Vorlegeschaufel auf einen Topfdeckel.

Es war gut, daß wir auf hoher See waren und nicht in einem eleganten Restaurant. Mit einem allgemeinen Aufschrei stürzten wir uns auf die Teller und stopften die Ham and Eggs hastig in uns hinein, wie ausgehungerte Schiffbrüchige. Nach dem zweiten Teller verstieg sich der Hofrat sogar zu hoch philosophischen Bemerkungen über den positiven Einfluß von gebratenen Eiern und knusprigem Schinken auf müde Seefahrer. B.A. berichtete dann stolz, unter welchen erschwerenden Umständen er den passenden Bolzen mit Muttern und Sprengringen in der Relingsverspannung gefunden und dort gegen ein Bändselzurring ausgetauscht hatte. Ich erwähnte auch kurz die erhaltene Standlinie und äußerte die Hoffnung, zu Mittag genügend Sonne für eine Breitenbestimmung zu haben.

„Sehr zufriedenstellend", sagte Barawitzka, „äußerst zufriedenstellend."

Der Hofrat deutete auf den noch immer an der Reling verzurrten Westermayer. „Der arme Giselher hängt da wie der linke Schächter am Kreuz, und wir unterhalten uns hier wie die rohen römischen Kriegsknechte. Gibt es denn nichts, was wir tun können?"

Janos versprach, mit dem noch vorhandenen heißen Wasser milden Tee herzustellen und sein Glück mit Westermayer zu versuchen. In diesem Moment fiel Simon die Kaffeetasse aus der Hand. Völlig entkräftet, nach seiner akrobatischen Leistung oben am Mast, kippte er bewußtlos in die nächste Ecke und begann, den Kopf im Nacken, leise zu schnarchen. Ich half Barawitzka und seiner dezimierten Wache noch den Spinnaker zu setzen, Simon in eine leere Koje zu hieven und schlief dann auch in irgendeinem Eck ein.

Zu Mittag strahlte eine glühende Sonne vom Himmel. Die HIPPO-DACKL zog unter dem steten Zug des geblähten rot-weiß-roten Spinnakers schäumend über ein kristallblaues Meer. Eine lange weiche Dünung hob ab und zu unser breites Heck an und gab uns einen Schubs, daß es so richtig zu gurgeln begann. Westermayer konnte bereits wieder ohne fremde Hilfe sitzen, knabberte in einer Ecke trockene Kekse und nahm dazu kleine Schlückchen ungezuckerten Tees. Auch Max Casaroli hatte sich soweit erholt, daß er Bier aus dem Kühlschrank holte und mit Wurst und Käse belegte Doppeldeckersandwich servierte, und ich bekam einen traumhaften Meridiandurchgang. Jetzt konnten wir einen direkten Kurs auf Zakynthos nehmen. Etwas störte mich an unserer Position. Wir waren unverhältnismäßig weit im Norden, etwa 25 Seemeilen nordöstlich von Malta. Westermayer mußte ganz woanders hingefahren sein, Lampedusa konnte das nicht gewesen sein, sonst wären wir viel weiter südlich. Aber es war nutzlos, ihn zu fragen. Er sah aus wie ein Erdbebenopfer, das vierzehn Tage unter den Ruinen verschüttet gewesen war, und stand noch stark unter Schockeinwirkung.

„Wer hat denn eigentlich jetzt Wache?" fragte Georg. „Ich kenne mich nicht mehr aus, in der letzten Nacht ist alles ein wenig durcheinander geraten."

B.A. hieb sich plötzlich auf die Stirne. „Jetzt habe ich den Wachkalender total vergessen!" rief er ärgerlich. „Dabei hab' ich ihn extra für diese Fahrt machen lassen." Er turnte in die Kabine und holte einen bunten Kalender aus der Navigationslade. Es war ein ausgesprochenes Prachtstück: Für jeden Tag gab es eine Seite. Die obere Hälfte war mit ausgewählten Fotos schöner nackter Damen verziert und auf der unteren Hälfte gab es Spalten, abwechselnd in rot und grün unterlegt, für die Backbord- und Steuerbordwache, mit Namenskurzbezeichnungen. Wir rückten im Cockpit zusammen und blätterten eifrig ein paar Tage durch.

„Ich freu mich schon auf übermorgen", grinste Felix, „die spitzbusige Dienstagdame gefällt mir besonders."

Der Hofrat rief gleich die diensthabende Wache auf: „12 bis 16 Uhr, Steuerbordwache, Schiffsführer B.A., V wie Viktor, J wahrscheinlich für Janos Bácsi, W für Westermayer und G für Georg, nehme ich an. Super! Wer hat denn diesen tollen Kalender gemacht, B.A? Und wo sind die vielen ‚Mädchen vom Tage' her?"

B.A. schmunzelte zufrieden: „Den hat mir mein Werbeassistent zusammengeklebt. Die Fotos stammen aus verschiedenen Werbeschriften der Reifenindustrie. Die komplette Werbung für Fernfahrer muß mit gutgebauten nackten Weibern geschmückt werden, sonst kommt sie überhaupt nicht an. Nachdem unsere Agentur auch für LKW-Reifen wirbt, haben wir genügend geeignetes Material lagern."

Da kam Westermayer aus dem Waschraum. Frisch rasiert und umwerfend nach „Irish Moos", „Spanisch Leder", „Marokkanisch Kork" oder einem ähnlichen maskulinen Parfum duftend. Eine langschirmige

Kappe hatte er in einem verwegenen Winkel auf den blonden Locken und die sicher noch etwas verschwollenen Blauaugen hinter einer verspiegelten Sonnenbrille versteckt. Er tastete sich noch ein wenig wackelig an Deck und kontrollierte den Horizont mit seinem Marineglas.

„Hast du gesehen", flüsterte Felix schadenfroh, „die Reservekappe hat keine goldenen Nudeln mehr und die Handschuhe sind auch verschwunden. Er bessert sich. Schade, daß jetzt niemand den Handschuhpreis gewonnen hat. Der geht an den alten Poseidon . . . "

„Psst! Horch . . ."

Von oben hörte man Westermayer laut und deutlich: „. . . Fischvergiftung war's. Ganz eindeutig. Dieser Schwertfisch in der schmuddeligen Kneipe da in Malta kam mir gleich sehr verdächtig vor. Ich habe für so etwas eine feine Nase. Ich habe ihn hinuntergeschluckt, weil es euch so geschmeckt hat, und ich euch den Appetit nicht verderben wollte. Normalerweise habe ich auch einen Magen aus Gußeisen, kann alles essen. Verstehe ich nicht, wie mich ein Stückchen vergifteter Fisch gleich so umwerfen kann. Hoffentlich habt ihr euch nicht allzu viel Sorgen um mich gemacht. Aber jetzt bin ich wieder topfit. Wie wäre es denn jetzt mit einem Kaffee? Viktor, du stehst gerade so günstig am Herd. Aber gib mir noch vorher meinen Tabak und meine Pfeife herauf, da aus meiner Koje. Ja?"

Felix schnitt ein Gesicht wie der bedauernswerte Sisyphos in der griechischen Sage, wenn ihm sein Felsen zum x-ten Mal ausgekommen ist und wieder ins Tal hinunterkollert.

„Alles umsonst", murmelte er verzweifelt, „er ist wieder das alte Ekel wie zuvor. Fischvergiftung. Ha! Ich geb's auf."

Er ging zu seiner Koje, schlüpfte flink wie ein Flitzer aus seinen Kleidern, zog eine schmale getigerte Badehose an und stieg mit einer der von B.A. bei der Firma Delial ausgeschnorrten Familienflasche „Topbraun" an Deck. „Ich breite mich ein wenig in der Sonne aus, um wenigstens etwas für meine Schönheit zu tun."

Ich war auch schon ein wenig zu lange in den feuchten, klammen Sachen und schloß mich sofort an, vor allem, weil ich nicht zusehen konnte, wie Westermayer jetzt anfing, meine Standlinien mit seinem Taschenrechner nachzukalkulieren.

Frisch geölt und leicht nach Kokosette und Kakaobutter — den Hauptingredienzien des Sonnenmittels — duftend, dösten wir dann vor dem Großmast, bis uns Max um 16 Uhr mit einem heißen Cappuccino weckte. Wir zogen uns gegen zuviel Sonne praktische weite Pyjamas über und segelten die HIPPODACKL weiter wie eine alte gewiegte Regattacrew.

Die Wacheinteilung kam aber trotz des netten Kalenders noch nicht in die gewohnten Geleise. Ich segelte mit dem Rest meiner Wache, eigentlich nur mit Max und Felix, denn Simon war noch bewußtlos von seiner Herkulesarbeit heute morgen. Barawitzka und die Seinen verliefen sich sehr schnell an Bord, als ob jemand gefragt hätte: „Wer hilft mir beim Geschirrwaschen?" Überall an Deck lagen schlafende Matrosen herum, hochgestellte Knie und leblos baumelnde Arme über den Aufbauten gaben der HIPPODACKL das Aussehen eines Totenschiffes. Wie die Argonauten lagen sie in der Sonne, von Zauberkräften gebannt, und unten im Schiff sägten zwei Holzfäller, Kastor und Pollux, gemeinsam die böotischen Wälder zu Kleinholz. Westermayer litt noch an leichten Schwächeanfällen wegen seiner „Fischvergiftung", das heißt, er sank ab und zu mit geschlossenen Augen in die Cockpitecke und gab längere Zeit kein Lebenszeichen von sich, obwohl er zwischendurch sehr tapfer mit meinem Sextanten die Sonne vermaß, und, so oft er kräftig genug war, die Resultate in seinen Taschencomputer eintippte. So lange er sich mit dem Spiegelgerät nicht über die Reling beugte oder mir den Nonius verbog, ließ ich ihn arbeiten, denn Beschäftigung ist ja bekanntlich das beste Heilmittel bei „Fischvergiftung".

Der Spi vor dem Bug zog wie ein Büffel, geworfene und gestoppte Tuborgdosen zeigten uns stete 7 bis 8 Knoten, bevor sie in der glitzernden Bläue des Meeres versanken, weil wir aus umweltschützerischem Vorbedacht Löcher mit dem Marlspieker hineingestanzt hatten.

Genau vor dem Bug lag in eineinhalb Etmalen die myrtenduftende Insel Zakynthos und dahinter lockte Ithaka, die sagenhafte Heimat des Odysseus.

In der Dämmerung erst belebten sich Cockpit und Deck. Barawitzka stellte sich höchstpersönlich vor den Herd, um die Besserung des Bordklimas mit einem „Kapitänsfestessen" zu krönen. Er machte sich wirklich viel Mühe und Arbeit. Zum Sonnenuntergang servierte er als Aperitif eine Art Sangria – Rotwein mit Mandarinen und Ananasstückchen – und, als Appetithäppchen, halbierte Tomaten mit Sardellenringerln und Salzkapern belegt. Unter den schmetternden Klängen der k.u.k. Deutschmeisterkapelle aus dem Kassettenrecorder rief er dann zum

„Ersten Abendessen" und überraschte die Freiwache mit Bouillon mit Ei, Rindsrouladen mit Hörnchen und Rote-Rüben-Salat, Mont-Blanc-Creme mit Vanillegeschmack und Dosenhimbeeren als Nachspeise.

Wenn auch alles ein wenig versalzen war, es schmeckte hervorragend, und Barawitzka badete sich geradezu in unseren gebrummten und in Verwunderung ausgestoßenen Komplimenten. Nur Rebitschek war nicht ganz einverstanden mit der Menüfolge. Er murmelte, daß man mit ein wenig Einteilung drei volle Mahlzeiten aus den Zutaten hätte machen können, wenn man alles ein wenig gestreckt hätte, und der übrigbleibende Geschirrberg sei schlimme Verschwendung von Wasser und Waschmittel.

In der blauen Stunde nach der Dämmerung hockten wir satt an Deck, tranken den Rest von Barawitzkas Sangria und führten hochwissenschaftliche Gespräche über die Kochkunst auf See.

„Meiner Meinung nach hängt die Küche auf See einzig und allein von den Einkaufsmöglichkeiten ab und sonst von überhaupt nichts", stellte Simon fest. „Phantasievolle Rezepte, Einfallsreichtum, hohe Kochkunst sind zwar nicht zu verachten, aber auf jeden Fall zweitrangig für die Segelschiffskochkunst, die sich im großen und ganzen seit Tausenden von Jahren nicht verändert hat. Die einzig wirklich einschneidende Erfindung in all dieser Zeit war die Erfindung der Konservendose durch François Appert im Jahre 1804."

„Ich muß dir entschieden widersprechen", rief Max Casaroli, in seiner Berufsehre gekränkt. „Ein guter Koch kann auch mit einfachsten Mitteln noch schmackhafte Speisen komponieren, während ein phantasieloser Hinein-in-den-Topf-und-fertig-Koch auch aus den feinsten Delikatessen geschmackloses Ollapotrida zusammenköchelt . . ."

„Hoho! Gestatte, daß ich lache", sagte Simon und kam in Fahrt. „Deiner Meinung nach hat also ein Koch, der in der Stadt Quagadougou in der Sahelzone einkauft, dieselben Voraussetzungen wie ein Smut, der 20 Meter vom Naschmarkt entfernt wohnt, ha? Bei allen Flundern à la crème von St. Malo! Dann erklär mir bitte, wie man ‚canard à l'orange' aus getrockneten weißen Termiten, Schmetterlingsmaden und Yamswurzeln zubereitet."

Max wurde bleich und verstummte schlagartig. Er hatte zwar in der Nacht zuvor keine Fleischvergiftung gehabt, aber bei der Erwähnung von Speisen aus weißen Termiten und Maden wurde ihm seltsam zumute.

Simon hämmerte seine Argumente fertig: „Ha! Seht ihr! Sogar Casaroli, der Meister aller Meister, muß sich geschlagen geben vor der Überzeugungskraft meiner Theorien. Wichtig ist also die Einkaufsmöglichkeit."

„Ganz stimmt das nicht", warf der Hofrat ein, „eine Alt-Herren-crew vom ÖAMTC hat voriges Jahr eine Kaiser-Maximilian-Gedenkfahrt die mexikanische Küste entlang unternommen und 210 saftige, abgehangene Steaks eingekauft und einige Holzsteigen voll mit grünem Salat, um unterwegs mit eiweißreicher und kohlehydratarmer Kost gesund zu leben. Das Rindfleisch war in Santa Cruz besonders preiswert und von hervorragender Qualität. Am zweiten Tag auf See streikte der Eiskasten plötzlich, und obwohl es Steak fünfmal pro Tag gab, mußte die Crew am Abend des zweiten Tages bereits Seuchentücher vor den Nasen tragen. Sie versuchten verzweifelt, einen Teil der herrlichen Steaks durch Abkochen länger haltbar zu machen, aber am vierten Tag mußte alles an die Haie verfüttert werden, weil es an Bord zu stinken begann wie in einer Abdeckerei oder Leimfabrik."

Max rappelte sich abrupt auf und rannte zum Bugkorb, anscheinend dachte er, man könne Zakynthos schon sehen.

„Und was geschah weiter?" fragte Simon neugierig.

„Na, das wollte ich gerade erzählen. Bei dieser Crew gab es also hervorragende Einkaufsmöglichkeiten, doch die restlichen zwei Wochen der Reise lebte die Marinetraditionsclub-Alt-Herrenmannschaft wieder von Maisfladen und kleinen Pfefferschoten, wie Gonzales, der lokale Bootsmann. Das wäre also ein Argument gegen deine Theorien."

„Ich wäre froh, wenn Rebitschek das endlich einsehen würde", mischte sich B.A. in die Unterhaltung. „Er hält sich leider für den tüchtigsten Einkäufer zwischen Liesing und Nebraska, auch wenn das Zeugs dann in den Schapps verschimmelt."

„Das ist eine üble Verleumdung", rief Simon hitzig, „wann hab' ich je einmal Fressalien eingekauft, die wir nicht bestens verkochen konnten?"

„Bestens verkochen, ist ein guter Witz!" Barawitzka lachte dröhnend auf. „Wer hat denn damals auf der Zadarfahrt acht armlange Stangen Kantwurst mitgebracht, und wir mußten mit dem Schimmel um die Wette fressen? Geröstete Kantwurstscheiben mit Ei, Kantwurst mit Kartoffelpüree, Kantwurst zur Zehnerjause, Kantwurst zum Kaffee, Kantwurst als Hors d'œuvre, gebratene Kantwurst mit Sauerkraut, ge-

73

schnittene Kantwurst in der Suppe, Kantwurst mit Erbsen, Kantwurstgeschnetzeltes mit Reis und Kantwurstgulasch, dazu die ständigen nervtötenden Aufrufe Rebitscheks, doch mehr Kantwurst zu essen, weil sie sonst hin wird. Wir haben in allen Häfen Kantwurst an die Kinder verschenkt statt Bonbons, aber diese verteufelte Wurst wurde nicht weniger. Mich schaudert es noch heute, wenn ich irgendwo das Wort ‚Kantwurst' höre."

Simons Proteste gingen komplett in dem zustimmenden Applaus unter, den der Hofrat und auch ich für Barawitzkas ehrliche Kritik spendeten. Wir gehörten damals auch zu den Kantwurstgeschädigten und hatten bislang aus mißverstandener Freundschaft geschwiegen. Jetzt war es uns egal, ob Simon beleidigt seinen Job als Einkäufer zurückgab. Max Casaroli konnte sicher auch sehr gut einkaufen.

Der Hofrat stieg dann mit Georg nach unten in die Kombüse und machte sich daran, den Geschirrberg wegzuwaschen. Es gibt zwar an Bord eine Regel, wer kocht und Geschirr anpatzt, muß auch wieder abwaschen, aber der Käptn hatte da ein kleines Vorrecht, oder er fand zumindest immer einen gutmütigen Gimpel, der ihm diese Arbeit abnahm.

Wir füllten gerade wieder die Bordflasche nach, da wir auf die Rindsrouladen einen kräftigen Durst bekamen, als der Hofrat von unten her meldete, daß kein Wasser mehr aus der Pumpe komme.

B.A. runzelte die Stirne. „Das gibt's doch nicht, wir haben doch die Tanks frisch gefüllt. Nicht einmal der kleine Backbordtank kann schon leer sein. Schalt mal auf den anderen Tank um." Der Hofrat werkte unter der Abwasch herum, und dann jodelte die elektrische Druckwasserpumpe wieder im Leerlauf. „Kein Tropfen!" stellte Max fest.

B.A. biß in seine Zigarre und stand auf. „Felix, die Taschenlampe! Wir schauen einmal nach. Diese Hofräte sind dafür bekannt, daß sie Ventile gerne nach der falschen Seite öffnen."

Mit einem vernichtenden Blick auf Viktor krochen beide unter die Abwasch. Wir sahen von oben aus zu, und die gebotene Abwechslung gefiel besonders Janos und Simon sehr. B.A. rutschte auf den Knien am Boden herum, sie hoben die Polster im Salon hoch und schraubten an den Tanks herum. Dann untersuchten sie kopfschüttelnd die Bilge und B.A. kostete sogar vorsichtig mit dem kleinen Finger. Dann krochen sie wieder unter die Kojenpolster und leuchteten in die geöffneten Tanks.

B.A. schaute verblüfft durch den Niedergang. „Das ganze Wasser ist futsch. Die Tanks sind leer, aber in der Bilge ist nur Salzwasser. 300 Liter Süßwasser können doch nicht verdunsten, soviel haben wir nie und nimmer verbraucht. Warst du beim Tanken dabei, Karl?"

„Indirekt, ich war beim Aufdieseln, Georg hat den Wasserschlauch in die Füllstutzen gehalten, und ich erinnere mich noch, wie er gebrüllt hat, sie sollen abdrehen, weil der Stutzen schon übergeht."

Barawitzkas Gesicht wurde dunkel wie der Sommerhimmel kurz vor einem Gewitter, er knurrte: „Und wo war Westermayer, dem ich die Entlüftung anvertraut habe? Waren die Entlüftungsventile geöffnet?"

Ich zuckte die Achseln, ich war mit dem Diesel beschäftigt gewesen.

„Welche Entlüftungsventile?" frage Westermayer unschuldig, „ich hab' unten aufgepaßt, daß die Tanks nicht übergehen und vielleicht Wasser in das Schapp rinnt, wo ich meine Segelschuhe verstaut habe."

Jetzt schimpfte B.A. los wie ein Zeitungsverkäufer, dem der Wind die gesamte Abendausgabe entrissen und in den Fluß geweht hat. Mit recht groben Vergleichen aus der Zoologie erklärte er Westermayer den Unterschied zwischen einem primitiven Ibiza-Boot und der komplizierten Technik holländischer Schiffbauer.

Giselher lachte nervös und versuchte die Verantwortung an Georg abzuschieben. Barawitzka hat seine Fehler, aber ein gesundes Gefühl für Auftrag und Verantwortung. Er entgegnete aufgebracht, daß der Niedergang der grandiosen Segelschiffstradition nicht besser bewiesen werden könnte als durch solche Halawachln wie Westermayer, die ihre C-Scheine und Funkzeugnisse und goldenen Prüfungsabzeichen jedermann unter die Nase halten, aber dann nicht einmal imstande sind, einen simplen Wassertank ordentlich zu füllen.

„Wie lange noch bis Zakynthos?" fragte mich B.A.

„Das sind noch zirka 250 Seemeilen, etwa 36 Stunden, wenn der Wind so anhält."

B.A. teilte die ganze Freiwache zum Schotenzupfen ein und verlangte von Westermayer einen Segeltrimm wie auf einem Admiral's Cupper, um jeden Viertelknoten herauszusegeln. Das war der Moment, wo ich erkannte, daß Giselher noch sehr wenig wirkliche Borderfahrung hatte, denn er verschloß sich beleidigt, statt herzlich aber rauh eine passende Antwort in der direkten demokratischen Art, wie sich österreichische Seesegler mit ihren Kapitänen unterhalten, zu formulieren. Er widersprach nicht, ging brav auf seine Wachen, wenn es der Kalen-

75

der vorschrieb, aber nach der Ablösung verschwand er schnell zur Heckreling, wo er lange Stunden ins gurgelnde Wasser guckte, so als ob er lieber wieder nach Malta zurückgefahren wäre.

Mit Simon, Max und dem Hofrat ging B.A. alle Proviantschapps durch, fertigte eine Liste von allen vorhandenen Getränken an und schätzte sogar die Flüssigkeiten in den Gemüse- und Obstdosen ab. Dann stellten sie eine weitere Liste mit jenen Lebensmitteln zusammen, die in Salzwasser gekocht werden konnten, verhängten eine strenge Rationierung über die HIPPODACKL und sperrten Reservegetränke in den Medikamentenschrank. Der nette Abend war vorüber. Der Fluch der Götter hing wieder über der HIPPODACKL, wie ein unsichtbares klebriges Spinnennetz. Kurz danach gab es die erste Streiterei um den Wein. Janos beschuldigte Simon, mindestens einen halben Liter aus der Gemeinschaftsflasche getrunken zu haben, während jeder nur einen Viertelliter trinken sollte. B.A. ließ daraufhin Bierdosen verteilen und persönliche Trinkrationen in leere Mineralflaschen füllen. Die Mannschaft der HIPPODACKL sah einander mit neidigen scheelen Augen an und jeder versteckte seine Weinration an irgendeinem geheimen Ort. Während die HIPPODACKL von der Wache unerbittlich vorangetrieben wurde, spielte die Freiwache mit grimmigen Gesichtern Karten um einen lebensrettenden Schluck aus der Bierdose des Verlierers. Schrecklich war, daß uns wirklich plötzlich alle ein gewaltiger Durst plagte. Auch ich hätte meine Ration am liebsten gierig auf einen Zug in mich hineingeleert und ertappte mich bei dem Gedanken, daß es mir doch eigentlich in der Stille der Nacht gelingen sollte, eine der versteckten Flaschen zu finden, um einen zusätzlichen Schluck zu machen. Aber in jeder Ecke des Schiffes hockte ein neidiger Matrose und hütete seinen Getränkevorrat, wie die sagenhaften Kolcher das goldene Vlies.

In der Nacht ging es auf der HIPPODACKL zu wie auf einem Geisterschiff. Ich schlief auf meiner Bierdose, und des öfteren tasteten Geisterfinger über mich hinweg oder krabbelte es unter meinem Polster, wie wenn Heinzelmännchen nach verborgenen Edelsteinen suchten.

Die nächste Morgendämmerung fand mich, ausgerüstet mit teueren optischen Geräten, wieder völlig nutzlos an Deck. Diesmal war zwar das Firmament klar und die Sterne funkelten wie Brillanten auf dunkelblauem Samt, aber dicht über der Wasseroberfläche schwebte ein verdammter Dunst und es gab keinen Horizont, sondern einen weichen sanft verlaufenden Übergang zwischen Himmel und See. Ich bin absolut kein abergläubiger Mensch, aber dieses hartnäckige Pech, das seit Malta an unserem Schiff klebte wie Mastix, war doch etwas sonderbar. Ich ging grantig an die Seekarte und die nautischen Tabellen zurück, denn nachdem Giselher gestern abend wieder irgendeinen dummen kleinen Knopf auf seinem Computer falsch gedrückt und die nachmittags gespeicherten Sonnenhöhen gelöscht, statt in Standorte verwandelt hatte, wollte ich mir die mühsame Kurskoppelei durch einen sauberen Astrofix am Morgen ersparen. Griechischer Honig! Jetzt mußte ich es doch wieder mit der Hand ausrechnen. Das mit dem Fluch der Götter ging mir im Kopf herum.

Das Frühstück zeigte dann jedem so richtig, was es heißt, kein Wasser mehr zu haben. Kein Kaffee! Kein Tee! Orangensaft, Rotwein und Dosencola sind kein Ersatz für eine heiße Tasse Kaffee mit Zucker und einem Schluck Brandy, um den Kreislauf wieder anzukurbeln.

Ich zeigte B.A. unsere gegißte Position in der Seekarte, und er marschierte eigenhändig mit dem Zirkel über die noch verbleibenden Meilen bis Kap Akri Kerei auf Zakynthos. „Weiß du, Karl", sagte er, „es gibt eigentlich keinen Grund zur Besorgnis. Wir haben pro Kopf der Mannschaft fünf Liter Flüssigkeit, damit sollten wir sogar ein paar Tage auskommen. Das einzige was mich beunruhigt ist die Gier, mit der jeder Mann an Bord in sich hineinsauft.

Bis jetzt haben wir täglich zwei bis drei Liter Rotwein mit Mineralwasser in die Bordflasche gefüllt. Kein Mensch hat je einen Schluck Wasser getrunken. Seit alle wissen, daß es kein Wasser gibt, trinken sie plötzlich das Doppelte. In der Nacht ist der halbe Kanister Rotwein verschwunden. Jetzt seh' ich alle Augenblicke einen Kerl an der Wasserpumpe werken und mit gierigen Augen die winzigen Tropfen wegschlecken, die noch angesaugt werden. Heute morgen hab' ich gehört, wie einer gefragt hat, ob man Rasierwasser trinken kann. Das entsetzt mich. Ich habe geglaubt, wir sind alle Freunde, aber wenn das noch lange so weitergeht, gibt es die erste Schlägerei in der Seefahrtsgeschichte der HIPPODACKL. Ich werde heute vormittag ein improvisiertes Fest geben, damit die Stimmung wieder lockerer wird, so eine Art Frühschoppen, und dafür die letzte Kiste Bier spendieren. Wenn sich alle einmal so nach Herzenslust ansaufen können, ist vielleicht wieder alles normal. Gegen Abend müßten wir ja schon die Insel sehen."

B.A. war guten Willens, aber es half nichts. Mit der Hilfe von Max bereitete er für die Zehnerjause ein Spezialgulasch, mit Würstchen und einem Spiegelei, wurde aber sehr zornig, als er feststellte, daß ihm jemand blitzschnell das fettige Wasser aus den Würstchendosen ausgetrunken hatte, während er eine Zigarre holte. Er riß eigenhändig die Bierkiste auf und verteilte die Dosen. Aber kaum hatte er die erste Runde verteilt, als ihn alle gierig anschrien, noch! noch!, und die Dosen in Stiefeln oder Schlafsäcken horteten, statt ein fröhliches Fest damit zu veranstalten. In diesem Moment schlief der Wind ein, und die HIPPO-DACKL trieb jetzt wirklich wie das Totenschiff auf einem ölglatten Meer, eingehüllt in langsam hochsteigenden diffusen Dunst, während die Sonne von oben herunterbrannte wie eine Scheibe glutflüssigen Platins. B.A. stand mit zusammengebissenen Zähnen an Deck, wie ein tragischer antiker Held und starrte hinauf in den Himmel, so als wollte er von dort eine Antwort auf seine unausgesprochene Frage.

Den ganzen Nachmittag über dröhnte die Maschine und trieb die HIPPODACKL durch den Schub des großen dreiflügeligen Propellers immer weiter nach Osten auf Kurs 72°. Der Dunst hob sich auch gegen Abend nicht, und ich war wieder einmal allein mit meinen gekoppelten Kursen in Bierdosengenauigkeit. Gleich darauf trieb ein Stück knorriger Baumstamm und eine Obstkiste mit griechischer Aufschrift vorbei.

„Heureka!" rief Simon und stellte sich deklamierend an die Reling, „Hellas heilige Gestade schicken uns den ersten Gruß. Den unermeßlichen Okeanos haben wir bezwungen, geleitet von unseren trefflichen Steuermännern, die mit dem scharfen Blick des Seeadlers und dem winzigen Gehirn der Brieftaube den unmarkierten Weg nach Ithakas Gestaden gefunden haben. O, ihr Götter ..."

„Was heißt denn das?" unterbrach ich ihn, bevor er eine zweite Odyssee dichtete. „Wie ist das gemeint mit dem winzigen Gehirn?"

Simon drehte sich um. „Das ist ein Kompliment", sagte er generös, „Tauben mit ihrem winzigen Gehirn wissen immer, wo sie sind und finden auch immer heim."

Da in der Navigation nur die erfolgreiche Ziellandung zählt, und keine mit wenn, aber und leider eingeleiteten Bedingungssätze in der Möglichkeitsform, konnte ich nur optimistisch murmeln: „Genau vor dem Bugkorb ist der Leuchtturm von Akri Kerei, 190 Meter hoch, Kennung drei Blitze und dann noch einer, Wiederkehr 15 Sekunden. Und den werdet ihr gegen Mitternacht sehen. Morgen früh steht die HIPPO-DACKL beim ersten Licht des Tages vor dem Hafen von Zante, wie es sich gehört."

Die Reaktion der Crew überrascht mich etwas. „Fein", schrie der Hofrat, „dann können wir ja endlich die eisernen Reserven anbrechen!" An Bord der HIPPODACKL ging es plötzlich zu wie bei einem Volksfest, Schapps und Seesäcke wurden ausgeräumt, Bierdosen und Weinflaschen erschienen wie durch Zauberei, Felix packte zum ersten Mal auf dieser Fahrt seine Okarina aus und die Mannschaft sang – ebenfalls zum ersten Mal auf dieser Fahrt – das HIPPODACKL-Lied, zu dem wir einstimmig die kroatische Version von La Paloma erkoren hatten. Simon tauchte daraufhin mit pfiffigem Gesicht in seine Koje und erschien mit einer winzigen Ukulele, auf der er herumklimperte. „Also, los gehts! Felix! Rolling home . . ."

Felix blies in seiner tönernen Bombe und Simon klimperte, aber nach einigen Takten ließen sie die Instrumente wieder sinken, es klang entsetzlich falsch.

„Wahrscheinlich haben wir nicht gleichzeitig angefangen", meinte Simon, „also noch einmal, 1-2-3 . . ." Er tappte mit dem Fuß einen ganzen Takt, und sie legten wieder los. Es war nicht viel besser – es klang noch immer wie chinesische Kammermusik. Simon zog kopfschüttelnd ein zusammengerolltes Heft aus seiner Tasche und blätterte darin. Er las halblaut den Text und ordnete seine Finger auf dem Griffbrett danach. Sie versuchten es ein drittes Mal, da riß sich Gludowatz seine Stereohörer vom Kopf. „Du Katzenmusikant!" titulierte er Simon. „Da rollen sich einem ja die Schuhsohlen zusammen." Er entriß Simon Winziggitarre und Heftchen. „Gib her! Welche Höllenakkorde hast du dir denn da eingelernt?"

Janos Gludowatz hatte schon als Schulbub beim berühmten Trausdorfer Tamburizza-Orchester mitgespielt und sich mit seiner Mandoline Tourneen in viele europäische Städte und nach Übersee und, später, schließlich auch das Herz seiner geliebten Frau erklimpert. Auf schlechte oder falsche Musik reagierter er noch heftiger als auf Barawitzkas Tricks, seine Reiseleitervorbereitungen zu sabotieren. Er drehte Simons Buch in der Hand. „Ein äußerst modernes Werk, das du dir da gekauft hast", sagte er sarkastisch, „Ernst Hülsens volkstümliche Schule für Ukulele, erschienen in Hamburg im April 1927."

„Dafür war es sehr preiswert. Da, diese Akkorde hab' ich mir eingelernt!"

Janos schaute einen Moment verblüfft auf die angegebene Seite, dann schüttelte er verzweifelt die Arme zum Himmel und rief anklagend:

„Gledaj ovamo dolje, Beethoven, schau herunter!" Und zu Simon gewandt: „Rebitschek, du elendiglicher Disharmoniker, dein armer alter Musiklehrer muß jetzt im Grab rotieren wie unsere Schraubenwelle. Man kann doch nicht einfach den D-Dur-Akkord mit As-moll mischen. Nur weil beide Akkorde einfach zu greifen sind. *Bedasti glazbenik!"* Wenn er erregt war, verfiel Janos immer in seine kroatische Muttersprache. Er schwieg dann ergrimmt, weil ihn Simon so verständnislos ansah, als hätte er ihm jetzt einen Vortrag über Musiklehre in grönländischer Sprache gehalten. Janos breitete Ernst Hülsens volkstümliche Schule für Ukulele auf den Knien aus, versuchte ein paar Griffe und nickte dann Felix zu. Der holte tief Luft und zu unserer Überraschung ertönte wirklich die Melodie von „Rolling Home". Die winzige Ukulele mit ihrem dünnen hohen Spielzeug-plim-plim-plim paßte sogar ausgezeichnet zu dem vollen und kräftigen Ton der großen Okarina, der manchmal so leicht brüchig oder verraucht kam wie die Sexstimme von Amanda Lear. Es war so schön, daß kein einziger von uns mitsang, um den Wohlklang nicht zu stören. Kräftiger Applaus folgte dieser einmaligen Darbietung.

„Noch etwas", bat Georg. Janos drückte Simon die Ukelele in die Hand, bog ihm die für das winzige Griffbrett viel zu plumpen Tauwerksfinger in die richtige Stellung und beschwor Simon: „Grundakkord, *rožumes me?* Paß auf mich auf. Wenn ich mit dem Kopf nicke, dann schlägst du die Septime, so . . ." Er drehte ihm die Finger zusammen wie bei einem tückischen Jiu-Jitsu-Griff: *„Rožumes me,* verstehst du! Wehe, wenn du daneben greifst, du Musik-Sadist!"

Ich bemerkte, wie Barawitzka zufrieden grinste. Der alte freundschaftliche Ton war wieder an Bord eingekehrt. Ich holte meine Mundharmonika und den gehorteten Bierschatz, und wir musizierten fröhlich bis in die Dämmerung hinein. Die gute Stimmung hielt auch an, als Max den ganzen noch vorhandenen Brotvorrat über die Reling kippen mußte, weil alles total verschimmelt war.

„Wenn wir anlegen, müssen wir sowieso sofort zum nächsten Bäcker laufen, um zu kontrollieren, ob das auch wirklich Zakynthos ist, wo uns der Vettermann hingebracht hat", witzelte Simon und spielte dabei auf den bekannten Witz mit der Bäckernavigation an. „Mir tun eh schon die Finger weh von dem Saitendrücken. Komm, o bärtiger Makarios und Kasserollenschwenker", sagte er zu Max, „wir werden einen schmackhaften Eintopf aus den vorhandenen Dosen kreieren."

„Ganymed, o Mundschenk der Götter, steh uns bei!" stieß B.A. in komischer Verzweiflung hervor. „Wenn ich Rebitschek nur in der Nähe einer Kombüse sehe, kriege ich schon Sodbrennen." Er kicherte unvermutet. „Aber Max sieht mit dem schwarzen Baseballkäppi und dem gelockten Vollbart wirklich wie ein orthodoxer Pope aus. Wir werden ihm im nächsten Hafen eine Mönchskutte und einen Rosenkranz kaufen." B.A. amüsierte sich großartig. „Die HIPPODACKL ist dann das erste österreichische Segelschiff mit einem eigenen Bordpopen, der um guten Wind, sichere Navigation und Schutz vor Fischvergiftung beten kann."

Jetzt war es B.A., der einen Mißklang in die fröhliche Runde brachte. Max machte ein leicht verschnupftes Gesicht und Janos – der in der Jugend auch Ministrant gewesen war – zog die Brauen finster zusammen und legte sein Instrument weg. „Er lästert schon wieder", murmelte er leise und setzte sich die Kopfhörer wieder auf, wie um nichts mehr hören zu müssen. B.A. fuhr fort, das Bordklima mit sicher gut gemeinten Witzen weiter anzuheizen, nur ließ ihn diesmal sein sonst so feines Gefühl für Stimmungen vollkommen im Stich. Er nahm sich ausgerechnet Gludowatz vor.

„Geh, laß die blöden Symphonien und spiel uns noch was auf der Mandoline, Janos Bácsi! Deinen Beethoven mußt du ja schon auswendig kennen."

„Welche Symphonien?" fragte Janos ärgerlich. „Was faselst du da von Beethoven? Ich lerne Griechisch!"

„Griechisch, du lernst Griechisch von Kassetten?" B.A. lachte wie zehn Männer. „Lernst du alle griechischen Schlager und Sirtakis auswendig, damit du beim Einkaufen wie in der Oper singst, anstatt zu reden?"

Auch Georg kam dies spaßig vor und er begann mit den Fingern im Takt zu schnippsen und sang dazu laut und falsch: „Ein Schiff wird kommen, das bringt mich zum Weinen – Weiße Rosen aus Athen – Griechischer Wein und die altvertrauten Lieder – hahahaha!" Er schäumte über vor Heiterkeit.

„Janos Bácsi, tanzt du dann beim Fleischhacker einen Sirtaki und singst dazu:

'Ach, lieber Fleischer sei so nett, und gib mir neun schöne Lammkotelett',

und beim Weinhändler singen wir dann im Duett:

81

'Wir san a paar durstige Wiener,
drum gibn uns aan Liter Retsiner! holodero!'
Das g'fallt mir riesig!"

Die Crew fiel in das Gelächter ein.

„*Ludi ker!* Das kann auch nur einem vollkommen vernagelten Tischler gefallen, der nix als Hobelscharten im Hirn hat", entgegnete Janos verdrossen vom Verdeck der Achterkabine, „das sind doch keine Schlager, sondern das ist ein moderner Super-Memory-Sprachkurs, mit dem man eine Fremdsprache in einer Woche erlernen kann."

Jetzt prustete wieder B.A. los. „Bei Hermes, dem Gott der Schwindler und lügnerischen Kassettenverkäufer, da hast du dir aber einen glutealen Mist andrehen lassen, o leichtgläubiger Oggauer und Reiseleiter! Eine Fremdsprache in einer Woche! Pöööööh!"

Janos wurde jetzt richtig böse. Er fuchtelte zornig mit den Händen in der Luft herum und seine Schnurrbartspitzen zitterten vor Wut. Er sah drein wie der Hunnenkönig Etzel, kurz bevor er den Befehl gab, die Burgunder niederzumetzeln. Sein Deutsch wurde dick und beinahe unverständlich, soviel kroatische Schimpfwörter rutschten ihm hinein. Er verfluchte B.A., wettete ein Faß Wein, daß er sich in Zakynthos fließend mit den Griechen unterhalten werde und verschwand in der Achterkabine, das Luk hinter sich zuknallend.

„Das war leider das letzte Bier", stellte der Hofrat fest, versuchte mit seinem Segelmesser ein Loch in die Dose zu stanzen, rutschte ab und durchbohrte sich beinahe die Hand. Felix turnte um den Ersten-Hilfe-Beutel. Das Promenadenkonzert war damit zu Ende.

Gegen 23 Uhr überholte uns ein hell beleuchteter Passagierdampfer. Georg, unser Morsegenie, blinkte ihn mit der Halogenlampe an. Wirklich zuckten daraufhin Lichtblitze von der hohen Brücke des Riesen. Das ging eine Weile so hin und her. Dann war das Hecklicht des Großen weit vor uns und Georg berichtete stolz, es sei die POSEIDONIS gewesen, 10500 Bruttoregistertonnen, auf dem Weg nach Athen, und man habe uns „Gute Reise" gewünscht. Kurz danach überholte uns ein dicker Frachter, der aber auf Georgs geblinkten Anruf überhaupt nicht reagierte.

„Na, wenigstens sind wir genau auf der richtigen Dampferroute", knurrte B.A.

Nach einer Weile überholte uns wieder ein kleiner Berg von Lichtern und Georg war glücklich, weil diesmal wieder ein Morsekollege sich mit ihm über die Aldislampe unterhielt. Um Mitternacht, beim Wachwechsel, schickte B.A. seine Leute in die Kojen, er aber blieb an Deck mit Westermayers Nachtglas bewaffnet, da er das Blinzeln von Akri Kerei mit eigenen Augen sehen wollte, bevor er sich zu einem mehrstündigen Schönheitsschlaf zurückzog. Georg blieb ebenfalls über seine Wache hinweg an Deck, aber aus einem ganz anderen Grund. Georgs Leidenschaft gehörte einer aussterbenden Kunst: der Unterhaltung von Schiff zu Schiff vermittels gemorster Lichtsignale. In einer Zeit, in der Straßenbahnschaffner, Schulbuschauffeure und Milchzusteller über Sprechfunk mit ihren Zentralgaragen verbunden sind, man vom D-Zug und vom PKW aus jederzeit Telefongespräche in Klartext in die ganze Welt anmelden kann, braucht niemand mehr Aldislampen und das Morsealphabet. Nur, die Ausbildungsvorschriften der Großschiffahrt enthielten noch dieses lustige blink - blink - blinkety, das kaum jemand mehr mitlesen kann. Deshalb war jetzt Weihnachten für Georg. Soviel große Dampfer hatte er noch nie in einer Nacht gehabt. Er blitzte alle an und wenn ihm jemand antwortete, schrie er begeistert auf, wie ein Bierdeckelsammler, der eine neue unbekannte Brauerei entdeckt.

Um 2.00 Uhr Lokalzeit wurde B.A. ausgesprochen ungeduldig und verlangte auf der Stelle das Leuchtfeuer von Akri Kerei zu sehen. Ich gehöre zu den Navigatoren, die sich äußerlich sehr gelassen geben, auch wenn es unter dem Kiel schon knirscht, und schlug ihm eine einfache Kopfrechnung vor: 36 Stunden mal sieben Knoten, abzüglich 36 Stunden mal sechs oder fünfeinhalb Knoten, weil die Tuborg-Logge sehr nett zu bedienen ist, aber vielleicht doch nicht so toll exakt ist. Das Ergebnis dieser Rechnung sei dann die Toleranz, mit der wir rechnen müßten. B.A. biß eine Weile an seiner Zigarre herum und erklärte dann, er habe den Einfall des Jahres, die Superidee dieser Fahrt. Er packte mich bei den Schultern und schüttelte mich wie man einen Schlafsack schüttelt, damit die Kakerlaken herausfallen. „Diese Dampfer wissen doch wo sie sind und wo sie hinfahren, oder?"

„Ja-ja", stotterte ich, „nach At-Athen."

„Auf der Dampferroute zwischen Akri Skinari, dem Nordzipfel von Zakynthos, und Keffallinia hindurch in den Golf von Patras und weiter durch den Golf von Korinth und den Kanal nach Athen, oder?" – „Ja-ja."

B.A. ließ mich so plötzlich los, daß ich beinahe hingefallen wäre. „Das heißt, die Dampfer müßten etwas nördlich von uns ihren Kurs ziehen, da wir ja auf Akri Kerei, den Südzipfel von Zakynthos, zuhalten, oder?" Er war ganz aufgeregt von seiner Entdeckung. „Sie ziehen aber mit einem leicht südlichen Kurs vorbei, das heißt, wir sind zu weit nördlich, was tun wir also?" Ich machte ihm die Freude und kratzte mich unschlüssig am Kopf.

„Dann vergessen wir doch unsere Navigation und tuckern einfach den dicken Brummern nach", rief er triumphierend. „Tja, Köpfchen muß man haben, die Gelegenheit beim Schopf packen muß man können, Alternativen ergreifen, wenn herkömmliche Mittel versagen, das zeichnet einen genialen Schiffsführer aus! Jetzt habe ich mir eine Zigarre verdient." Er war so aufgekratzt, daß ich es nicht übers Herz brachte, ihm zu sagen, daß ich unseren Kurs bereits dem ersten Dampfer angepaßt hatte, weil mir die Sache mit dem fehlenden Leuchtfeuer nach der langen, langen navigationslosen Strecke auf See nicht mehr geheuer vorgekommen war.

Es wurde meine längste und nervenzerfetzendste Wache dieser Fahrt, und zudem war kein Rotwein mehr an Bord für einen Beruhigungsschluck. Stunde um Stunde dieselten wir durch die absolute Nacht, kein Leuchtfeuer, kein heller Schein von Ortschaften am Horizont, nichts war zu sehen. Meine einzigen Anhaltspunkte waren die Dampfer, die uns entweder entgegenkamen oder die uns überholten. Wir mußten aufpassen wie ein Radfahrer ohne Licht und Rückstrahlpedale im nächtlichen Großstadtverkehr.

Gegen 4.00 Uhr begann es leicht zu nieseln und ein leichter Nordwind kam auf. Beim Schein der Kompaßbeleuchtung sah ich, wie Georg die Tropfen von den Relingstützen schleckte. Jetzt wurde es langsam ernst. Ich setzte mit Simon die Segel, wir trimmten die Großbäume so, daß die Nocks tiefer als der Halsbeschlag hingen und banden Plastikkübel und Töpfe dran, um das ablaufende Regenwasser zu sammeln.

Ein feuchter und grauer Morgen zeigte uns eine trostlos leere See. Nach dem Koppelkurs segelten wir jetzt theoretisch bereits viele Meilen landeinwärts auf dem Peloponnes, die Landstraße zwischen Amaliada und Patras entlang. Es war zum Aus-der-Haut-fahren. Zum Glück waren alle so niedergeschlagen, daß sie ganz vergaßen, über die Navigation Witze zu machen – ich wäre sonst glatt über Bord gesprungen.

Der Kaffee, den Simon später mit dem gesammelten Regenwasser aufkochte, schmeckte zwar kräftig nach Aluminium, aber es war wenigstens Kaffee.

Der Fluch der Götter hatte uns noch immer nicht verlassen. Wir waren verloren auf dem unermeßlichen Okeanos, wie ein Odysseus – was allerdings keinen echten Vergleich ermöglicht, denn auch Homer schildert immer nur seine List und Kraft, und schweigt sich vollkommen über Odysseus navigatorische Kenntnisse aus.

Dann wurde es aber sehr langweilig. Laut Koppelkurs sollten wir schon in der Gegend von Patras vor den ersten Weinlokalen kreuzen, aber wir sahen nichts außer einem grauen Himmel, graue Wolken, ein graues Meer und verdrossene graue Gesichter, weil die gebotene Auswahl von Alka-Seltzer-Brause aus Regenwasser und Dosenwasser von grünen Erbsen und Karotten eigentlich nicht dem Bar-Service entsprach, den man auf so einer Kreuzfahrt erwartet. Das Mittagessen aus fad schmeckenden Ravioli ließen die meisten stehen, und die Stimmung sank unter den Nullpunkt. Es gab, glaube ich, niemand mehr an Bord, der sich nicht sehnlich wünschte, er wäre dieses Mal zu Hause geblieben und nicht mitgekommen. Der Hofrat versuchte anscheinend die Mannschaft aufzumuntern, weil er auf dem feuchten Deck herumtanzte und ein paar Strophen aus der Ilias deklamierte. Aber sogar als er ausrutschte und beinahe über Bord ging, lachte niemand. Trauttmannsdorffs schöne neue Hornbrille flog bei dieser Aktion ins Meer, und er verfiel daraufhin in eine dumpfe Lethargie. Er starrte stumm vor sich hin und stellte sich taub.

Um 16.35 schrie Georg plötzlich aufgeregt: „Land, Laand voraus, Laaaaaand in Sicht!" Das ganze Boot war wie elektrisiert. Von unten krabbelten halbbekleidete Gestalten in wahnsinniger Hast an Deck und stürzten an die Reling. Voraus zeichnete sich ein fahler langgezogener, zackiger Schatten in den Regenschleiern ab. Ich hielt gerade darauf zu. Je näher wir kamen, desto unheimlicher wurde mir diese Küste. Ein steiles drohendes Felsengebirge, vollkommen kahl, ohne Busch und Strauch, lag quer vor unserem Kurs. Weit im Norden türmten sich die Berge höher und höher, schimmerte es da nicht weiß, wie schneebedeckte Gipfel? Ich erschauderte in dem kühlen Wind, der von der fremden Küste herüberstrich. Das waren nie und nimmer Zakynthos grüne saftige Hügel. Eine Stunde später waren wir ziemlich dicht vor der unheimlichen Küste. Unter steilen Felsabstürzen schäumte die Brandung an finsteren Klippen, rauschte in dunkel gähnende Höhlen. Mit dem

85

Feldstecher entdeckte ich nördlich von uns, hoch oben am Berg, eine Ansammlung einsamer Steintürme ohne Anzeichen von Leben.

B.A. stand neben mir und schaute lange durch das Glas. Dann fragte er leise: „Das soll Zakynthos sein?"

„Nein", sagte ich fest, „das ist etwas anderes. Ich tippe auf Feuerland, Spitzbergen, Kamtschatka oder den Eingang zum Hades. Ich weiß es nicht."

Das war der Moment, wo Käptn Boris Anastasius Barawitzka zum erstenmal, seitdem ich ihn kannte, seine innere Ruhe und Beherrschung verlor. Er sank auf die Cockpitbank, schlug die Hände vors Gesicht und rief verzweifelt: „Vettermann, Vettermann, wo hast du uns hingesegelt?"

Polyphem

*Eine herzbewegende Beichte · Ein Schuß und die
verlorene Ehre der Anna Kyros · Eine seltsame Vaterschaft*

Schon Herodot, der alte Grieche, schreibt irgendwo: „Ganz egal
welche Entscheidung du in schwierigen Zeiten triffst, sei gewiß, wenn
alles vorbei ist, wird einer kommen und dir genau sagen, wie du es hättest machen sollen."
Wenn wir später in trauter Stammtischrunde auf die Navigation nach
Kamtschatka zu sprechen kamen, erhielten wir jede Menge außerordentlich interessante Hinweise und Vorschläge, wie wir die mangel-
hafte Navigation eigentlich hätten hinkriegen müssen. Sie, lieber Leser,
haben sicher schon bei der Lektüre der letzten Seiten öfters gedacht:
„Himmel, Herrgott, warum machen die das nicht so oder so und warum haben sie denn nicht . . . usw."
Da ich aber nicht berichten möchte, wie gut wir unter Umständen
hätten sein können, wenn nicht . . ., sondern nur das Logbuch der
HIPPODACKL nacherzähle, kann ich leider auch mit den besten Ideen
nicht viel anfangen. Die letzte Eintragung an diesem Tage war jedenfalls ein hastig hingeschmiertes: Vor Heckanker und Bugleinen am Pier
von Port XYZ (wahrscheinlich Kamtschatka) festgemacht. B.A. rennt
mit den Schiffspapieren zum Hafenkapitän, wir ins Restaurant – Vettermann.
Das menschliche Gedächtnis ist eine phantastische Sache, aber leider
auch eine sehr unzuverläßliche, wie ich bei dieser Gelegenheit feststellen mußte. Dieser kleine Schalter, der bestimmt, welche Erinnerungen
gespeichert werden sollen und welche gleich wieder gelöscht werden,
ist daran schuld. Ich habe mir den Kopf zerbrochen, was wir eigentlich
geredet haben zwischen der Entdeckung, daß wir nicht Zakynthos vor
uns hatten, sondern eine unbekannte Küste, und dem ersten Trunk im
Restaurant. Auch die anderen von der Crew, die ich gefragt habe,

konnten mir keine befriedigende Auskunft geben. Wir waren sicher nicht bewußtlos in dieser Zeit, und wir haben sicher etwas geredet oder wir haben gestritten oder irgendwer hat sicherlich geflucht – aber das ist leider alles fort. Ein einziges flüchtiges Bild erscheint manchmal vor meinem inneren Auge: Die HIPPODACKL rattert dieselqualmend, mit flatternder griechischer Nationale und gelber Q-Flagge über eine düstere Bucht. Da ist ein zerfallener Steinkai mit dem Wrack einer Barkasse, eine Ansammlung verfallener Steinhäuser, und davor steht ein großer schwarzer Hafenkapitän mit einer viel zu weiten Schiffermütze, die ihm bis auf die Nase herunterhängt. Ich bin froh, daß ich wenigstens die Eintragung im Logbuch habe. An den rohen Holztisch mit der Petroleum-Drucklampe, an die bauchigen Weinkrüge und den ersten Schluck eines aromatischen, leicht bitteren Weines erinnern sich alle. Der große düstere Hafenkapitän hatte uns in eines der Häuser geführt. Er sprach erstaunlicherweise ein paar Brocken Deutsch und bestellte für uns zwei Krüge Wein, Schafskäse, Oliven und Brot, bevor er mit den Pässen und Schiffspapieren unter dem Arm verschwand. Wirt gab es in dieser seltsamen Taverne anscheinend keinen, zwei schlanke schwarzvermummte Gestalten servierten wortlos; und nur an dem eindeutig doppelt gewölbten Hemd der einen und den langwimprigen Kohlenaugen, die aus den um die Köpfe gewickelten Schals guckten, erkannten wir, daß es zwei Heben waren, die uns bedienten. Wir waren gut aufgelegt, wie berauscht, weil die Gaststätte, die Tische und die Sessel noch leicht im Rhythmus der HIPPODACKL schwankten, und weil B.A. auf seine scharfsinnige Frage an den Hafenkapitän, ob sich der Hafen mit einem griechischen „Y" oder mit einem normalen „I" schreibe, die knappe Antwort erhielt, mit einem normalen. Damit wußte er noch immer nicht, wo wir waren. B.A. bat dann Gludowatz, seine neugewonnenen Sprachkenntnisse in den Dienst der guten Sache zu stellen. Janos Bácsi nahm ein paar Anläufe, aber mehr als ein paar oh . . . und äh . . . schaffte er nicht. Die schwarzvermummten Zwillinge huschten wieder fort, ohne unseren Wissensdurst zu stillen. Während B.A. jetzt sofort das von Janos verwettete Faß Wein haben wollte, konnte Georg nicht mehr tatenlos zusehen, wie die hochbusige Hebe unangetastet hin und her schwebte, und er folgte ihr in die Küche, um den Namen des Hafens endlich festzustellen, wie er sagte.

Gludowatz hörte gar nichts von B.A.'s zynischen Witzen über leichtgläubige Dolmetscher, die ihr Geld für unnütze Sprachkurse über

Bord werfen. Er starrte mit gerunzelter Stirne ins Leere und artikulierte lautlose Worte, dabei schüttelte er ständig den Kopf.

„Sie heißt Anna", meldete jetzt Georg, „sie riecht sehr gut nach wilden Blumen, und der Hafen heißt Mikrolimani oder so ähnlich."

„So ein Blödsinn", ärgerte sich B.A., „ich kenne den Yachthafen von Piräus. Das da . . .", er deutete durch das Fenster in die leere finstere Bucht, „wenn das Mikrolimani ist, dann freß ich die Decksbürste und den Eimer. Blödsinn! Ich werde den Hafenkapitän morgen fragen. Aber viel wichtiger ist mir jetzt, daß der Janos Bácsi endlich das Faß Wein bezahlt. Es steht doch eindeutig fest, daß er ebenso wenig Griechisch kann wie ich vielleicht Urdu, Sioux oder Ketschua."

Gludowatz klopfte sich auf den Kopf, so wie man auf einen Fernseher draufhämmert, wenn mitten in der Übertragung des Länderspiels der Ton ausfällt.

„Ich zahl nix!" stieß er zornig hervor. „Ich kann Griechisch, ich weiß nicht, warum es plötzlich nicht funktioniert. Gestern auf der Wache habe ich noch Komparativ und Superlativ geübt."

Barawitzka schnitt fleißig Käse und lachte anzüglich: „Zu dumm! Gestern war Janosos Gludowatzopoulos noch ein berühmter griechischer Volksredner, neben dem Demosthenes wie ein stotternder Legastheniker gestanden wäre, und heute ist er vollkommen indisponiert. Er hat eine gähnende Leere im Kopf, wo früher der griechische Sprachschatz versteckt war, wie das gleißende Gold Agamemnons. Ist dir das Griechische vielleicht aus den Ohren gelaufen in der Nacht? Hast du auf deinem Polster nachgesehen? Aber hohler Kopf oder periphere Amnesie des Sprachzentrums: Du hast ein Faß Wein verwettet, daß du Griechisch kannst, du Nestor aller Angeber. Um im klassischen Sprachschatz zu bleiben, „hic Rhodos − hic salta", oder hic quatsche oder hic radebreche wenigstens einen Satz in der Sprache Homers oder zahl den Wein, wenn du noch einen Funken Ehre in deinem Körper hast."

„Nichts werd' ich zahlen", gab Janos ungerührt zurück, „erstens kommt die Erinnerung gleich wieder, und zweitens hab' ich gewettet, daß ich mich in Zakynthos unterhalten werde, und . . ." er machte eine umfassende Geste, „. . . das ist nicht Zakynthos."

B.A. starrte seinen alten Freund einen Moment sprachlos an, dann konnte man direkt hören, wie ihm die Galle übergurgelte, und er wurde entsprechend giftig. So wie ein altes Ehepaar am besten weiß, wo man den anderen am tiefsten und schmerzhaftesten verletzt, so wußte B.A., daß er Janos, als stolzen Anhänger einer sprachlichen Minderheit, am wirkungsvollsten bei seinem Nationalstolz packen konnte. Barawitzkas Spezialität ist es, bekannten Sprichwörtern oder Zitaten durch Abänderungen und Aufpfropfen von Barawitzkaismen einen neuen Sinn zu geben. Diesmal kam er aber mit seiner klassischen Warnung vor den Danaerwetten der arglistigen kroatischen Flachland-griechen gar nicht bis zum Ende, weil Janos schon mitten im Zitat auf-sprang und den schweren Weinkrug hochschwang, um ihn Barawitzka an die Stirne zu schmettern. Wären wir eine kleine Seglermannschaft von nur zwei oder drei Mann gewesen, hätte es Mord und Totschlag gegeben. Bei größeren Mannschaften verteilt der arithmetische Schnitt die negativen Eigenschaften besser. So gelang es Simon, den herabsau-senden Krug noch aufzufangen, ohne daß viel Wein verspritzt wurde, und Janos, Max und der Hofrat bildeten eine Weile eine Art Laokoon-Gruppe, die, hin- und herwogend, das emotionelle Gleichgewicht in der Mannschaft wieder herstellte.

Georg tippte mir auf die Schulter. „Schau, Rechenschieber, Anna hat mir's eingezeichnet, wir sind da . . ." Er hielt mir einen Autoatlas des griechischen Touringclubs unter die Nase und deutete auf ein Bleistift-kreuz. Jetzt bekam ich eine leichte Fischvergiftung, das heißt, es wurde mir schlecht: Der angegebene Ort hieß Mikrolimeni und — und lag auf der Westseite von Mani, dem mittleren der drei Landfinger, die der Pe-loponnes ins Mittelmeer streckt. Das war schrecklich weit ab von Za-kynthos, ich mußte sofort zu meiner Seekarte. Gerade als ich hinaus-ging, hörte ich noch wie Giselher laut verkündete, er werde das Faß Wein bezahlen, denn er sei ja daran schuld gewesen, daß wir kein Was-ser an Bord hatten.

Draußen war es ziemlich dunkel, Mikrolimeni schlief anscheinend schon. Nur die Fenster der Kneipe waren noch erleuchtet. Aber über mir funkelten Myriaden von Sternen, und ich tapste fröhlich den Hügel hinunter. Gerade als ich mir an einem Felsen das Knie anrannte, sah ich Licht auf dem Boot. Ich duckte mich hinter den Stein, jemand leuchtete mit einer Taschenlampe herum, und dann stieg ein großer Schatten vom Schiff und kam ziemlich dicht an meinem Felsen vorbei.

Es war der Hafenkapitän. Ich wartete etwas, bis er den Hügel hinauf war, und kletterte dann an Bord. Vielleicht war er neugierig gewesen. So viele Schiffe werden hier nicht anlegen, in diesem finsteren Loch.

Ich setzte mich in die Navigationsecke, um eine Reihe von Dingen nachzuprüfen. Als ich eine halbe Stunde später wieder den Hügel hinaufkletterte, war ich um vieles weiser und um eine Illusion ärmer. In der Kneipe waren die durstigen Seefahrer von der HIPPODACKL noch immer die einzigen Gäste. Anna und ihre vermummte Schwester brachten Krug um Krug, und unsere Mannschaft sah entsprechend aus. Als ich mich hinsetzte, umarmte Simon gerade Westermayer und erklärte ihn zu seinem besten Freund und zum großzügigsten Seekameraden, mit dem er je gesegelt sei. Giselher war voll des guten Weines und sehr gerührt. „Ihr seid wirkliche Kameraden", rief er laut, „nicht so Halunken wie auf dem Ibiza-Törn, die waren so gemein und brutal!" Er machte ein ganz unglückliches Gesicht.

„Ich habe geglaubt, das war so ein gelungener Törn?" fragte Simon. Giselher kamen beinahe die Tränen. „Das stimmt nicht, ich habe euch etwas vorgelogen. Aber ich muß euch endlich die Wahrheit sagen – der Ibiza-Törn war ein Mist."

Diese kräftige Aussage riß sogar den Hofrat aus dem Halbschlummer. „Wer hat welchen Bären geküßt?" fragte er aufgeschreckt. Westermayer aber war nicht mehr zu bremsen. Er erzählte Ibiza-Geschichten, wie wir sie noch nie gehört hatten. Von der ersten Nacht auf

See, wo er munter wird, weil die Segel entsetzlich killen und schlagen, und wie er zu seinem Schrecken eine vollkommen leere Plicht und ein leeres Deck vorfindet. Wie er das ganze Boot aufweckt, in der Sorge um die über Bord gegangene Hundswache, und wie sich herausstellt, daß die Wache Mann um Mann schlafen gegangen war und der letzte die Yacht einfach treiben ließ, weil ohnehin nicht viel Wind war. Er erzählte von Filzschreiberzeichnungen in der Seekarte, daß ihm jemand seine weißen Handschuhe mit Maschinenöl beschmiert hatte und die neue Segelkappe mit Honig. Welch bitteren Spott und Hohn er über sich ergehen lassen mußte, als er seekrank wurde. Er rüttelte Simon wie anklagend: „Nicht so vornehm wie ihr das gemacht habt. Die haben ins Logbuch eingetragen, wie oft ich gekotzt habe, und sie haben mich mit meiner eigenen Kamera fotografiert, als ich an der Heckreling gelegen bin."

„Ist schon gut, ist schon gut!" Simon klopfte ihm beruhigend auf den Rücken, wie einem kleinen Jungen, den die anderen Buben verhauen haben und der ein wenig Trost braucht. Der sonst so penetrant selbstsichere Westermayer redete sich aber jetzt, wirklich wie ein kleiner Junge, allen Kummer vom Herzen. Seine Ibiza-Crew dürfte, der Erzählung nach, nicht gerade zur Crème de la Crème des Hochseesegelsportes gehört haben. Westermayer erzählte haarsträubende Sachen. In einer Nacht, als er unten in der Hundekoje schlief, schraubten sie alle Luken und Niedergänge zu, alle Sicherungen heraus, schütteten kübelweise Seewasser durch eine offene Lüftung, trampelten auf Kommando wie die Irren an Deck und schrien dazu: „Wir sinken, wir sinken!"

Georg, als unser jüngster Segler, lachte noch. Die anderen konnten sich aber lebhaft vorstellen, was Giselher unten in dem finsteren Schiff mitgemacht hatte, als das Licht nicht funktionierte und sich kein Luk öffnen ließ, weil es entweder von außen zugehalten wurde oder weil jemand drauf saß.

„Das finde ich nicht mehr lustig. Das ist ein ganz idiotischer Streich", knurrte B.A., „diese Deppen hätte ich ohne Unterhosen auf einem rauhen Riff ausgesetzt."

Mit der Ehrlichkeit eines Betrunkenen erklärte Westermayer, daß er nicht als Kapitän anerkannt wurde, daß sie sich in Ibiza so total zerstritten, daß ein Teil der Mannschaft gleich von dort nach Hause flog und er das Schiff mit einem vollkommenen Neuling alleine nach Marseille zurückbringen mußte.

B.A. grinste ihn genial an. „Und da hast du dir gedacht, ich nehm dem Barawitzka seine Mannschaft weg, und probier das Ganze noch einmal, diesmal mit der besten Mannschaft, die es in der Adria gibt. Was?"

Westermayer rutschte etwas vom Tisch ab und schielte B.A. pfiffig an: „Wäre eine Bombenidee gewesen. Würdiger Streich für einen Westermayer: Kaum hat er den B-Schein in der Tasche, luchst er dem berühmten Barawitzka Schiff und Mannschaft ab. Hahaha!" Er rutschte noch etwas schräger und begann zu schielen. „Schade — leider vertrag ich keinen groben Seegang . . ., aber ihr seid die besten Kameraden, die ich je getroffen habe. Und B.A. ist der beste Kapitän . . ." Er fiel endgültig unter den Tisch.

B.A. sah ihm nach und murmelte: „Kein unübler Bursche, schade, daß er auch keinen Wein verträgt, aber er hat einen scharfen Blick — er erkennt gute Kapitäne, wenn er welche sieht . . ."

„Quatsch", sagte Gludowatz und half Westermayer wieder auf den Sessel, „er hat zuviel getrunken und erkennt gar nix. Er kann nur groß reden und viel Wind machen, wie so gewisse Leute." Er blickte anzüglich auf Barawitzka.

„Wie soll ich das verstehen?" fragte dieser sofort. „Täusche ich mich, oder höre ich eine gewisse Kritik aus deinen Worten, Gemeinderat und Reiseleiter?"

„Leise Kritik?" höhnte jetzt Gludowatz. „Wie kommst du darauf? Wer wird den großen, unfehlbaren Barawitzka kritisieren? Ja, wenn Georg einmal das falsche Fall erwischt, das ist ein Verbrechen. Oder wenn Max das Steuerruder falsch herumdreht, das ist entsetzlich. Aber wenn ein Kapitän verspricht, er bringt das Schiff nach Lampedusa, darf man das nicht so wörtlich nehmen. Wenn er sagt, jetzt segeln wir nach Zakynthos, dann ist das doch wohl nicht so tragisch, wenn wir in Kamtschatka oder in Dschibuti an Land gespült werden. Beim Zeus, das Schiff ist so klein und das Meer ist so groß!" Janos stemmte die Fäuste auf den Tisch und stand auf. Er war nicht zornig, er war schrecklich zornig und wetterte: „Alles, was wir wissen wollen, wir von der Mannschaft der HIPPODACKL, ist, wie du und deine zwei Vernavigierer uns jetzt nach Athen bringen wollen. Aber das muß überzeugend klingen. Bevor wir nämlich das nächste Mal unter Raketenfeuer im Libanon an Land gehen müssen, um zu fragen, wo wir diesmal gelandet sind, fahren wir lieber mit dem Bus nach Athen. Hast du endlich verstanden, Boris Anastasius? Wir haben nämlich keine Lust, mit dir jetzt die nächsten zehn Jahre ziellos kreuz und quer zu fahren, wie die armen Matrosen des Odysseus, des unfähigsten Kapitäns aller Zeiten, bis wir zufällig vor dem Heimathafen scheitern. Du hast jetzt das Wort."

„Hm", sagte B.A.

Ich merkte sofort, daß das nicht das Wort war, auf das alle gewartet hatten. Vorhin auf dem Boot hatte ich mir eine beinahe lückenlose Indizienkette zusammengestellt, die Barawitzkas Würde und Autorität einen vernichtenden Schlag versetzen konnte. Als aber jetzt blanke Meuterei in der Luft lag, war ich mir nicht so sicher, ob nicht Navigatoren und Kapitäne ein wenig mehr zusammenhalten sollten. Denn wenn jede Autorität vernichtet ist, dann herrscht Anarchie, so wie auf Westermayers Ibiza-Schiff.

„Ich muß euch jetzt etwas Wichtiges mitteilen." Ich baute meine Indizienkette blitzartig um. Als Felix ebenfalls forderte, jetzt wolle er endlich die Wahrheit hören, wußte ich, wie knapp wir an einer Meuterei waren. Alles, was nicht navigieren konnte, hatte sich gegen uns verschworen. Der entsetzliche Gedanke dabei war, mit uns meinte ich jetzt auch Westermayer. Ich breitete den Autoatlas auf dem Tisch auf. „Wir sind hier . . . der Hafen ist auf Seekarten gar nicht eingezeichnet. Er heißt Mikrolimeni, der etwas größere Hafen von Limeni liegt etwas weiter nördlich. Dort oben in der Ecke dieser Bucht ist Kalamati, die Provinzhauptstadt und der Haupthafen. Von dort gibt es dreimal täglich eine Busverbindung nach Athen. Auf dem Weg liegen die Ruinen von Sparta, und Janos wird euch gerne zeigen, was man da noch alles besichtigen kann. Ihr habt genügend Zeit, euch alles genau anzuschauen, weil wir erst am nächsten Samstag in Athen eintreffen werden, denn wir haben noch sehr viel zu tun. Schuld an dem Navigationsfehler von mehr als 100 Seemeilen ist nicht unser Käptn oder die ungenaue Navigation durch die fehlende Logge oder eine unbekannte Strömung, sondern der Kompaß. Die Abwracker, die die HIPPODACKL vor uns gechartert hatten, haben leider auch an den Kompensationsmagneten herumgeschraubt, und unser Kompaß hat eine Deviation von mehr als 15 Grad. Damit es alle verstehen, er zeigt um 15 Grad falsch." Jetzt wurde es laut, und Simon brummte entsetzt, als ich mit zwei Bleistiften auf dem Atlas den Unterschied im Winkel andeutete.

B.A. starrte auf den Atlas, dann sagte er fassungslos: „Natürlich, deshalb waren die Dampfer auch auf dem richtigen Weg, man kann natürlich auch um den Peloponnes unten herumfahren. Himmel, daß mir das nicht eingefallen ist."

Ich fuhr fort: „Ich hätte natürlich den Kompaß in Malta überprüfen sollen, aber das ist jetzt auch egal. Ich habe mich leider auf die frühere Genauigkeit und die alte Deviationstabelle verlassen. Wir wären deshalb auch nie nach Lampedusa gekommen. Für mich wird das eine Lehre fürs Leben sein. Ihr könnt euch mit der Besichtigung von Sparta ruhig Zeit lassen, denn ich werde mit B.A. noch einen kleinen Ausflug zu einigen Kykladen-Inseln machen, wie Milos, Santorin, Delos, Naxos, Tinos und Mykonos. Das Faß von heute abend bezahle ich, weil ich den Kompaß nicht überprüft habe. Hofrat, die Bordkassa ist ab sofort eure Reiseleiterkassa. Wir bringen euch vielleicht auch eine Flasche Vulkanwein aus Santorin mit."

Die Reaktion auf meine Rede war unterschiedlich. Gludowatz zirkelte mit den Fingern auf dem Autoatlas herum. Georg packte Barawitzka beim Jackenaufschlag. „Was heißt das? Ich will nicht nach Sparta. Wer hat gesagt, ich komme nicht nach Mykonos mit?"

Simon sagte laut und drohend: „Fahrt nur nach Athen. Ich segle mit Karl nach Santorin und Naxos. Schöne Seefahrer, die bei der geringsten Schwierigkeit die Nerven verlieren und mit dem Autobus heim zu Mutti fahren."

Gludowatz strich sich den Schnurrbart: „Mykonos, Santorin". Er ließ die Namen langsam auf der Zunge zergehen, wie griechischen Honig „Wenn mich nicht alles täuscht, habe ich einen Reiseführer für die Kykladen mit dabei. Da gibt es eine Menge interessanter Dinge zu sehen . . ."

„Jetzt halt's aber einmal alle die Goschen!" donnerte Barawitzka los, „jetzt rede ich! Sind denn heute abend alle wahnsinnig? Einer nach dem anderen kommt daher, will an allem schuld sein und einen Wein zahlen. Wenn jemand an irgend etwas schuld ist, dann bin das ich! Ich bin der Schiffsführer, deshalb habe ich allein das Recht, an allem schuld zu sein. Deshalb werde ich allein, ich, B.A. Barawitzka, dieses Faß bezahlen. Herbei o verschleierte Töchter von Mani, bringt Wein, und wir trinken jetzt auf die beste Mannschaft, die es je gab, auf die Mannschaft der HIPPODACKL!"

Ohne Musikbegleitung sangen wir alle zusammen das HIPPODACKL-Lied. B.A. neigte sich kurz zu mir und sagte gönnerhaft: „Das hast du nicht ungeschickt gemacht, Rechenschieber. Das hätte ich nicht besser machen können. Du lernst dazu. Aus dir wird noch einmal ein ganz passabler Schiffsführer."

„Bist du noch böse, Hofrat?" fragte Georg.

Da sich Viktor nicht rührte, wiederholte er seine Frage mit größerer Lautstärke. Jetzt zuckte Trauttmannsdorff zusammen und antwortete: „Warum soll ich nervös sein?" Es dauerte eine ganze Weile bis wir dahinter kamen, daß sich der Hofrat nicht taub stellte, sondern daß er taub war. Die über Bord gegangene Hornbrille mit den dicken Bügeln war seine Hörbrille gewesen.

Spät in dieser Nacht stolperten wir den Weg zum Ufer hinunter, schwankend, wie die Argonauten nach einem Überfall auf einen Wein keller, Giselher mit uns schleppend, wie das Goldene Vlies.

Am nächsten Morgen war die Welt wie verwandelt. Mücken tanzten in der Morgensonne, es roch nach Rosmarin und gemähtem Gras, aber am großartigsten war die Verwandlung der Bucht. Was gestern noch düster und grau aussah wie ein alter schwarzer Gobelin, den Eingang zum Hades darstellend, präsentierte sich im schimmernden Licht des Morgens, wie ein bunter griechischer Hirtenteppich. Mit Felsen in zartem Blau und Braun, die weißen Steinhäuser mit den karminroten Dachziegeln, das fette Dunkelgrün der Feigenbäume, und dazwischen die weißen Wollpunkte der Schafe. Mani war wunderschön.

Noch vor dem Frühstück marschierte B.A. mit Giselher zum Hafenkapitän, und ich sprang über die Reling in die glasblaue Bucht, weil es mich schon überall juckte von den feuchten Sachen, die ich tagelang angehabt hatte. Kaum war ich im Wasser, plantschte binnen weniger Sekunden die ganze Mannschaft wie eine Herde übermütiger Seehunde ums Boot. Nur Max schaute uns von der Reling aus zu. Ich war jedoch froh, daß Max an Bord geblieben war, weil natürlich die Badeleiter hochgeklappt und fest verzurrt und vom Wasser aus nicht zu erreichen war. Ich holte mir gleich eine Pütz Seewasser, massierte mir Rasierschaum in die dreitägigen Stoppeln und kratzte mein Gesicht mit einer neuen Doppelklinge wieder sauber. Ein richtiger Sauberkeitsfimmel brach aus. Simon ließ sich den Nacken ausrasieren, stutzte dafür Felix die Koteletten, der Hofrat surrte mit seinem Batterierasierer mit den Hummeln um die Wette und Janos suchte einen Partner für das Einölen des Rückens. Ich habe da zwar eine Einhandsegler-Methode, aber die sollte man nur anwenden, wenn man wirklich alleine an Bord ist, denn

96

es sieht sehr dumm aus, wenn man den Besanmast mit Sonnencreme einläßt und sich dann, nach Bärenart, den Rücken daran reibt.

„Du könntest ruhig auch ein Bad vertragen, Makarios", sagte Simon und schnüffelte übertrieben in Casarolis Richtung. „Mein Bart gehört gewaschen", murmelte Max und schielte auf seine Manneszierde, „er ist schon ganz stumpf, aber wir haben ja kein Wasser."

„Ts,ts,ts", machte Simon, „ist dir etwa zu wenig Wasser in dieser Bucht, du Bademuffel?"

„Das ist doch Salzwasser. Ich wundere mich schon die ganze Zeit, wie ihr das abspülen wollt." „Makarios, beim heiligen Natriumchlorid, wo bist du zur See gefahren! Kein vernünftiger Mensch wird sich das Salz abspülen. Was glaubst du, was uns frisch hält? Salz, Mann, Salz! Salz ist das Deodorant der Segler. Ich weiß ein gutes Beispiel, Max. Was ist der Unterschied zwischen einem grünen Hering und einem Salzhering, ha?"

Max dachte einen Moment nach und antwortete dann: „Einen Salzhering muß man vor dem Kochen längere Zeit einwassern . . ."

„Kochtechnisch vielleicht, aber der wichtigste Unterschied ist doch der Gestank. Casaroli, alter Smut und Lebensmittelfachmann, das solltest du wirklich wissen, daß ein drei Tage alter frischer Hering bestialisch stinkt. So, wie die meisten Süßwassermatrosen irgendein kräftiges Gerüchlein an sich haben, wenn sie an Bord kommen. Ist dir das in Malta nicht aufgefallen? Da war so ein leichter Hauch nach Brillantine und Schweißfüßen über dem Schiff. Der war nach zwei Tagen weg, futsch! Durch Salz, Max. Glaube einem alten bretonischen Sprichwort, das sagt: 'Salzheringe stinken nicht'." Simon verschmierte eine Handvoll Sonnenöl auf seinem Bauch. „Salz und Öl, und du fühlst dich wöhl", deklamierte er und schnüffelte wieder anzüglich in Maxens Richtung.

„Ich habe eine große Flasche Bartschampon mit", sagte Max zögernd, „aber kann man das mit Salzwasser verwenden?"

„Selbstverständlich", antwortete Simon im Brustton der Überzeugung.

Max kam sehr schnell wieder, ein Handtuch um die Hüften geknotet, und begann sich Vollbart und Vollhaar in der Pütz zu waschen. Wir sahen ihm interessiert zu. Max ribbelte und rubbelte eine ganze Weile, dann hielt er inne und schaute auf seine klebrigen Finger: „Komisch", murmelte er, „es schäumt überhaupt nicht."

Simon reckte sich in der Sonne. „Von Schäumen hat kein Mensch etwas gesagt. Du hast gefragt, ob man Schampon auch mit Meerwasser verwenden kann. Man kann! Bilgenreiniger ist natürlich viel besser, der schäumt sogar."

Max zog eine schiefe Grimasse. „Ich kann Rebitscheks angeborene Niedertracht noch nicht immer rechtzeitig erkennen, aber daß ihr anderen da seelenruhig zuseht, wie ich mir Bart und Scheitel mit dieser Schmierage verfilze, das finde ich recht gemein. Jetzt tue ich euch einmal etwas Grausliches ins Essen. Daß ihr es nur wißt!"

„Also wirklich", rechtfertigte sich Janos, „wie kommen wir dazu? Wir haben geglaubt, das ist eine Privatsache unter euch zwei Bröselnudelspezialisten. Übrigens ist Schamponieren gar nicht gut für einen Bart, da verliert er zuviel Körper und wird lappig. Ein Bart muß spitz und steif sein, daß man damit einer Frau das Ohr kitzeln kann." Er drehte seine Schnurrbartspitzen und hob vielsagend die linke Augenbraue. Max mußte grinsen. „Mit meinem Bart will ich niemand kitzeln, der soll weich und flaumig sein wie die Bauchfedern der Eiderente, damit ihn Mädchen gerne kraulen." Er riß sich das Handtuch weg und hechtete über die Reling ins Meer, um sich abzuwaschen. Gleich darauf kam B.A. zurück, und der Ernst des Bordlebens begann wieder. Der einäugige Hafenkapitän – wir hatten das gestern gar nicht bemerkt, aber B.A. bestand darauf, daß er einäugig war – hatte sich netterweise angeboten, in Kalamati anzurufen, ob er nicht in diesem Ausnahmefall die Einklarierung selber vornehmen könnte, um uns den Umweg zu dem Zollhafen zu ersparen. In der Wartezeit könnten wir von ihm ein paar Esel mieten und Kanister und von der Quelle oben am Berg Wasser holen. Dann berichtete B.A., daß auch der Hafenkapitän keine Detailkarten hatte, und ich übernahm die Aufgabe, draußen vor der Bucht zu ankern, um durch ein paar Sonnenazimutpeilungen eine neue Deviationstabelle für unseren vermurksten Kompaß aufzustellen. Wir ließen das Schlauchboot und den Außenbordmotor am Kai, und dann tuckerte ich mit Giselher, Janos und Simon aus der Bucht, während Barawitzka den Rest der Mannschaft und die sechs Esel herumkommandierte, wie Hannibal seine Truppen und die Elefanten vor dem Aufbruch zur Alpenüberquerung.

Vor dem Kap der Bucht legten wir uns vor Bug- und Heckanker und machten uns an die Arbeit. Simon und Janos fierten oder holten die Ankerleinen mit den Spiwinschen dicht, je nachdem, wie wir das Boot gedreht haben wollten. Ich peilte über den Schattenstab des Kugelkompasses, und Giselher hatte ein Erfolgserlebnis nach dem anderen, weil sein Sonnenazimut-Programm funktionierte und es eine helle Freude war, die vielen Azimute vom Taschenrechner abzulesen, statt sie mühsam mit Nautical Almanac und HO-Tafeln zusammenzurechnen. Gegen 11.00 Uhr hatten wir eine nette Kurve auf Millimeterpapier, und Giselher ging daran, eine neue Deviationstabelle auszuarbeiten.

Simon sah nach der Wasserkarawane aus und bemerkte ironisch, daß der Weg zur Quelle entweder sehr weit sein mußte, oder daß die Teufelsknaben unterwegs eine Kneipe gefunden hatten.

„Nur gut, daß der alte Rebitschek auch ein paar Dinge im Leben gelernt hat", sagte er grinsend und holte aus einem Schapp einen vollen Weinkrug und Bauernbrot. „Das hab' ich gestern noch als eiserne Reserve für einen Schluck an Bord mitgehen lassen."

Wir öffneten eine Corned-Beef- und Thunfisch-Dose und stärkten uns erst einmal. Janos setzte seine Kopfhörer wieder auf und legte eine neue Kassette in seinen Walkman. „Das ist der letzte Versuch", sagte er drohend, „ich höre mir jetzt noch einmal die Begrüßung auf griechisch an, nehme die Hörer ab und werde euch dann in der Landessprache begrüßen. Wenn es wieder nicht funktioniert, dann versenke ich diesen Mist sofort hier im Ormos Mikrolimeni." Er schaltete das Ding an seinem Gürtel ein und ließ sich entspannt zurücksinken. Dazu murmelte er die geheimnisvollen Worte: „Ich bin ein Grieche – ich bin vollkommen entspannt – ich bin ein Grieche – ich bin vollkommen entspannt." Er wiederholte diesen Zauberspruch ein paarmal, dann sank ihm der Kopf auf die Brust, und er schlief tief und fest. Simon sah mich erstaunt an. Ich zog Janos die Hörer vorsichtig vom Kopf und horchte. Es war wirklich ziemlich einschläfernd. Eine ganz langsame, getragene klassische Musik war zu hören, und eine leise Stimme sagte ganz langsam griechische Worte. Nach einer gemessenen Pause folgte dann die deutsche Übersetzung. Es hörte sich so an: „Kalimera . . . Guten Tag . . . Kalispera . . . Guten Abend . . . Ti kanete? . . . Wie geht es Ihnen? . . . Chero poli . . . Sehr erfreut." Ich stülpte Janos die Hörer wieder über die Ohren und berichtete den beiden anderen von dem seltsamen Sprachkurs. „Ein großer Mist", stellte Simon fest, „aber wenn er gut daraufschläft, dann laß ihm das Zeugs. Guter Schlaf ist eine Handvoll Drachmen wert."

„Heia Safari!" rief Giselher, der mit seinem Glas die Berge abgesucht hatte. „B.A. kommt mit seinen Eseln den Berg herunter. Warten wir hier draußen auf ihn . . ."

„Die Tabelle ist fertig, wir gehen zum Wassertanken an den Kai zurück." Als der Dieselmotor zu hämmern begann, wachte Janos auf. Resolut riß er sich das Gerät herunter und versuchte uns zu begrüßen. Er fing ein paarmal mit „Kalimera . . . äh . . . oh . . ." an, dann packte er das Gerät und schwang es über den Kopf, wie ein Gaucho seine Bola. „Es gehört zu den Fischen!" brüllte er ganz fuchtig. „Ich habe mich mit diesem Klumpert lächerlich gemacht. Es gehört in die Tiefen des Okeanos versenkt." Der kleine Kassettenrecorder wirbelte mit den daran hängenden Kopfhörern durch die Luft, und wie von einem geschickten Gaucho geworfen, wickelte der Draht sich wie eine Bola um die Besanwant und blieb dort hängen. Simon stand auf und angelte sich den Apparat herunter. „Meine Tochter wird sich freuen", sagte er, „die wünscht sich so ein Ding schon lange." Er ging und verstaute Janos' Walkman ungerührt in seiner Koje.

Wir erreichten den Kai zur gleichen Zeit wie Barawitzka und hörten die Geschichte einer grandiosen Landexpedition. Die Quelle hatte sich als unterirdische Tropfsteingrotte entpuppt, und mit einem Floß aus leeren Wasserkanistern waren sie so lange in den Höhlen herumgepaddelt, bis alle Feuerzeuge aufgebraucht, alle Filme verschossen, kein Blitzlicht mehr da war und allen die Hände vom Paddeln in dem kalten Wasser rotgefroren waren.

„Macht schnell", hetzte Barawitzka, „wir haben einen entsetzlichen Durst und müssen schnellstens in die Taverne."

Womit mein Verdacht erhärtet war, daß die Mannschaft der HIPPO-DACKL nur Wasser trinkt, wenn es keins mehr gibt, denn bei den Strömen von frischem Wasser, die sich in unsere Tanks ergossen, hätte es keine durstigen Matrosen mehr geben dürfen.

„Sehr brav", kommentierte B.A. die Füllarbeiten und kontrollierte eigenhändig die Tanks. „Zweihundert Liter, damit kommen wir eine ganze Weile aus. Jetzt kommt, wir haben uns einen Trunk verdient. Wo ist denn Georg?"

„Der ist doch mit dir gegangen", erinnerte ihn Janos.

„Na, der wird schon auftauchen", meinte B.A., und wir stiegen den Hügel hinauf zu den Heben. Giselher schwelgte in der Beschreibung der einmaligen Deviationstabelle, und Barawitzka tat ihm den Gefallen und sagte ein paarmal: „Sehr zufriedenstellend."

Wir gingen in die Gaststube, und B.A. rief den einzigen griechischen Satz, den er konnte, in den dunklen Gang: *„Fertemus krasni, parakalo!* – Bringen Sie uns bitte Wein!"

Aber keine glutäugigen verschleierten Heben erschienen und kredenzten kühlen Wein. Das Haus blieb leer, und gerade als wir uns fragend anschauten, krachte draußen vor dem Haus ein Schuß, und kurz danach erschien der finstere Hafenkapitän mit einem rauchenden Gewehr und einem vor Zorn glühenden Auge in der Türe. Er schob die übergroße Schirmkappe aus der Stirne, so daß wir jetzt alle die schwarze Augenbinde sehen konnten, und warf einen Packen Pässe auf den Tisch. Er deutete mit dem Gewehrlauf in Richtung Türe und rief: „Nehmen und schnell gehen! Alle! Niemand mehr sehen wollen!" Er lud den alten Militärkarabiner durch.

„Nanu, was hat denn den netten alten Polyphem gebissen?" fragte Simon. B.A. nahm die Pässe und zählte sie automatisch. „Da fehlt einer", stellte er fest.

„Nehmen und gehen!" brüllte der Hafenkapitän. „To Hajduk keinen Paß mehr brauchen. Ihm hat Anna entehrt! Er nicht nie fortgehen mehr. Ihm keinen Paß brauchen!"

„Himmel", entfuhr es Giselher, „er hat Georg erschossen!"

Wir erstarrten wie versteinert mitten in der Bewegung. Das Summen der Fliegen und das gelegentliche Glockengebimmel eines Schafes war in der Stille überlaut zu hören und verstärkte noch das Unwirkliche des

Moments. „Alle gehen! Schnell!" rief der Hafenkapitän wieder und hob die Mündung seines Gewehres.

B.A.'s Stimme klang gepreßt und fremd als er sagte: „Wenn Sie Georg erschossen haben, kommen wir wieder mit der Polizei, Sie Mörder."

Polyphem schüttelte ärgerlich den Kopf: „Ich Polizei, ich Richter, ich Vater!" schrie er. „Ihm Schuft nicht tot! Ihm jetzt Anna heiraten muß! Sünde, Sühne, Ehre! Alle fortgehen ganz plötzlich, sonst feuer Munition aus Gewehr!"

Janos Gludowatz mischte sich plötzlich ein und sagte lachend: „Georg heiraten? Na, gut. Dann besprechen wir die Hochzeit. Ich bin sein Vater."

Wir sahen uns verblüfft an, und Polyphems einziges Auge blinzelte mißtrauisch unter dem Schirm seiner riesigen Seemannsmütze. Er hielt das Gewehr mit der rechten Hand wie eine Pistole und griff mit der linken zielsicher nach Janos Paß, der an seiner dunkelgrünen Lederhülle kenntlich war. Er blätterte ihn auf und rief sofort: „Du viel Lügner, du andere Name, Georg nicht Sohn von dich!"

Gludowatz setzte ein verschmitztes Lächeln auf: „Sind alle deine Söhne von einer einzigen Frau?" fragte er, drehte seine Schnurrbartspitzen auf und sah drein wie ein satter Satyr. Er nahm gemütlich am Tisch Platz.

„Aaahh . . ." Polyphem entblößte grinsend seine gelben Zähne. „Du . . . nicht nur eine Frau . . . aha."

„Setzen Sie sich endlich, Kyros, und verhandeln wir wie Männer, wie Väter." Er schob Polyphem einen Stuhl zurecht. „Wann soll die Hochzeit sein? Wir wollen natürlich alle dabei sein . . ." Er schaute aus den Augenwinkeln schnell auf den Hafenkapitän, der sich zögernd so setzte, daß er uns alle sehen konnte und Platz genug für sein Gewehr hatte.

„Das muß ein großes Fest werden", fuhr Gludowatz fort, „wir brauchen viel Wein, wir werden viele Schafe schlachten, und wir brauchen Musikanten." − „Musikant?" fragte Polyphem, und seine Deutschkenntnisse schienen ihn im Stich zu lassen. Gludowatz wurde international. Er redete mit Händen und Füßen weiter. „Ja, Musikanten . . . fidel, fidel, bumm, Bouzuki, Sirtaki . . . musiki."

„Musiki?" stotterte Polyphem verwirrt. − „Ja, und einen Pfarrer brauchen wir, einen Popen, und wir werden ganz Mani einladen, und

102

ein neues Kleid brauchen wir für Anna und einen schönen Anzug für Georg, in seinem Ölzeug kann er nicht zum Altar gehen."

„Pope . . . Gäste . . . Kleid . . . Anzug", wiederholte Polyphem.

„Das soll eine großartige Hochzeit werden, ganz Mani soll darüber sprechen", rief Gludowatz, „das wird dich viele Drachmen kosten. Hast du viele Drachmen, Kyros?"

„Drachmen?" Polyphem sah drein, als täte es ihm jetzt schon leid, daß er mit der ganzen Sache angefangen hatte.

„Der Brautvater zahlt alles!" rief Gludowatz fröhlich, „Vater von Anna zahlt alles, das ist so Sitte, bravo!" Er streckte Polyphem die Hand zum Abschluß dieser Vereinbarung entgegen. Polyphem sah ratlos von einem zum anderen, dann lachte er verlegen.

„Ha! Du nicht wollen hergeben Sohn Georg, du wollen Georg lieber behalten! Du wollen lieber geben Drachmen für Ehre von Anna?" Er sah Gludowatz beschwörend an.

Janos erinnerte jetzt stark an einen abgefeimten Roßhändler, wie er lässig mit der Hand wedelte: „Aaah bah, ich habe viele Söhne. Georg soll Anna heiraten, ich habe noch viele bessere Söhne. Wann kommt der Pope?"

„Du viele Söhne?" fragte Polyphem neugierig, dann fügte er beinahe verschämt hinzu: „Ich nur Töchter . . ." Er verstummte, als hätte er bereits zuviel gesagt.

Gludowatz grinste wie ein erfolgreicher Satyr, dem es gelungen ist, eine unvorsichtige Nymphe nackt beim Baden zu erwischen.

Polyphem lachte wieder nervös auf: „Haa . . . Du nicht wollen hergeben Sohn, du wollen drücken Preis für Ehre von Anna."

Wir hatten uns bis zu diesem Moment stufenweise entspannt, kaum daß wir bemerkten, daß Janos Bácsi die Situation fest in der Hand hatte und keine Gefahr mehr bestand, daß Polyphem noch ein paar von uns erschießt. Leider entspannten wir uns jetzt etwas zuviel, denn mitten in der Verhandlung fand Max diese Feilscherei um Ehre und Drachmen so erheiternd, daß er laut kicherte. Das war natürlich äußerst fehl am Platz. Janos warf ihm einen warnenden Blick zu, aber Polyphem sprang schon auf und schwenkte seine Flinte. „Wer machen Spaß mit Ehre von Tochter, ich schieß tot mit Munition", drohte er.

„Geht alle zum Schiff", sagte Janos schnell, „geht schnell, und B.A. bleib da mit der Bordkassa." Er wandte sich an Polyphem. „Schicke Dummköpfe aufs Schiff, nur Väter mit Väter verhandeln und Kapitän."

Polyphem winkte mit dem Gewehrlauf, und wir gingen. Um ein Haar wäre wieder alles schiefgegangen, weil der Hofrat die Bordkassa nicht hergab. Er hatte von den Gesprächen nicht alles verstanden und verlangte jetzt eine ausreichende Begründung für diesen ungewohnten Schritt und außerdem für die Anwesenheit des bewaffneten Hafenkapitäns, die ihm sehr suspekt vorkam. B.A. griff ungeduldig nach der Ledertasche mit dem Schiffsgeld, die der Hofrat am Gürtel festgeschnallt trug. Da ging Viktor sofort in Boxstellung und rief, er werde das ihm anvertraute Geld gegen jedweden mit seinem Leben verteidigen.

„Geht endlich!" zischte Janos, der jetzt beim Stand der Dinge alles andere als eine Unterbrechung brauchen konnte. B.A. schaltete sehr schnell, er wandte sich ebenfalls zum Gehen und winkte Viktor. Die beiden marschierten um die Hausecke, und ich sah noch, wie B.A. Simon ein Zeichen gab. Es war wie im Kino: Kaum waren sie außer Sichtweite des mißtrauischen Polyphems, stürzten sich beide wie alte erfahrene Straßenräuber auf den Hofrat. Simon umklammerte ihn von hinten und hielt ihm den Mund zu, und B.A. öffnete ihm blitzschnell die Gürtelschnalle und verschwand schon wieder mit der Geldtasche im Haus. Der Hofrat begann jetzt tapfer zu kämpfen und trat Simon wie ein wildes Muli gegen die Schienbeine, jeden Augenblick konnte er losbrüllen wie ein Stier.

„Packt ihn und tragt ihn zum Schiff, ehe die Griechen etwas merken", kommandierte ich schnell, in einem Ton wie der gute alte Barawitzka selber. Ein Dutzend Fäuste packte den Hofrat, hob ihn hoch, und wir rannten mit ihm den Hügel hinunter zum Schiff. Als wir nach Luft schnappend an Deck standen, lachte Felix los: „Karl, wenn du wieder ein Buch über diese Reise schreibst, dann war das jetzt das Kapitel ‚Die Entführung der Schönen Helena', das paßt ausgezeichnet in eine Griechenlandstory. Hahaha! Wir würden uns ganz gut machen als trojanische Kidnapper."

„Ja, und der Paris würde euch schön den Hintern versohlen, wenn ihr ihm so eine schöne Helena mitgebracht hättet", kicherte Max und zeigte auf Viktor. Unsere „schöne Helena" war wirklich kein Prunkstück. Ein Hemdärmel hing in Fetzen herunter, Knöpfe waren ihm abgesprungen, die Haare standen ihm vom Kopf, er sah aus, als hätte er sich mit einem Dutzend wilder Amazonen gebalgt. Er massierte seine verbogenen Gelenke und führte dabei Selbstgespräche: „Sie sind alle verrückt . . . vollkommen übergeschnappt . . ."

104

„Ich glaube, der Viktor hat nicht alles so richtig mitgekriegt, er hört doch schlecht ohne seine Brille", erinnerte sich Felix. Simon drehte sich nach dem Hofrat um. „Aber aushauen kann er wie ein Maultier, was? Ich werde ihm ein paar Informationen in seine Trommelfelle soufflieren." Er packte Viktor an den Schultern. Der mißverstand diese Bewegung total. Er glaubte wahrscheinlich, es sollte ihm erneut an den Kragen gehen. Er sprang mit einem gehetzten Blick auf, riß sich los, so daß Simon mit dem abgerissenen Hemdkragen in der Hand zurücktaumelte, und verschwand wie ein flüchtendes Murmeltier im Niedergang. Bevor wir etwas tun konnten, verbarrikadierte er sich im Vorschiff, verschraubte die Luke von innen und drohte, jeden mit der Signalpistole in Brand zu schießen, der gewaltsam einzudringen versuchte. Wir versuchten eine Weile, beruhigend auf ihn einzureden, da es aber sehr schwer ist, auf jemand beruhigend einzuschreien, hatten wir damit wenig Erfolg. Viktor blieb in seinem Versteck, um zu warten, wie er sagte, bis uns die Irrenwärter abgeholt oder wir uns in unserem Wahn selber gegenseitig umgebracht hätten.

Simon hatte dann die Königsidee. Er holte Janos' Walkman, und es gelang ihm wirklich, daß Viktor die Kopfhörer durch einen Spalt annahm. Ich erkannte die Szene sofort wieder. Sie war aus dem Film „Die

Todesmine", wo Robert Mitchum in einem Schacht rettungslos einge-
klemmt ist und Kirk Douglas als Psychiater ein Telefon zu ihm runter-
läßt, um ihm Mut zuzusprechen, bis die Rettungsmannschaften sich zu
ihm durchgebuddelt haben. Simon schaltete den Recorder auf „Sprechen", drehte den Ton ganz auf, schob das Kinn vor wie Kirk Douglas
und schrie ins Mikrophon:

„Hallo, Viktor, hier ist Simon! Kannst du mich hören?"

„Nicht so laut", grunzte der Hofrat dumpf hinter dem Schott, „ich
bin ja nicht schwerhörig."

Simon drehte den Lautstärkeregler etwas zurück. „Hallo, kannst du
mich hören? Viktor, du taube Nuß."

„Geh, gib mir das Mikrophon", sagte Max, „als Psychologe bist du
ebenso feinfühlig wie ein Nilpferd."

„Ah, die Feinfühligkeit ist überholt", sagte Simon, „die moderne
Schiffspsychologie kennt solchen Schnickschnack nicht mehr, herzliche
Grobheit und ein paar Watschen von der Hausmarke wirken Wunder.
Aber bitte, mach ruhig weiter, ich hab' ohnedies einen Durst."

Er gab bereitwillig das Mikrophon her und kletterte an Deck. Max
machte seine Sache sehr gut, und der Hofrat wurde zusehends ruhiger
und machte dann sogar die Türe auf und auch die Luke, weil es unter
Deck sehr warm wurde. Es war zwar sehr nett, die ganze Verführungs-
story noch einmal aus Maxens Sicht geschildert zu bekommen, aber ich
war auch durstig und ging an Deck, um zu sehen, ob Simon noch etwas
im Krug gelassen hatte. Ich fand ihn an der Reling, wo er eifrig auf
einem Stückchen Papier schrieb. Oben beim Haus blitzte eine kleine
Sonne in einem bestimmten Rhythmus auf. B.A.'s Signalspiegel.

„Kohlenpott . . . orthodox . . . Motor . . . Motor . . .", buchstabierte Simon.

„Sag, was murmelst du da?" fragte ich erstaunt.

„B.A. signalisiert: KOMM. Also gehen wir."

„Was heißt das da mit dem Kohlenpott und dem Motor?"

Simon kletterte über die Reling und erklärte stolz: „Das ist die Rebitschek-Methode für Morsezeichen. Glaubst du, mich interessiert
nicht, was der Georg da dauernd herummorst? Komm, ich erklär dir's
unterwegs." Wir stiegen den Hügel hinauf. Die Rebitschek-Methode
begeisterte mich sofort. Morsezeichen sind ein dunkler Dunkelsektor in
der sonst recht bunten Palette meiner seemännischen Kenntnisse. Ich
kann einfach diese dadaditdadadit nicht in Buchstaben umsetzen, ich

konnte es nie. Rebitscheks Methode mit lautmalerischen Merkwörtern war natürlich eine Supererfindung. Mir ging plötzlich eine Halogenlampe auf, und ich sah mich schon mit Georg um die Wette morsen. Es war kinderleicht, für jeden Buchstaben ein Merkwort, jede Silbe mit „o" ein da oder Strich, jede andere Silbe ein di oder Punkt. Simon begann bei „A" – Atom – didat, „B" – Bohnensuppe – dadididit, „C" – Choreograph – dadidadit. Wir kamen bis „R" – Revolver – didadit, dann winkte B.A. hinter der Hausecke und flüsterte uns zu, die HIPPODACKL zum Alarmstart vorzubereiten und uns ruhig zu verhalten, es sei aber Hoffnung auf eine friedliche Lösung des Problems.

Der Alarm- oder Notstart ist eine Ablegemethode, bei der es weniger darauf ankommt, daß man die winkenden Mädchen am Kai möglichst lange sehen kann und die nachgeworfenen Blumen auffängt, sondern, im Gegenteil, in möglichst kurzer Zeit möglichst viele Meter, Kabellängen und Seemeilen Abstand vom Ufer gewinnt, um der haßerfüllt am Ufer tobenden Menge oder der vom Kai aus nachschießenden Zollwache zu entkommen. Diese Ablegemethode wird auch eher von Schmugglern und Nacht- und Nebelkommandotruppen angewendet und ist daher in normalen Yachtbüchern kaum zu finden. Kurz danach kamen unsere Unterhändler wirklich den Hügel herunter. Hinter ihnen trottete Georg mit gesenktem Kopf, und oben bei der Taverne standen, wie der Chor in der griechischen Tragödie, der finstere Hafenkapitän und seine beiden schwarzvermummten Töchter. Der Motor lief, und als die drei an Bord kletterten und B.A. „Ablegen" kommandierte, slipte Simon die Leinen, und ich donnerte mit Vollgas aus der Bucht. Polyphem hob seine Flinte und schoß Salut. Das Echo hallte von den Bergen wider.

„Wuiiii! War das ein grober Lackl, dieser Hafenkapitän!" stieß Georg jetzt hervor. „Aber wer kann denn ahnen, daß das ihr Vater ist. Kann mir jemand erklären, warum ich bis zur Abreise in einem Weinkeller eingesperrt war, sozusagen in Quarantäne, und warum mich niemand von euch herausgeholt hat? Oder wolltet ihr Neidhammel mir den Spaß verderben?"

Einen Moment schauten wir uns verblüfft an, dann schnaufte B.A. fassungslos: „Dieser Satansknabe hat überhaupt nicht mitbekommen, daß er um ein Haar erschossen werden sollte, oder zumindest lebenslänglich gekriegt hätte." Janos drohte Georg mit der Faust: „Du verfluchter Hund! Ich hätte mir eine Menge Arbeit ersparen können,

107

wenn ich dich gleich um ein Faß Wein verkauft hätte. Du kannst dem Himmel danken, daß du nicht mein Sohn bist, sonst hättest du jetzt von mir ein paar kräftige Watschen hinter die Ohren gekriegt. Habe ich euch nicht schon in Malta erklärt, daß in Griechenland andere Sitten herrschen als in Tahiti oder Thailand? Daß ihr die Finger von den lokalen Schönheiten lassen sollt, wenn ihr nicht ein Messer zwischen die Rippen oder gar eine Kugel durch den Kopf haben wollt? Und was machst du? Kaum daß wir den Fuß auf griechischen Boden gesetzt haben, verführst du sofort die Tochter eines Mannes, der hier gleichzeitig Bürgermeister, Polizist, Friedensrichter, Hafenkapitän, Gefängnisdirektor und Scharfrichter in einer Person ist. Blöder hättest du das nicht anfangen können."

Georg sah etwas verdattert drein: „Aber ich habe Anna doch nur geholfen Feigen zu pflücken und hab' . . ."

„Ach", schnitt ihm Janos das Wort ab, „ich möchte gar nicht wissen, ob du hast oder was du nicht hast! Feigen pflücken, haaa! Mich interessiert nur eines: Wo hat euch Polyphem erwischt, und hat er auf dich geschossen?"

Georg sah noch verdatterter drein. „Geschossen, auf mich? Ich hab' doch nur Anna geholfen, die Feigen in die Vorratskammer zu tragen, da stürzt dieser Zyklop auf mich zu, treibt mich mit dem Gewehr in den Keller und sperrt die Türe zu. Ich hab' einen Schuß gehört, aber das war viel später."

Janos wechselte einen Blick mit B.A. „Ich hab' mir das beinahe schon gedacht. Das Ganze war eine klug aufgestellte Falle, in die unser dummer Georg blind getappt ist, nur weil Anna einmal ein wenig mit den Hüften gewackelt hat. Alter grauer Schuft, dieser Polyphem." Er wandte sich wieder an Georg: „Georg, kapierst du endlich, was da gespielt wurde? Mani ist eine sehr arme Gegend. Dieser Polyphem wohnt hier allein mit seiner Frau und mit seinen Töchtern. Alle anderen Bewohner von Mikrolimeni sind schon lange weggezogen, die nächsten Nachbarn wohnen hinter dem Berg. Polyphems Gedanken kreisen wahrscheinlich Tag und Nacht um das Problem, wie er seine beiden Töchter an den Mann bringt. Anna ist wahrscheinlich schon ein wenig überreif. Und eines Tages segelt ein fremdes Schiff in seinen Hafen, voll mit jungen kräftigen Männern. Ich seh ihn direkt vor mir, wie er die ganze Nacht über den Pässen gebrütet und sich den Kopf zerbrochen hat, um zumindest einen Bräutigam für seine Tochter zu erwischen.

Und er hat eine Idee gehabt, und er hat sich für den Tischler entschieden, und dieser Tischler geht sofort brav mit Anna Feigen pflücken. Hach! Das ist zu komisch! Seht nur wie er dreinsieht."

Georg sah von einem zum anderen: „Das ist nicht wahr, nicht wahr?" Er fragte beinahe bittend. „Janos macht einen Witz, nicht wahr?"

„Wenn du das witzig findest, daß wir dich um 3000 Schilling freigekauft haben, dann bleib dabei, daß das ein Witz ist", antwortete B.A. „Damit es ein noch besserer Witz ist und du noch mehr lachen kannst, sollst du auch wissen, daß sich Janos als dein Vater ausgeben mußte, sonst wärst du noch da drüben im Weinkeller, aber jetzt allein mit Anna und Polyphem. Und daß wir zuletzt den Preis, den Polyphem forderte, nur so weit drücken konnten, weil wir Polyphem einredeten, du wärst ein ganz passabler Tischler, würdest aber nie im Leben Söhne haben können, weil du dich im letzten Jahr bei einem Kreissägeunfall kastriert hast. So, da lachst du sicher toll darüber. Um dieser komischen Witzserie aber die Krone aufzusetzen, möchte ich dich bitten, 3000 Schilling in die Bordkassa einzuzahlen, weil, die fehlen jetzt dort." Jetzt lachte B.A. wie über einen wirklich guten Witz. „Ich wette mit dir, das waren die teuersten Feigen, die du je gepflückt hast, Georg. Hahahaha!"

B.A. drehte sich um und nahm mir das Ruder aus der Hand. „Welchen Kurs nach Kalamati und wieviel Seemeilen?"

„Kompaßkurs 290°, und 28 Meilen", meldete ich wie aus der Pistole geschossen, diesmal war ich gut vorbereitet.

„Dann auf nach Kalamati!"

Georg saß eine Weile stumm und niedergeschlagen im Cockpit, dann holte er seine Geldbörse. Er zählte dem Hofrat die verlangte Summe in die Hand, drehte dann die Börse um, und es fielen nur mehr ein paar einsame Münzen heraus.

„Ich bin pleite", sagte er. Plötzlich hellte sich sein Gesicht auf. „Wie gut, daß ich einen Verwandten an Bord habe." Er wandte sich an Gludowatz, stieß ihn in die Rippen und sagte bittend:

„Papa, Papa, kaufst du mir ein Viertel Wein und eine Zigarre, wenn wir in Kalamati anlegen? Dein kleiner Schorschi hat kein Taschengeld mehr!"

Janos rang in komischer Verzweiflung die Hände. „Oh Gott, oh Gott, womit hab' ich das verdient. Hätt ich den Kerl doch nur dort gelassen und einfach seinen Namen auf der Crewliste durchgestrichen, statt mich so um seine Freilassung zu bemühen."

Während wir wegen der Windstille durch die endlose Weite des Messenika Kolpos dieselten, überprüften Giselher und ich durch ständige Peilung laufend Kurs und Geschwindigkeit, und als Belohnung für unsere Mühe sahen wir am Morgen zur richtigen Zeit und genau vor dem Bug die Masten und Schornsteine der vielen Küstendampfer über die Wellenbrecher von Kalamati schauen. Der Fluch der Götter war endgültig gebrochen.

Der Hafen war gerammelt voll mit Kaikis und hochbeladenen Motorschiffen, die Rosinen, Feigen und Wein geladen hatten. Wir gingen genau vor dem Zollamt in der Nordwestecke des Hafens vor Heckanker, mit dem Bug an die Kaimauer.

„Langsam", kommandierte B.A., „Maschine weg. Achtung . . ."

Er fixierte die näherkommende Mauer. „Kurz volle Kraft achteraus!" Giselher bückte sich nach dem Gashebel, unter dem Heck kochte das Hafenwasser auf, die HIPPODACKL beschleunigte und warf sich mit voller Kraft auf die Kaimauer, wie ein lebensmüder Walfisch, der Selbstmord begehen will. Rummmmmm! Wir flogen alle durcheinander. Simon kugelte mit der Vorleine über die Hafenstraße.

„Kalamati, alles aussteigen!" rief irgendwer.

„Himmel, Arsch und . . ."

„Kein Aufsehen, ganz ruhig. Lächeln, immer nur lächeln", knurrte B.A., der flach an Deck lag.

Ich stoppte die Maschine und ging zum Logbuch und trug ein: 16.30 Lokalzeit. Fest mit dem Bug im Kalamati-Kai. Hafenkommandant auf dem Balkon von unserer Leistung sehr beeindruckt. B.A. wird entweder gleich wie eine Seemine mit Zeitzünder explodieren oder er geht zum Zollamt, um einzuklarieren.

Vettermann.

Die Kunst des Anlegens

Von der unverschleierten Mondgöttin, dem Playboy Zeus,
seinen mißratenen Kindern und den olympischen
Dienstboten · Einige sehr spezielle Tips, ein Schiff festzumachen

Beim Wachwechsel um 20.00 Uhr befand sich die HIPPODACKL bereits wieder auf hoher See, und es befand sich eine sehr wertvolle Sache zusätzlich an Bord: das griechische Carnet, das uns die grenzenlose Freiheit gab, in jedem beliebigen Hafen vor Anker zu gehen, zu jeder Tages- und Nachtzeit, und ungehindert wieder abzulegen, wenn uns danach gelüstete. Noch etwas Wichtiges hatten wir an Bord: einige Schachteln Nachschub für die Tuborg-Logge, sehr zur Freude der Navigatoren sowie der Freiwache. Akri Kitries war querab, und Giselher stoppte die zwei Blitze des Leuchtfeuers wie ein alter Praktiker und überprüfte den Abstand mit einem wahren Peilungsbündel. Von den Höhen der Halbinsel Mani kam dann ein leichter Bergwind, und wir konnten endlich wieder Segel setzen. Unter Vollzeug zogen wir durch die laue Nacht nach Süden, die Sterne funkelten, und unten in der Kombüse komponierten Janos und Georg so lange gemeinsam an einem griechischen Bauernsalat, bis Georg etwas zu oft Papa sagte, Janos ihm mit dem Salatlöffel auf den Kopf schlug und ihn aus der Kombüse warf.

Nach dem Essen steckten B.A. und Giselher die Köpfe in der Navigation zusammen, blätterten gemeinsam in dicken Büchern, und dann zog sich Giselher mit der „Seemannschaft", dem „Handbuch für Kartenhaus und Brücke" und den „Hafenmanövern" in seine Koje zurück. Janos klimperte erst eine Weile auf seiner Mandoline herum, dann holte er den Kassettenrecorder und spielte leise griechische Hirtenlieder. Ein wenig später ging der Mond wie ein riesiger Lampion hinter den Bergen auf, und nun wollte keiner mehr schlafen gehen. Es war eine Segelnacht wie in einem kitschigen Film. Kaum Seegang, eine leichte Brise, so daß man sorglos dahinsegeln konnte, kein Schiffsverkehr, die Küste weitab wie eine vom Mond beleuchtete Zyklopenmauer im Osten. Ein grünliches Leuchten erhellte die Bugwellen, und auch im Kielwasser glitzerte es wie tausend brennende Funken. Der Borddoppler kreiste, und Janos erzählte von griechischen Göttern und sagenhaften Helden.

„Das ist eine so sagenhaft schöne Nacht, daß man wirklich glauben könnte, daß es da draußen von alten griechischen Göttern und Nymphen nur so wimmelt", meinte Max.

„Nymphen gibt es nur in Quellen und Bächen", stellte Janos, unser Reiseleiter und Fachmann für Märchen, richtig, „hier in dieser Gegend können wir höchstens mit Nereiden rechnen, die in den Wellen spielen, oder mit Tritonen, so lüsternen Fischmenschen, die versuchen, diese Wellenmädchen zu haschen. Natürlich könnte es auch sein, daß man dem Meereschef persönlich begegnet, dem alten Poseidon, der mit seinem Dreizack die See aufrührt, wenn sie ihm jemand zu arg verschmutzt."

„Wo sind denn diese Nereiden?" fragte Georg interessiert und starrte auf das mondglitzernde Wasser hinaus.

Janos lachte: „Da mußt du eben gut schauen, manchmal soll man sie in den Wellen sehen, wenn man nur lange genug hinsieht. Aber weiter mit den Göttern: Wir haben da drüben über den Bergen Selene, die Mondgöttin, heute einmal unverschleiert und nackt in all ihrer Pracht, weil Nephele, die Wolkengöttin, zu Hause geblieben ist, um sich einen olympischen Nachtkrimi anzusehen."

„Wo gibt's einen Nachtkrimi?" fragte der Hofrat.

„Oh je, jetzt geht das wieder los", seufzte Jonas.

„Am Olymp!" schrie er den Hofrat an.

„Gibt es einen Gott der Schwerhörigkeit? Vielleicht sollten wir dem einen Hammel opfern, daß er die Hörbrille wieder auftauchen läßt", empfahl Max.

„Der Walkman!" rief Simon plötzlich, und nachdem Janos versicherte, er möchte sich diesen Dreck nie wieder umhängen, wurde der Hofrat elektronisch verstärkt; hinfort störte er nicht mehr. Janos setzte seinen Nachhilfeunterricht in griechischen Göttern fort. „Man muß die Götter nur ein wenig ordnen, dann ist die Crewliste des Olymp ein Kinderspiel. Die ganzen Göttersagen sind eigentlich nur die Saga der Familie Zeus. Denn dieser Zeus war ein munteres Kerlchen mit Organisationstalent, er nahm seinem Vater Kronos sehr bald, mit List und Tücke, Thron und Kommando am Olymp ab."

„Also eine Art olympischer Barawitzka", stellte Simon fest.

„Du, Simon, übertreib nicht", warnte B.A. gutgelaunt.

Simon lächelte falsch wie ein listiger griechischer Gott. „Entschuldige, das war wirklich eine Übertreibung, dich mit einem Gott zu vergleichen, aber es war als Kompliment gedacht."

„Deine Komplimente wirken alle wie säurefrisch aus der Dose der Pandora gezogen", murmelte B.A.

„In diesem Fall hat B.A. vollkommen recht", ergriff Janos wieder das Wort, „denn mit Zeus als Käptn an Bord der HIPPODACKL wäre die Mannschaft schon sehr reduziert. Den Vettermann hätte er schon lange in den Himmel geschmissen, damit er dort als Sternbild des Sextanten seine Bahn zieht, den Giselher in die libysche Wüste verbannt, um zu lernen, was Durst ist, und dich, Georg, hätte er den wilden Amazonen oder den tollen Bacchantinnen zum Zerreißen vorgeworfen. Ja, er war ein großer Verbanner und Verschlepper von Übeltätern, dieser Zeus."

„Ha, ja, Weiber hat er auch jede Menge verschleppt, wie man so hört. Dürfte ein arger Schlingel gewesen sein", lachte Georg.

„Das ist nur eine Verleumdung neidiger Geschichtslehrer", widersprach Janos mit Engagement, „Zeus war die Tugend in Person und ein fürsorglicher Familienvater. Ich habe keine Ahnung, wie er diesen schlechten Ruf bekommen hat, der durch nichts belegt ist."

„Das ist aber auch mir neu", sagte B.A., „dieser Zeus hat doch mit Hunderten von Weibern Kinder gezeugt, ohne Skrupel, und nur die arme Hera . . ."

„. . . Ahhh, das ist vollkommener Blödsinn, niemand hat sich die Mühe gemacht, den Homer genau zu lesen. Warte, ich kann das alles widerlegen. Man muß die Umstände nur im richtigen Licht sehen. Als Zeus seinen Vater verjagt hatte, teilte er die vorhandene Welt. Bruder Poseidon erhielt als Erbteil das Meer, der dritte Bruder, der lichtscheue Hades, die Unterwelt. Zeus selbst behielt das väterliche Feriendorf am Olymp, und da es ja keine anderen Leute oder Menschen gab, heiratete er seine Schwester Hera und freute sich auf den Nachwuchs. Aber da begann der Zores.

Die Eltern waren ein wenig zu nahe verwandt, und Sohn Hephaistos hinkte und wollte kein Gott, sondern Schmied werden und wanderte nach Sizilien aus. Der nächste Sohn hieß Ares und war ein arger Halbstarker und Stänkerer, er bekam deshalb den Deppenjob eines Kriegsgottes. Seine Schwester Eris war vom selben Schlag, die erhielt den Beinamen 'Göttin der Zwietracht'. Ihr könnt euch vorstellen, was für ein liebes Wuzerl das war. Zeus muß sehr angefressen gewesen sein, wenn er seine olympische Horrorfamilie so ansah. Also lud er seine zweite Schwester, Demeter, die Getreidegöttin, zu einem Wochenendausflug ein. Das ging aber wieder ins Auge. Ihre Tochter Persephone war so häßlich, daß man sie nur mit dem finsteren Hades verheiraten konnte. Zeus war verzweifelt. Außer ein paar ungeschlachten Riesen und einigen Ungeheuern gab es sonst niemand auf dieser Welt. Also versuchte er es noch einmal im Alleingang, ein Gott kann so was: Er brütete Tochter Pallas Athene in seinem Kopf selber aus. Das muß ein schmerzhaftes Erlebnis gewesen sein. Diese Athene kam gleich in voller Rüstung mit Spieß und Pickelhelm zur Welt. Sie wird als herbe Schönheit von überragender Intelligenz geschildert. Ihre heiligen Zeichen waren die Eule und der Ölbaum. Wer zwischen den Zeilen lesen kann, wird deshalb auch sofort ahnen, daß sie wahrscheinlich bebrillt und fett war. Sie hat übrigens nie einen Mann gefunden. Also keine Spur von Schlingel. Als Chefgott hätte Zeus ja die ganze Bagage an den Rand der Welt verbannen können, aber er tat es nicht, er war ein Vorbild an Tugend. In der Zwischenzeit hatte Onkel Prometheus aus Lehm Menschen gebastelt, die sich eifrig vermehrten. Wenn der Göttervater mehrere Jahrhunderte da zusah und dann seine eigene Familie anschaute, mußte ihm der Neid und der Zorn kommen. Das wird jeder verstehen. Seine Frau Hera, die Göttin der Eifersucht, machte ihm natürlich Szenen, als er mit einem ganz vernünftigen Vorschlag für neues Blut in der Götterburg daherkam, und so mußte er sich verkleiden, wenn er auf Dienstreise ging. Als Schwan, als Goldregen, als Stier, als Adler oder einfach als schöner fremder Mann. Er wollte ja nichts als ein bißchen mit einer netten Frau plaudern, die nicht nur keifte, wie Hera, und den ganzen Tag am heiligen Herd stand, um Ambrosia zu kochen. Natürlich hatten diese Ausflüge Folgen, denn ein Chefgott ist natürlich ein überaus potenter Mann. So gebar ihm Prinzessin Leto den schönen Apollo, und dessen Schwester war Artemis, die Göttin der Jagd und des Joggings. Prinzessin Maia war die Mutter von Hermes, dem Gott der Händler und Diebe und Wahrzeichen der Danziger Messe. Mit Semele aus Theben zeugte er Bacchus, den Erfinder des Heurigen. Leda brachte die schöne Helena zur Welt, und Königin Alkmene den starken Herkules, den Gott der Ungeziefervertilger und Gründer der Olympischen Spiele. Das ist im großen und ganzen alles und für mehrere tausend Jahre griechische Geschichte wahrlich kein Rekord an Seitensprüngen. Ich kenn' den Georg da, wenn ich mir aber vorstell', daß der tausend Jahre als Gott herumwandern dürfte . . . nicht auszudenken! Am Olymp würden Wolkenkratzer stehen und die Bevölkerungsdichte jene von Hongkong stark in den Schatten stellen."

Er stärkte sich an dem Borddoppler, und Georg kicherte bei dem Gedanken an seine Unsterblichkeit. Janos fuhr fort: „Daß die Liste an Halbgöttern, die man dem Zeus anlastet, ins Endlose geht, wie die nach oben offene Richterskala für Erdbebenstärken, ist nicht seine Schuld. Ich nehme an, daß man dem Zeus so manches Kind der Liebe untergejubelt hat. Diese Sitte allein spricht für die Weisheit der alten Griechen. Bei uns gibt es noch immer ein Mordstheater und Krämpfe, wenn ein Mädel einmal nicht weiß, wer der Vater von dem Baby ist. Die Kinder des listigen Prometheus haben das auf brillante Weise gelöst. Da haben die Mädchen einfach gerufen: „Freut euch, Zeus hat mich geküßt!" und Väter, Ehemänner und Tanten haben gejubelt und den kleinen Kukkuck wie einen Halbgott aufgezogen. Das nenne ich wahre Beachtung der Menschenwürde. Bei uns, die wir die Weisheit gepachtet haben, springen Mädchen nach wie vor in die Donau oder vor die U-Bahn, oder laufen brave Familienväter plötzlich mit dem Küchenbeil Amok, wenn sie sich erinnern, daß sie vor neun Monaten eigentlich längere Zeit auf Dienstreise waren. Schade, daß die Sache mit dem alten Zeus heute außer Mode ist." Janos schwieg einen Moment nachdenklich.

„Muß eine schöne Zeit gewesen sein, das alte Griechenland, so wie du es schilderst", meinte Georg, „Zeus war also gar nicht Gott der Playboys."

„Eben, ganz im Gegenteil, er hat sich rührend seiner Kinder angenommen, und seine Handgranaten hat er wirklich nur geschleudert, wenn der Olymp oder der Thron in Gefahr waren."

„Du meinst die Donnerkeile", versuchte ihn Simon zu verbessern.

„Wenn ich sage Handgranaten, dann meine ich das auch", antwortete Janos mit Bestimmtheit. „Etwas, das geworfen wird, dann schrecklich kracht und unter Feuer und Rauch Übeltäter zerreißt, so daß ihre Überreste brennend zurückbleiben, so ist das eine Handgranate und nix anderes."

„Janos Bácsi, du richtest die griechischen Sagen her, daß sie sich eher wie Perry Rhodans Weltraumabenteuer anhören. Der gute alte Gustav Schwab würde sich im Grabe umdrehen, könnte er dich jetzt hören", lachte B.A., „aber deine Betrachtungsweise ist sehr erfrischend. Mach weiter. Waren die anderen tausend Götter auch so modern bewaffnet?"

„Da gibt's keine tausend mehr, ich sage euch ja, man muß nur alles ein wenig ordnen. Die olympischen Götter hätten wir hiermit alle aufgezählt. Es gab dann noch ein paar himmlische Angestellte und Beamte, wie den Sonnengott Helios, den Chauffeur des Sonnenwagens. Seine Schwester Selene, die Mondgöttin, haben wir schon erwähnt. Ihre Schwester Eos war die rosenfingrige Morgenröte, die besonders hier über den Inseln so schön sein soll. Okeanos war der Direktor des olympischen Wildwasser- und Strombauamtes; der besagte Nereus der Prokurist von Poseidon, der die Tritonen und Nereiden beaufsichtigte. Dann gab es eine Olympia-Hostess namens Hebe, einen Weinkellner namens Ganymed. Auch der lichtscheue Hades hatte ein paar Angestellte: den Herrn Thanatos, der dieselbe Rolle spielte wie der Tod im Jedermann bei den Salzburger Festspielen. Er holte die Leute ab, denen die drei Schicksalsgöttinnen Lachesis, Atropos und Klotho mit den goldenen Scheren den Lebensfaden abgeschnibbelt hatten; dann Zerberus, den Portier, und einen Lohndiener namens Charon, der die Verstorbenen für einen Obolus über den Fluß Styx ruderte. Ach ja, drei Klatschtanten gab es noch im Hades, die drei Erynien, die jedesmal Zeter und Mordio schrien, wenn jemand gegen den olympischen Knigge verstieß. Damit haben wir alle griechischen Götter rekapituliert und eingeteilt. Ist doch kinderleicht, nicht wahr?"

„Das finde ich ganz super, diese G.G.G.G.", rief B.A. begeistert. Der Hofrat drehte seinen Recorder lauter und fragte: „Habe ich eine Störung im Gerät, oder stotterst du?"

„Ich stottere nicht, mit G.G.G.G. meine ich 'Gludowatz-geordnete-griechische-Götter'." Er wandte sich wieder an Janos. „Einer fehlt mir noch, wo hast du den Gott Atlas gelassen, den Träger des Himmels?"

„Atlas war kein Gott, das ist ein unsterblicher Angestellter, auch ein dummer Job, denn wenn Atlas Schnupfen hatte und niesen mußte, sind den Olympiern immer die Nektarbecher von den Tischen gefallen. Seine Töchter sind übrigens die Hesperiden, die Erfinderinnen des Apfelessigs."

„Und wo gehört der Tantalus hin, der immer solche Qualen erleidet?" fragte jetzt Simon.

„Tantalus war auch ein Zeussohn und als Halbgott öfters bei den Zeus' zum Abendessen eingeladen", gab Janos bereitwillig Auskunft.

„Ab und zu lud er die Götter zu einer Grillparty nach Phrygien, wo er König war. Aber wie so vielen Emporkömmlingen tat ihm der Umgang mit der High Society gar nicht gut. Er wurde übermütig und servierte den Göttern einmal seinen eigenen Sohn Pelops als Cevapcici. Diese Untat verdroß Zeus so sehr, daß er den Tantalus im Hades eingraben ließ, mit Brathühnern vor dem Gesicht und Wasser bis zum Hals. Die berühmten Tantalus-Qualen sind nun Hunger und Durst, aber jedesmal wenn er trinken möchte, versiegt das Wasser, und wenn er essen möchte, verschwinden die Hendln. Diesen gegrillten Pelops übrigens haben die Götter wieder lebendig gemacht und als König in Südgriechenland eingesetzt. Deshalb heißt der Peloponnes nach ihm. Eine Menge Wörter aus den Sagen sind auch in unserem Sprachschatz. Der panische Schrecken beispielsweise kommt vom Hirtengott Pan, der oft im Wald sein ‚panisches‘ Gebrüll ausstößt, um einsame Wanderer zu erschrecken.“

„Ich weiß auch was“, warf Simon ein. „Das homerische Gelächter ist so, wie wenn zehn Barawitzkas dröhnend lachen.“

„Sag mal, Simon, wie ist dir denn?“ B.A. fuchtelte mit seiner Zigarre herum. „Stör nicht meine olympische Ruhe, sonst werfe ich dir diese Nektarflasche zwischen die Sphinxaugen, daß du glaubst, der Minotauros hat dich getreten und du alle Sirenen singen hörst. Du spitzzüngiger Sisyphos.“

Simon applaudierte und ahmte einen bekannten Moderator nach. „Bravo, der Kandidat erhält zwanzig Punkte, das war . . . Spitze! Du gewinnst einen Simonthaler.“

„Wer war Sisyphos?“ fragte Georg.

„Bei der neunköpfigen Hydra!“ rief B.A. in komischer Verzweiflung. „Dieser Georg ist ein ärgerer Frager als die olle Sphinx. Erwähnt bitte keine neuen Sagengestalten mehr, sonst sitzen wir morgen noch da, ein paar von euch gehören sofort in die Koje, sonst haben wir alle morgen athenische Eulenaugen.“

„Wer war die Hydra?“ fragte Georg grinsend.

Aber jetzt hatte auch Janos genug „Wein vom Strome Lethe, der Vergessen schenkt“, getrunken, wie er sagte, und kroch in seine Koje.

Am nächsten Morgen hatten wir Kap Tenaron hinter uns und liefen bei leichtem Nordwind nach Osten, auf Kap Maleas zu, dem Tor zur Ägäis. An Steuerbord schwammen die blaugrauen Umrisse der Insel Kythira, an Backbord der braunweiße Schildkrötenbuckel von Elaphonissos. Aus dem Lakonikos Kolpos kamen die Berge auf uns zu und türmten sich zu dem imposanten 600 Meter hohen Kap Maleas auf, das wie ein gigantischer steinerner Wächter den Eingang zur Ägäis blockiert. Die an Bord befindlichen Ferngläser waren rasch weg, und Giselher verwendete den Sucher seiner Kamera mit dem aufgesetzten Teleobjektiv als Ersatz.

„Das nenne ich Gegend zum Durchsegeln", drückte Felix die allgemeine Stimmung aus, „nicht so flach und langweilig wie die obere Adria, wo man schon aufjubelt, wenn man einen Leuchtturm ausmachen kann oder einen hohen Baum. Das ist eine traumhafte Gegend."

Es war wirklich traumhaft. Buchten öffneten sich, kleine weiße Häuschen waren auszumachen, graue verwitterte Festungen klebten wie Adlernester hoch an den Felsen, die weißen Kuppeln der Kirchen glänzten im Morgenlicht. Wir fuhren ziemlich dicht an der Insel Elaphonissos vorbei und sahen herrliche unberührte weiße Sandstrände vorbeiziehen. B.A. starrte lange mit dem Feldstecher hinüber und schwor dann, wiederzukommen, mit genauen Karten und mehr Zeit. Während wir über die Bucht von Neapolis segelten, offerierte Max ein spezielles „Panorama-Frühstück", wie reichen Millionären auf dem Aussichtsdeck eines Kreuzfahrtschiffes. Er erklärte, das Panorama hätte die griechische Fremdenverkehrszentrale EOT zur Verfügung gestellt und servierte dazu äußerst flink guten heißen Kaffee und „Corned Beef Hash à la Casaroli", ein sehr delikates „Gröstl" aus Kartoffeln, Corned Beef mit gesprudelten Eiern gebunden, und dazu Toastbrot.

„So ist es schön auf See", sagte Felix, „so ist das Leben eine Pracht."

„Wo gab's ein Erdbeben mit der Stärke acht?" fragte der Hofrat, der seit dem Verlust seiner Hörbrille ein wenig in einer anderen Welt lebte.

„Das Leben ist eine Pracht!" schrie ihm Felix ins Ohr.

„Na, wer das glaubt", antwortete der Hofrat und fragte, ob er nicht noch eine Portion von dem guten Corned Beef Quatsch haben könnte.

Nach dem Frühstück lud B.A. zu einem bordinternen Fortbildungskurs ein und kündigte einen Vortrag Giselhers über „Die Kunst des Anlegens" an. Das also hatten sie gestern ausgekocht. Max brachte eine Runde Reserveloggen-Dosen, und wir hockten uns alle in Hörweite von Giselher, der einige kleine Zettelchen ordnete. Dann begann er: „Hm, erst hab' ich mir eine hochwissenschaftliche Abhandlung über Anlegetechniken zusammengestellt, aber je mehr Technik ich aus den Büchern zusammentrug, um so weniger gefiel mir das Ganze. Dann fiel mir ein, wie unerwartet ruhig B.A. in Kalamati geblieben war, als ich die HIPPODACKL auf die Kaimauer jagte. Der Schaden regte ihn viel weniger auf als die Blamage vor dem Hafenkapitän und den herumstehenden Fischern und Seebären. Aber noch viel wichtiger war ihm unsere Haltung den Zuschauern gegenüber." Barawitzka nickte grinsend, und Giselher fuhr beruhigt fort: „Jetzt war mir auch klar, daß die Technik beim Anlegen zwar wichtig ist, aber viel wichtiger ist die emotionelle Seite der ganzen Angelegenheit."

„Die scheint nur sehr wichtig", unterbrach Felix, „ich hab schon öfters bei anderen Schiffen zugesehen, wie sie anlegten, und dabei ist mir aufgefallen, daß ganz gemütlich aussehende Schiffsfamilienväter sich plötzlich aufführten, als hätten sie einen Bienenschwarm unter ihrer Prinz-Albert-Mütze."

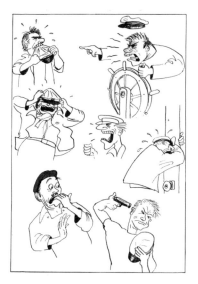

„Das ist einfach erklärt", sagte Giselher, „Landemanöver sind das A und O der Seefahrt, der Senf der Nautik. Das ist genau so wichtig wie gutes Einparken für einen Autofahrer. Was du mit deinem Auto den ganzen Tag über gemacht hast, das sieht niemand. Wenn du aber am Abend nach einer halben Stunde mühevollen Reversierens mit den Rädern am Gehsteig stehst, und die Straße ist voll von den Splittern der Rücklichter, die du rundherum zergitscht hast, dann glaubt dir keiner mehr, daß du so super über den steilen Paß gefahren bist, oder mit 160

Sachen durch eine bestimmte enge Kurve. Ein Autofahrer wird von den Leuten nach dem Einparken eingeschätzt. Wenn man parkt, bleiben die Leute stehen und warten, ob es kracht. Und genau dasselbe trifft auf die Anlegemanöver im Hafen zu. Das perfekteste Spinnakermanöver auf hoher See, der heldenhafteste Kampf gegen Sturm und Wogen hat keine Zuschauer. Die Zuschauer stehen am Kai und warten wie du anlegst. Danach schätzen sie deine Seetüchtigkeit ein. Beim Anlegen werden deshalb die vornehmsten und mildesten Kapitäne zu tobenden Cholerikern. Was nützt eine Atlantiküberquerung in Rekordzeit, wenn man sich dann beim Anlegen so blamiert, daß der ganze Hafen in allgemeine Heiterkeit ausbricht. Das ist der Grund, weshalb bei Hafenmanövern die Temperamente zu kochen beginnen und gewalttätige Anlagen zum Vorschein kommen, die man den Betreffenden nie zugetraut hätte."

„Jetzt ist mir auch klar, warum die Leute in den Häfen immer zusammenlaufen, wenn ein Schiff anlegt. So ein einmaliges Manöver wie heute nachmittag in Kalamati wird einem normalen Hafenmanöver-Fan sicher nicht jeden Tag geboten", sagte Felix und warf einen Seitenblick auf B. A. „Aber ich wette, in jedem Hafen gibt es ein paar Liebhaber, die auf einlaufende Schiffe lauern, um die Anlegemanöver voll auskosten zu können."

„Ich bin so ein begeisterter Hafenmanöver-Fan", sagte Simon, „wenn ich meinen Familienurlaub in Jugoslawien verbringe, hocke ich tagelang in den Häfen herum und warte auf ein großartiges Manöver. Manche Manöver sind aber auch so spannend wie ein gefährlicher Trapezakt oder eine gewagte Löwendressurnummer im Zirkus. Man kann immer hoffen, daß einer ins Wasser fällt, oder zumindest ein Feldstecher oder ein Bootshaken, vielleicht verliert der Käptn die Nerven, und man kann ein paar neue Kraftausdrücke lernen. Man kann dabei auch auf eine sehr vornehme und unterschwellige Art mit seinen eigenen Kenntnissen glänzen, indem man so nebenbei einwirft: 'Haben Sie das gesehen, Gospodin? Der bärtige Herr dort in der Kapitänsmütze fiddelt schon eine halbe Stunde herum, und der Palstek ist immer noch nicht fertig. Aber eine weiße Kappe mit Goldanker hat er auf. Typisch!' Oder: 'Balsam manelka! Der donnert mit Vollgas herein. Wetten, gleich kracht er in den Steg, und seine Leute fliegen bis zum Mesopromet dort.' Aber ich schau auch gerne allein zu, wenn ich niemand für eine Wette um einen Liter Wein finde. Mit ein wenig Zutun wird das ein herzerfrischender und aufbauender Zeitvertreib. Bei vielen einlaufenden Schiffen reicht es vollkommen aus, wenn man sich an der voraussichtlichen Landestelle aufstellt und auf eine penetrante Art erwartungsvoll grinst. Ich habe das selber oft und oft ausprobiert. Man erreicht damit, daß auch best vorbereitete Manöver schieflaufen. Gewiegte Segler lassen sich sogar durch solche provozierende Zuschauer zu übertriebenen Manövern verleiten. Ihr erinnert euch noch vielleicht an Vettermanns Wurfknotenmanöver in Ilovik, haha! Und schwache Mannschaften werden so nervös, daß die einfachsten Dinge danebengehen. Klappen die Manöver wider alle Erwartung, zeige ich meistens meine Anerkennung durch ein paar wohlgesetzte Worte oder lebhaften Applaus, und mir war immer noch eine Einladung zu einer Runde in die nächste Bar sicher. Man kann natürlich die Manöver auch noch mehr beeinflussen als durch bloßes Grinsen. Anfeuernde Rufe wie: 'nicht so zaghaft, Vollgas!' oder 'Sie wissen ja, daß es hier nur einen halben Meter tief ist!' oder ‚passen Sie auf, da sind dicht unter der Wasseroberfläche Pfähle eingeschlagen!' reichen meist vollkommen aus, um eine mittlere Katastrophe auszulösen. Unheimlich lustig ist auch folgendes: Wenn ein Anlegemanöver ohnehin schon nicht klappt, die Crew kopflos von einer Seite zur anderen rennt, der Schiffsführer herumbrüllt wie ein Ochse und ihm die Adern in den Augen platzen vor Wut, dann kannst du die Leute noch zusätzlich in tiefste Mutlosigkeit stürzen: Du wartest, bis sie dir ein Tau zuwerfen, drehst dich in dieser Sekunde um, läufst kopfschüttelnd weg und murmelst, 'diese Landratten sind eine Schande für die christliche Seefahrt'. Das wirkt meistens. Ich habe schon viele angehende Seesegler gesehen, die nach dieser Behandlung mit der Bahn heimgefahren sind und Bergsteiger oder Golfspieler wurden."

„Aus deinen Worten spricht zwar ein gewisses Fachwissen, Simon, aber auch ein ordentliches Maß Niedertracht und Bosheit. Wurdest du nie von an Land springenden Matrosen mißhandelt?" fragte Janos.

Simons Augen leuchteten auf. „Ha! Du bringst mich auf die Königsidee. Das wäre die Krönung meiner Kunst. Eine Schiffscrew vom Ufer aus so zu piesacken und zu ärgern, daß sie heulend vor Grimm ans Ufer hüpft und mich in die winkeligen Hafengassen verfolgt, während ihr Kapitän mit seinem Schiff wieder hilflos abtreibt, weil ihn niemand festgemacht hat." Er schlug sich auf die Schenkel. „Das muß ich gleich nächstes Jahr probieren."

„Ich kann mir nicht helfen, aber du erinnerst mich stark an gewisse Pharisäer, bei denen immer die anderen die Trottel sind", warf Max ein, „heißt das, kein Mensch kann ordentlich anlegen, nur der Rebitschek?"

Simon lachte gutmütig. „Höre nur weiter der Rede Giselhers zu, er hat noch allerhand auf Lager. Ein paar Tips habe ich auch beigesteuert zu seinem Vortrag."

„Komm, red' weiter, Giselher", sagte Barawitzka.

„Gleich die erste Weisheit: Schiffe können leider nicht immer auf See bleiben. Genau so wie Flugzeuge müssen sie irgendwann einmal landen, und auch dort gehören Start und Landung zu den heikelsten Dingen. Wenn man stets vor dem Hafen ankert und mit dem Dingi an Land rudert, ist das entweder ein Zeichen von großer Feigheit, der Hinweis auf unermeßliche Reichtümer an Bord, die der Schiffsbesitzer nicht unter die Augen der Hafenbewohner bringen möchte, oder Hinweis, daß er einen Haufen erlebnishungriger, mannbarer Töchter an Bord hat, die er lieber nicht an Land lassen will, oder ein Zeichen für ansteckende Krankheiten wie Pest oder Schnupfen. Auch ist diese Methode äußerst mühsam, so mühsam wie Ferien in einer einsamen Berghütte ohne Zufahrtsweg. Ein richtiges Schiff muß zeigen, daß es anlegen kann, so wie ein richtiger Mann auch einmal zeigen muß, daß er einen Papagallo, der seine Frau belästigt, bei Bedarf niederboxen kann."

„Bravo!" rief Simon. „Das ist ein wahres Wort."

„Natürlich gibt es für richtige Manöver verschiedene Methoden, und verschiedene Schulen schwören auf bestimmte Techniken. Ein paar davon sind im Mittelmeer gang und gäbe, und in der Ostsee vertreiben sie dich damit sofort vom Clubsteg. Zur Veranschaulichung führe ich zwei extreme Beispiele an. Da gibt es zum Beispiel die Angeber-Methode: Man braust in voller Fahrt unter scharf geschotetem Spinnaker in den Hafen, reißt die Segel in der Schrecksekunde weg und schießt schäumend zum reservierten Anlegeplatz auf, während man dröhnend über die Furchtsamen lacht, die wie flüchtende Eichhörnchen von ihren Schiffen über die Kaimauern klettern und in Deckung gehen. Das ist eine recht protzige Anlegemethode und kann unter Umständen verflucht ins Auge gehen, wenn nämlich am gewohnten Liegeplatz ein ortsunkundiger Holländer inzwischen seine überschwere Stahlyacht festgemacht hat."

Simon lachte und sah in Gedanken die Trümmer und Splitter fliegen und die Masten knirschend brechen.

„Das andere Extrem wäre die Semperit- oder Uniroyal-Methode", fuhr Giselher fort, „das geht so: Man polstert sein Schiff rundherum mit einer dichten Reihe alter Autoreifen, so daß nichts passieren kann, dann drückt man sich ganz vorsichtig, mit langsam laufender Maschine, in den Hafen und hält mit hilfloser, mitleiderregender Geste ein Tau in der ausgestreckten Hand, bis jemand schreit: ‚Also geben Sie die Leine schon her, Sie armes Würstchen, ich ziehe Sie ans Ufer.' Ist niemand da, der einem hilft, kann man vorsichtig in einen Spalt zwischen zwei anderen Schiffen oder gegen die Kaimauer fahren, läßt die Maschine eingekuppelt langsam weiterlaufen, damit das Schiff nicht wieder abtreibt, und geht ruhig ein Bier trinken."

Wieder plätscherte eine Welle der Heiterkeit über unser Deck.

„Zwischen diesen beiden Manövern liegt jetzt die ganze Palette der verschiedenen Möglichkeiten. Der Fachmann unterteilt die Hafenmanöver in drei Unterklassen, die zeitlich voneinander getrennt ablaufen müssen. Die erste Manöverklasse ist die Vorbereitung zum Anlegen. Darunter versteht man das Zurechtlegen der Anlegehilfsmittel, also die Rüstzeit im arbeitstechnischen Sinn. Die zweite Klasse beschäftigt sich dann mit den Manövern unter Segel oder unter Maschine, also sozusagen mit den fahrtechnischen Problemen beim Einparken von Schiffen." Er hielt einen Moment inne. „Drücke ich mich verständlich genug aus?"

„Weiter, weiter", drängte Georg, „ich kann mir das so gut vorstellen."

„Also gut, die dritte Manöverklasse schließlich hat den Titel: ‚Festmachen und Vertäuen'. Sie umfaßt in der Hauptsache knotentechnische Arbeiten, die verhindern sollen, daß ein angelegtes Schiff durch äußere Einflüsse wie Wind, Strömung, Flut und Ebbe oder böse Buben wieder abtreibt. Bei Schiffen reicht es ja bekanntlich nicht aus, wenn man nur die Handbremse an- und den Zündschlüssel abzieht."

Giselher verließ nun die leichten Pfade der Plauderei und dozierte drauflos, wie vor einem erlesenen Kreis von Fachleuten im Auditorium Maximum der Universität.

„Wir wollen uns jetzt ein wenig eingehender mit diesen drei Manöverklassen beschäftigen. Der zeitliche Ablauf ist unveränderbar, das ist sehr wichtig, denn man kann nicht zuerst vertäuen, dann anlegen und

123

dann die Fender heraussuchen. Wir wollen die drei Klassen deshalb auch in der richtigen Reihenfolge besprechen. Beginnen wir mit den Vorbereitungen zum Anlegemanöver. In dieser Phase werden Fragen geklärt wie ‚Wer hat den Fender versteckt?‘ oder ‚Wer hat den verdammten Bootshaken zuletzt gesehen?‘. Eine sehr große Bedeutung kommt auch der Planung zu. Die Planung muß eine Menge Fragen eingehend klären. ‚Wie sieht dieser Hafen von innen aus?‘ oder ‚Was sagt das Hafenhandbuch über Schutzmöglichkeit bei nördlichen oder südlichen Winden?‘ usw. Oder auch Fragen wie ‚Wieso fehlt die Seite über Korfu in diesem Handbuch?‘ oder gar ‚Weiß jemand, wo das Hafenhandbuch ist?‘ Weiter muß in dieser Phase auch geklärt werden, brauche ich den Bug- oder den Heckanker? Ich erinnere mich da an einen Kapitän in einem sehr engen Hafen, dem der Motor plötzlich abstarb, während er gerade mit ziemlich viel Fahrt auf die Kaiecke loszischte und den Befehl gab: ‚Heckanker sofort fallen lassen!‘, aber auf diesem Schiff gab es gar keinen Heckanker.“

Simon lachte wissend und sah mich an. Giselher fuhr fort:

„Zusammenfassend kann man sagen, diese Vorausplanung ist äußerst wichtig für die Qualität des späteren Anlegemanövers. Hierher gehört auch die notwendige Manöverbesprechung mit der Mannschaft. Denn es kann erklärlicherweise zu Komplikationen führen, wenn der Skipper mit der Backbordseite an den Kai geht, und die Crew die Steuerbordseite mit Fendern geschmückt hat. Oder wenn der Skipper auf eine bestimmte Kaimauer zuhält und die Mannschaft ihm, noch mitten im Fahrwasser, alle Anker hineinschmeißt.

Die zweite Manöverklasse will ich auf Manöver unter Maschine beschränken. Ein Schiff von der Größe der HIPPODACKL sollte in den überfüllten engen Mittelmeerhäfen reine Segelmanöver wirklich nur auf äußerste Notfälle beschränken. Die wichtigste Erkenntnis bei Motormanövern ist nun die Tatsache, daß ein Schiff vollkommen anders gelenkt wird wie ein Auto. Es gibt zwar auch ein Steuerrad, das ähnlich wie ein Lenkrad funktioniert, aber damit ist die Ähnlichkeit schon wieder vorbei. Beim Auto fährt der Bug oder die Schnauze in die Richtung der eingeschlagenen Räder, beim Schiff weicht das Heck unter dem Ruderdruck nach einer Seite aus. Paßt auf!“ Er schnappte die Wurststange, die vom Frühstück noch übrig war und hielt sie knapp an die Kajütenwand. „Wenn ein Auto wegfährt, geht der Autobug anstandslos nach Steuerbord und die Wurst fährt weg. Wenn ein Schiff so ablegt, bleibt der Wurstzipfelbug wo er ist, und das Heck dreht weg. Was ist der Erfolg? Wummms! Das Wurstheck donnert an die Kajütwand, Kaimauer oder sonst was." Georg nickte begeistert. Das war ein eindrucksvolles Beispiel gewesen.

Giselher erklärte weiter: „Ein Schiff verfügt über keine Bremsen. Wenn die HIPPODACKL mit ihren 12 Tonnen − so die Masse eines mittleren LKW − einmal in Fahrt ist, läuft sie eine ganze Weile, bis der Wasserwiderstand die Fahrt aufgefressen hat. Ich schätze die Totlaufstrecke auf gute 60 Meter."

„Uh, uh", machte Felix, „aber man kann ja mit Vollgas rückwärts bremsen."

B.A. mischte sich ein: „Vorausgesetzt, man dreht den Gashebel nach der richtigen Seite." Er warf einen schrägen Blick auf Westermayer.

Dieser war aber derart in Fahrt, daß er das gar nicht bemerkte. „Falsch, ganz falsch!" rief er. „So kann vielleicht ein Motorschiff die Fahrt abstoppen, wenn es zwei Schrauben hat. Aber wir Segler sind mit Einschraubenschiffen verheiratet. Wißt ihr, was passiert, wenn man da Vollgas achtern gibt?"

B.A. nickte zufrieden. „Sehr gut, endlich kommen wir zum Propellereffekt."

Giselher fuhr fort: „Mit Propellereffekt bezeichnet man allgemein jene unerwünschte Kraft, die Schiffshecks nach der Richtung versetzt, in die man auf keinen Fall fahren möchte. Erklärt wird das normalerweise ganz einfach. Dreht sich der Propeller rechts herum, dann versetzt er das Heck nach rechts, so als würde er wie ein Rad über den Seegrund laufen. Aber . . ." Westermayer hob bedeutungsvoll den Finger, „dieser Dralleffekt wäre nie in der Lage, ein schweres Schiffsheck derart heftig und bockig seitwärts zu schieben, wie man das manchmal erlebt. Etwas anderes ist daran schuld." Er zog die Brauen hoch und blickte B.A. triumphierend an.

Barawitzka machte seinem Ruf als gerissener Schiffs- und Menschenführer alle Ehre. Er machte nichts. Er sah Giselher nur gelassen an, als ob er die Antwort schon wüßte. Gludowatz aber platzte heraus: „Da bin ich aber gespannt."

Giselher lachte überlegen: „Ein Ingenieur von Volvo hat mir das erklärt, als ich voriges Jahr in Schweden war. Es ist die Schiffsform, die das Rückwärtseinparken in engen Häfen so erschwert." Er versuchte mit gefalteten Händen ein Unterwasserschiff nachzuformen. „Je mo-

125

derner die Unterwasserform, desto schwieriger die Achterausfahrt. Früher, bei den alten langen Kielen, war das nicht so tragisch. Die moderne Sektglasform aber nimmt den nach vorne gerichteten Wasserschwall des achteraus laufenden Propellers ganz anders auf. Von den Propellerblättern kommt ja kein paralleler Wasserstrom, sondern ein spiraliger. Und jetzt stellt euch einmal vor, was passiert, wenn die aufwärts gerichtete Spirale voll auf den scharfen schrägen Rumpfteil trifft, wie auf ein schräges Ruderblatt, während der restliche Wasserschwall an dem weit vorne liegenden Flossenkiel vorbei ins Leere wirbelt. Ahnt ihr, was kommt? Das alte Prinzip, Druck und kaum oder gar kein Gegendruck. Wohin marschiert das Heck?"

Jetzt wirkte aber sogar Käptn Barawitzka interessiert. Er schielte auf seine Hände, dreht mit dem Zeigefinger einige Spiralen und lachte kurz auf. „Sehr zufriedenstellend", sagte er dann, „für einen Ingenieur hast du das sehr anschaulich geschildert. Ich hätte das nicht so gut erklären können. Wirklich, das war sehr gut gemacht, das war anschaulich geschildert, wie vom alten Archimedes persönlich."

Giselher lachte. „Der alte Archimedes hätte das sicher früher herausbekommen, warum Hafenmanöver unter Maschine eine so vertrackte Sache sind. Wohin dreht also jetzt unsere HIPPODACKL das Heck, wenn wir nach achtern Fahrt aufnehmen?"

Giselher wurde von seiner eigenen Begeisterung mitgerissen. Er griff an Gludowatz vorbei und riß den Fahrthebel auf Null. „Probiert es aus, wenn ihr es nicht wißt, dann probiert es aus. Aber noch draußen, auf dem offenen Meer, nicht erst im engen Hafen."

Jetzt reagierte aber Janos sauer und rief: „Hallo, wie ist dir denn? Wer ist hier Wachführer? Du oder ich? Demokratie ist ja ganz schön, aber es kann doch nicht jeder einfach in die Hebel greifen."

„Sei so gut und laß ihn das zeigen, er macht das prima", mischte sich B.A. ein. Janos brummte etwas Kroatisches, das aber nicht wie eine begeisterte Zustimmung klang.

„Los, versucht einmal dahin zurückzufahren, wo meine Bierdose schwimmt."

Janos packte das Steuer und gab ziemlich kräftige Fahrt achteraus. Unter dem Heck schäumte es, und die HIPPODACKL wurde schnell langsamer, aber gleichzeitig drehte sich auch die nahe Silhouette der Insel Kythira. Als das Schiff endlich über das Heck Fahrt aufnahm, war die Dose weitab an Backbord. Ich warf erneut Dosen ins Wasser, und für eine halbe Stunde lang dampften wir Schlangenlinien, große und kleine Kreise und schauerliche Kurven zwischen den Dosen hindurch, bis eine graue Dieselwolke über dem blauen Meer schwebte.

Georg fiddelte auf einmal an der Backbord-Flaggleine und setzte eine gelb-blau-gelbe Flagge.

„Georg, was treibst du denn da, was soll das heißen?" fragte Janos.

„Das ist Signal Delta und bedeutet: Halten Sie sich frei, wir manövrieren mit Schwierigkeiten", erklärte Georg grinsend.

B.A. lachte, wie wenn Delta das Signal für dreimal kurz gelacht gewesen wäre.

Dann waren alle einmal am Steuer gewesen, und es stand fest, die HIPPODACKL war nur nach Steuerbord hin nach achtern einzuparken. Nach Backbord brachte man sie nur unter Anwendung von allen möglichen Tricks, wie mit Vollgas auf Fahrt bringen, auskuppeln und nur mit dem Ruder weiterlenken, oder eine lange lange Anlaufstrecke zu nehmen und mit kräftigem Gas im Lauf der Zeit eine gerade Achterausfahrt hinzuzwingen. Alles Manöver — darüber waren wir uns einig —, die nur in sehr großzügig und entsprechend geräumig angelegten Häfen möglich waren. In einem engen Fahrwasser konnte die HIPPODACKL kaum gestoppt werden, ohne daß sie gefährlich weit nach Steuerbord austanzte.

„Und ich kann sie doch innerhalb weniger Meter in Rückwärtsfahrt an die Dose bringen", sagte ich jetzt laut. Giselher sah mich an: „Was willst du jetzt, Karl, wir haben doch soeben bewiesen, es geht nicht, du hast . . ."

„Darf ich einmal?" Ich stellte mich ans Ruder. Der Moment war gekommen, ein wenig auf die Pauke zu hauen. Da war eine Gelegenheit, die Scharte von der miesen Navigation wieder auszubügeln und den anderen zu zeigen: Jetzt schaut einmal, wie das ein Könner macht.

Ich steuerte die nächste Bierdose mit scharfer Fahrt an, schoß einige Meter darüber hinaus, riß den Gashebel auf Null, drehte die HIPPODACKL hart nach Steuerbord bis in einen Winkel, den ich mir vorhin bei den vielen Versuchen gemerkt hatte, ließ das Ruder wieder durch die Hände zischen und gab Vollgas achteraus. Die HIPPODACKL schüttelte sich wie ein Stier, dem die Picadores eine Lanze ins Genick gepiekt haben, der Motor qualmte, und nach einer Weile nahmen wir gurgelnd und schäumend Rückwärtsfahrt auf. Nach ein paar Metern erreichten wir die tanzende Dose im aufgerührten Wasser, genau mit der Mitte des

Hecks. Ich stellte den Fahrhebel wieder auf Null, deutete auf das schaumige Kielwasser und sagte leichthin: „Bitte zu beachten, wir liegen wieder in unserer alten Kielrichtung."

Das ehrfürchtige Staunen der Mannschaft erwärmte mein Herz ungemein.

Giselher starrte finster vor sich hin. Er sah den Erfolg seines Vortrages gefährdet. Auf einmal pfiff er laut durch die Zähne. „Das war aber ein gemeiner Trick eben, Vettermann. Mit dem Vollgas und dem wüsten Schalten hast du mich einen Moment verwirrt. Aber jetzt bin ich sicher, daß du einen gemeinen Trick abgezogen hast in diesem Qualm. Du hast die HIPPODACKL kurz vor dem Rückwärtsfahren schräg gestellt, wahrscheinlich genau in demselben Winkel, den dann das Heck wieder wegdreht. Gib's zu, das war ein gemeiner Trick."

„Ich weiß nicht, warum du von gemeinem Trick redest. Ich kann es halt, und ihr könnt es nicht. Und was heißt hier gemein? Ist es vielleicht vornehm und anständig von dem Propeller, daß er unser Heck ungebeten verdreht? So tückisch kann ich auch sein. Ich stell das Schiff schon verdreht hin, und wenn er denkt: ‚Jetzt dreh' ich ihm das Heck weg‘, dreht er es mir in die Richtung, in die ich es haben will. Wer ist da gemein?"

Giselhers Augen leuchteten auf. „Das ist ja eine Supermethode. Die muß ich gleich ausprobieren." Er stellte sich ans Steuer.

Barawitzka drehte sich zu Giselher um. „Geh, mach weiter", sagte er in einem Ton wie ein stolzer Vater zu seinem Sprößling, damit dieser den Verwandten zeigt, wie gut er Klavierspielen kann, „jetzt fehlt noch die dritte Manöverklasse."

Giselher gab das Steuer nur zögernd wieder her. Es war ihm anzusehen, daß er viel lieber allen Dosen nachgejagt wäre. „Nun gut", sagte er, gab Janos das Ruder zurück und zündete sich seine Shagpfeife wieder an. „Jetzt kommt die Krönung des Ganzen. Alles bisher war Vorbereitung. Vertäuarbeit ist für das Hafenmanöver wie Zuckergußdressur für die Torte. Es gibt aber auch hier einige Methoden, die man ablehnen muß. Eine davon ist die sogenannte Bernhardiner-Vertäu-Methode. Man bindet das Boot mit einer möglichst langen Leine an den nächsten Laternenpfahl wie einen Hund. Diese Methode wird von unerfahrenen Bootsleuten manchmal angewandt. Der Nachteil liegt auf der Hand. So wie das liebe Hündchen an seiner Leine, tollt das Boot mit Wind und Wellen im Hafen und verkratzt sich und alle Nachbarboote. Eine etwas bessere Methode ist die Gärtner-Vertäu-Methode, wobei das Boot mit mehreren kurzen Spagatschnüren an die Kaimauer gebunden wird wie eine Williamsbirne ans Spalier. Diese Art ist aber unschön, und man braucht beim Ablegen eine Schere. Außerdem ist es nicht immer von Vorteil, wenn andere Segelkameraden beim Anblick der traurig herunterhängenden Spagatreste sofort ausrufen: ‚Jöö, schau! Der Eipeldauer mit seiner Kiste war auch schon da!'"

Wir unterhielten uns ausgezeichnet.

„Eine sehr sichere Art ist die Spinnennetz-Methode, bei der man nach allen Himmelsrichtungen vom Schiff aus lange Leinen ausbringt und an vorhandenen Ringen, Telegraphenmasten, Kaffeehaustischen und Stoßstangen geparkter Autos anbindet. Das Schiff liegt zwar sehr sicher in der Mitte des Hafens, wie eine Spinne in ihrem Netz, aber diese Art ist sehr rücksichtslos gegen andere Hafenbenützer.

Es gibt nur eine richtige und seemännische Methode, sauber über Klüsen geführte Vor- und Achterleinen vom Schiff direkt auf Poller oder Ringe am Kai geführt. Jetzt ist das Boot zwar vertäut, liegt es aber schon optimal? Denkt einmal mit! Was macht ein Tischler, wenn ein Tisch mit langen dünnen Beinen wackelt?"

„Er bringt Streben oder Querleisten an", antwortete Georg wie aus der Pistole geschossen.

„Großartig", lachte Giselher, „diese Streben heißen in der Seefahrt Springleinen. Man legt diese Streben schräg vom Heck und vom Bug dorthin, wo die anderen Leinen festgemacht sind. Manche Schiffe haben in der Mitte sogar eigens dafür vorgesehene Springklampen. Wir haben das nicht, also müssen wir beim Anbringen aufpassen, daß die Springs nicht quer über irgendwelche anderen heiklen Schiffsteile gespannt sind, wenn Zug draufkommt. Beim Anlegen über Bug oder Heck mit Anker bringt man auch Springs an, um die Längsrichtung des Schiffes kontrollieren zu können. So, das wäre alles. Halt! Noch etwas Wichtiges! Wir werden in den meisten Häfen nicht allein sein und müssen uns Poller und Ringe mit anderen Schiffen teilen. Es ist ausgesprochen unfein, wenn man seine Festmacher rücksichtslos über die Leinen der anderen legt. Wie man das macht, zeige ich euch im nächsten Hafen. Es kann nämlich sein, daß der andere früher ausläuft und dann voll Zorn eure Leinen einfach loswirft, um an seine zu kommen. Ich erinnere mich da an das dumme Gesicht eines protzigen Motorbootmannes, der seine Festmacherketten fest über die Leinen einiger Fischer gelegt hatte und dessen Yacht dann hilflos im Hafen trieb, nachdem die Fischer ausgelaufen waren. Damit beende ich meinen Vortrag und hoffe, daß ich euch nicht zu sehr gelangweilt habe."

Wir applaudierten begeistert.

Ich briet neben Simon auf dem Dach der Achterkabine in der Sonne, eingeölt wie alt-olympische Zehnkämpfer, da neigte sich Simon zu mir und brummte: „Das hätte ich Giselher gar nicht zugetraut, der hat ja auch Humor. Weißt du, Karl, ohne seine goldene Kappe, seine weißen Handschuhe, die Segelscheine, seine Angeberei und ohne seine Braut, das blonde aufdringliche Gift, ist er gar kein so übler Bursche."

Unsere Betrachtung wurde von einer erregten Diskussion der Gruppe um das Steuerrad unterbrochen. Der Hofrat beschwerte sich vehement bei B.A., daß er auf der letzten Reise schon nicht ein einziges Mal anlegen durfte. „Entweder stehst du am Steuer oder der Vettermann!" stieß er erbost hervor. „Nie wird gefragt, ob ich nicht vielleicht mal ans Ruder möchte, oder der Max oder Georg. Ich verlange eine demokratische Aktion, schließlich haben wir alle gleich viel in die Bordkassa eingezahlt, und soweit ich mich erinnern kann, war bei der Aufstellung der Mannschaftseinteilung keine Rede davon, daß außer euch beiden niemand anlegen darf."

B.A. versuchte ein paarmal mit „Unsinn!" und „Aber keine Spur!" zu unterbrechen, aber der Hofrat hatte seine Kopfhörer um den Hals gehängt und verfolgte sein Anliegen mit der Hartnäckigkeit eines auf die Fährte gesetzten Steuerbeamten, der sich von nichts ablenken läßt. Er schweifte vom Anlegemanöver ab und entwarf das düstere Bild einer Welt, in der die Herrschenden und Mächtigen jeden Bürger unterdrücken und mit niederträchtigen Manipulationen zu einem willfährigen Werkzeug ihrer egoistischen Pläne machen, indem sie jeden Versuch der Unterprivilegierten, sich höheres Wissen und Informationen zu erwerben, brutal unterdrücken.

„Gut, ich komme leider nicht drauf, was Viktor mit seinen düsteren Andeutungen sagen will, aber vielleicht können wir in der Zwischenzeit über einen Vorschlag von Georg abstimmen, der mir sehr gefällt", wandte sich B.A. an die übrige Mannschaft, „Georg möchte gerne die theoretischen Manöverkenntnisse in einem halbwegs leeren Hafen in der Praxis erproben, und ich finde das eine sehr begrüßenswerte Idee. Wenn noch ein paar dafür sind, wir können leicht einen halben Tag dafür opfern, und unser Rechenschieber sucht uns einen geeigneten Hafen

130

heraus. Was meint ihr dazu?" B.A.'s Anregung und Georgs Vorschlag wurden mit Begeisterung aufgenommen, und ich vergewisserte mich noch einmal im Hafenhandbuch.

„Monemvassia, würde ich sagen." Ich zeigte B.A. die Hafenbeschreibung. „Groß und offen, und eine neue Mole gibt es angeblich auch, und um diese Jahreszeit ist der Schiffsverkehr vermutlich so schwach, wie wir uns das nur wünschen können."

„Monemvassia", B.A. sah nachdenklich drein, „das sagt mir was. Aber ich . . . Na, egal! Wann können wir dort sein?" Er wirkte sehr befriedigt, als wir wieder an Deck stiegen mit der Aussicht, noch vor Mittag in diesen Hafen zu segeln.

Der Hofrat hatte sich noch mehr in Hitze geredet. „Alleinverantwortung! Damit reden sie sich immer raus. Sie tragen die Verantwortung. Aber ich lasse mich nicht abwimmeln. Jetzt wird einmal Deutsch geredet. Sonst werden gewisse Herrschaften sich plötzlich sehr wundern." Er starrte B.A. drohend an.

„Sag, Viktor, was beißt dich denn die ganze Zeit? Willst du eine Meuterei anzetteln?" fragte B.A. belustigt.

Viktor hielt die hohle Hand horchend hinter das Ohr.

„Meuterei!" brüllte B.A.

Jetzt wurde der Hofrat wild. „Das ist eine ausgesprochene Gemeinheit. Ich bin der Anwalt der Mannschaft, ich verlange nur unser demokratisches Recht."

B.A. seufzte und drehte die Augen zum Himmel empor, dann fragte er Viktor langsam und deutlich: „Also gut, was will die Mannschaft deiner Meinung nach?"

„Aha", sagte der Hofrat, als er verstanden hatte, „jetzt geben sie klein bei, wenn sie merken, daß wir es ernst meinen." Er hieb bei jedem folgenden Wort mit der linken Faust in seine rechte Hand. „Wir verlangen eine Chance, um das Anlegen zu üben." B.A. schmiß seine Zigarre in hohem Bogen in die Fluten, wie Zeus seinen Donnerkeil, Max schob Viktor die Kopfhörer über und schrie in das Mikrophon am Gürtel: „Wir haben soeben den Kurs geändert und werden in Monemvassia anlegen, Viktor!"

Der Hofrat lächelte stolz. „Na, wie hab' ich das gemacht? Härte, man muß ihnen eine gewisse Härte zeigen, dann geben sie schon nach."

„Ich geh' lieber in meine Koje", sagte B.A., „sonst stoß ich ihn über Bord. Weckt mich, wenn wir da sind."

Gegen 11 Uhr war ein sonderbar aussehender brauner Gugelhupf am Horizont auszumachen. Das mußte der Felsen von Monemvassia sein. Isoliert und einsam stand der massive Block in der sonnengleißenden Bucht, seltsam unerwartet, wie ein Überrest aus grauer Vorzeit, wie ein versteinerter Dinosaurier. Während wir von Süden auf die Nordmole zusegelten, konnten wir in Ruhe die Ruinen und die weiße Kuppel einer Kirche oben am Berg betrachten, die verschachtelten alten Steinhäuser am Südabhang dieses „Gibraltar Griechenlands", wie der 300 Meter hohe Felsbrocken im Hafenhandbuch genannt wurde. Dann sahen wir den schmalen Isthmus, der die ehemalige Felsenfestung mit dem Festland verband und, zu meiner Erleichterung, die vollkommen leere Steinmole. Nicht einmal Fischerboote lagen da. Janos legte gleich als erster an, teilte seine Mannschaft ein und ging sehr vorsichtig nach Schulschiffsmanier längsseits. Kaum daß Simon „Leinen fest" gemeldet hatte, stieg B.A. frisch umgezogen von Bord, mit Kappe, Sonnenbrille, Zigarre und Dokumentenkoffer, um den Hafenkapitän über unsere Manöverabsichten zu unterrichten, wie er sagte. Giselher übernahm das Oberkommando, und mit dem Hofrat am Ruder tuckerten wir schon wieder los. Bis alle das „Steuerbord-Längsseitsgehen" so richtig durchgeübt hatten, deuteten die Vor- und Achterleinen-Knechte das Vertäuen nur mehr mit einem symbolischen Fußtritt auf die Steinmauern an, und wir dröhnten in eine neue Runde. Giselher begann nun den Blödsinn mit der Stoppuhr, und die Anlegeübung artete in einen Wahnsinns-Wettbewerb zwischen der Backbord- und der Steuerbordwache aus, die jetzt um Sekunden kämpften und immer noch eine Chance haben wollten, statt daß wir endlich auf ein kaltes Bier gingen. Die Sonne brannte erbarmungslos herunter und eine Gluthitze lastete über dem windstillen Hafen. Ich stopfte mir nach Fremdenlegionärsart ein Taschentuch als Nackenschutz unter die Segelkappe und beneidete B.A., der sicher schon in irgendeiner kühlen Taverne saß und die lokalen Weine verkostete. Bei den Schwergewichtswettbewerben, wie Heck- und Bugankermanöver, war meine Backbordwache den anderen unterlegen, weil mir Walter Hajduk fehlte und ich statt Georg den dünnen Max erhielt. Endlich war jeder Dutzende Male mit dem Heck zur Mole gefahren, hing allen die pelzige Zunge aus dem Munde und konnte kaum noch einer den Anker hochheben vor Müdigkeit, als wir die Konkurrenz mit einem Traummanöver der Steuerbordwache abbrachen, die die HIPPODACKL in 2.16 Minuten vom Ankerfallen bis zur

132

letzten Leinenkorrektur mit dem Bug zur Mole legte und damit sicherlich einen neuen Weltrekord aufgestellt hatte.

Wir steckten uns gerade Geld und Zigaretten ein, als ein ziemlich großer bunter Kaiki mit schäumender Bugwelle auf die Mole zuhielt. Er war ungefähr doppelt so lang wie die HIPPODACKL, und ein einsamer Steuermann stand am hochgeschwungenen Heck an der Pinne. Das tiefe Hämmern des Diesels veränderte sich überhaupt nicht, als der Kaiki schon gefährlich dicht an der Mole war, und Giselher rief schadenfroh: „Jetzt sehen wir gleich eine Mordskarambolage. Der Kerl ist wahnsinnig!"

Fasziniert sahen wir zu, wie der Steuermann maximal zwei Bootslängen vor der Mole einen Anker über die Reling kippte, den Motor in einen leichten Rückwärtsgang schaltete und dann gemütlich zum Bug spazierte. Der Kaiki wurde zu unserer Enttäuschung aber wirklich langsamer und stoppte, gerade als die taugefenderte Schnauze sich sanft an die Mole legte. Der Steuermann ging gemächlich von Bord, zerrte an zwei dünnen Leinen schwere auggespleißte Trossen ans Ufer und ließ sie über zwei Poller fallen. Gerade als der Kaiki wieder von der Mole zurücktuckerte, stieg er wieder an Bord, marschierte zum Heck und stellte den Diesel ab. Dann lehnte er sich an die Pinne und drehte sich eine Zigarette.

„Er hat nicht einmal einen Zentimeter Leine verstellt", wunderte sich Max, „Heckanker und Vorleinen waren schon fest belegt und haben auf den Millimeter gepaßt."

Giselher sah auf seine Stoppuhr: „55 Sekunden vom Ankerwurf bis zur gedrehten Zigarette", murmelte er verblüfft. „Nun, ja!" Er steckte die Stoppuhr weg und wirkte leicht niedergeschlagen. „So viel zu unserem Weltrekord. Jetzt brauch ich aber ein Bier."

Es war B.A., der diesen Abend rettete.

Nachdem wir ihn nirgends sehen konnten, waren wir den Monemvassia-Felsen hinaufgeklettert in der Hoffnung auf ein eindrucksvolles Abenteuer, weil im Hafenhandbuch so eine Andeutung von wundersamen Befestigungen aus byzantinischer Zeit, von türkischen Verliesen, einer venezianischen Unterstadt und einer geheimnisvollen Kneipe zu finden waren. Aber entweder war das Hafenhandbuch veraltet, oder wir hatten vor lauter Durst nicht das richtige Auge für Romantik. Als wir keuchend oben auf dem Felsen angekommen waren, gab es zwar eine Fernsicht, aber sonst nur eine zugesperrte Kirche und einige öde

Mauerreste, über denen die Möwen kreischten. Die venezianischen Häuser waren verlassen und verfallen und die Bewohner anscheinend auf Nachsaisonurlaub. Es roch nach Moder und Zerfall, und wir sahen als Attraktion nur ein paar alte Weiber, die mit ihren Ziegen oder Hühnern über das abgetretene Steinkopfpflaster humpelten. Ein Andenkenladen bot billigen Plastikkitsch feil, die geheimnisvolle Kneipe war eine Cafeteria mit Neonreklame, und das Bier war warm.

Monemvassia wollte uns anscheinend nicht. Als dann noch zwei Taxis vorfuhren und eine Ladung älterer Touristinnen entluden, die in ihrer farbenfrohen Freizeitmode einen gräßlichen Anblick boten, die stickige Luft mit ihrem Parfum vollends verpesteten und uns mit ihren schrillen *„Look at the lovely ruins, darling!"* und *„Do you think they will have a decent cup of English tea here, Phyllis?"* die Ohren zerfetzten, flohen wir wie die Geister der alten Byzanter und Venezianer vor dem Neonlicht der Cafeteria.

Wankend und ermattet, wie Xenophons 10 000 Griechen nach dem Marsch durch die Wüste, erreichten wir wieder die Mole und die HIPPODACKL. Der Hofrat rief ein schwaches „Thalassa, Thalassa!", um seine klassische Bildung zu beweisen, aber niemand lachte.

Da blitzte es vom Balkon eines Hauses drüben in der neuen Ansiedlung wie im Morsecode.

„Syphilis…Uniform…Philosophie…Ei…", versuchte Simon seine Methode, aber diesmal hatten wir Georg mit dabei, der las fließend mit und buchstabierte:

„S..U..P..E..R..W..E..I..N..Punkt..B..A..Punkt."

Dieses Signal erfüllte uns mit neuer Hoffnung und neuem Mut, wie die erschöpften Griechen vor Trojas Mauern, wenn sie Athenes Silberspeer vor dem Heere aufblitzen sahen, und zielstrebig marschierte die Mannschaft der HIPPODACKL auf die Kneipe zu, die B.A. ausgekundschaftet hatte.

Der Mond Mykonos

*Ein enttäuschter Liebhaber, ein seltsamer Heiliger
und eine schlagfertige Göttin · Die entschwundene Amazonenkönigin · Die Sache mit den beiden Doppelgängern*

Am nächsten Morgen um 7.00 Uhr lehnte ich hingegossen in der Leekoje, gleich neben dem Kombüsenschott, trank in langsamen Schlucken eine Tasse „Felicino" und klimperte genüßlich mit den Zehen auf der Tischkante. Den Felicino hatte Felix gerade erfunden, weil er sich in den Zutaten vergriffen hatte.

„Hm, gar nicht so schlecht", gab ich die Kritik ab, um die man mich gebeten hatte, „die Mischung schmeckt etwas sonderbar, aber sehr griechisch. Was ist da drin?"

„Schwarzer starker Kaffee, viel Zucker, viel Metaxa, ein Schuß Ouzo und oben Zimtpulver draufgestreut."

„Und was hätte es ursprünglich werden sollen?"

„Ein Cappucino."

Ich reichte Felix die Tasse. „Gib mir noch einen Felicino, wenn du diese Mischung noch einmal zusammenbringst." Eine alte Seefahrer-regel besagt, man soll den Smutje immer loben.

Durch die Luken fielen schräge Sonnenstreifen und tanzten auf den regungslosen, klumpigen Formen der Schlafsackmumien in den Luv-kojen. Der hohle Alumast im Salon summte, in irgendeiner Schublade rollte etwas in einem endlosen Rhythmus hin und her, und draußen, hinter der gepolsterten Schiffswand, gurgelte die Ägäis vorbei. Drüben hinter dem Kartentisch tippte Giselher fröhlich pfeifend auf seinem Taschencomputer herum, weil sein Sternfix heute morgen vernünftiger-weise im Meer lag und nicht im Taygetos Gebirge, wie er gerade stolz bemerkte.

„Wahrschau!" brüllte oben an Deck Janos, und dann bumperte der Bug dumpf in eine enorme See, die HIPPODACKL stoppte ruckartig und hüpfte dann wie ein übermütiges Nilpferdbaby, das über einen Graben springt. Etwas sehr Heißes und Klebriges plätscherte auf meine Glatze. „Uuups!" machte Felix. „Dein Felicino." Ich nahm ihm die halbleere Tasse ab und registrierte, wie im Vorschiff das Schnarchen des Hofrates schlagartig verstummt war. Anscheinend hatte ihn die Welle von der Rücken- in die Bauchlage gewendet, so wie ein geschickter Koch die Palatschinken in der Pfanne hochwirft und dabei umdreht. Felix wischte mir mit dem Küchenfetzen über die Stirne. „Es hat mich mitten in der Bewegung erwischt", entschuldigte er sich.

„Du kannst nichts dafür. Aber sag dem Chauffeur da oben, er soll nicht mit Vollgas in jedes Schlagloch fahren, solange du kochst."

„Es war ein riesiger Dampfer!" schrie Janos von oben. „Wir haben versucht, seinen Namen zu entziffern und dabei die Wellen übersehen."

Es klatschte noch ein paarmal, und dann zog die HIPPODACKL wieder gemütlich dahin in der frischen nördlichen Brise. Ich fühlte mich ungemein wohl und geborgen und zu Hause.

„Diese Morgenstunden auf See habe ich am liebsten", erklärte ich Felix, „wenn die Sonne noch tief steht und das Meer schwarzblau ist und es nach Kaffee und heißem Speck riecht. Wenn man weiß, das geht noch lange so gemütlich weiter. Vier Stunden dreht man sich wie ein gut geöltes Rädchen im Wachrhythmus, liegt dann wieder ausgekuppelt und gut eingeölt an Deck und läßt sich die Sonne auf den Bauch brennen. Ohne größere Sorgen als: 'Wer kocht den nächsten Kaffee?' oder 'Ich hoffe, jemand teilt bald ein Bier aus.' Von mir aus könnte das tagelang so weitergehen, von Sonnenaufgang bis zum Sonnenuntergang, und massenhaft Zeit zum Träumen. Weißt du, was der Fluch unserer modernen Leistungsgesellschaft ist, Felix?"

„Autsch, Scheißklumpert!" schimpfte Felix, weil er sich wieder einmal an der heißen Pfanne verbrannt hatte. Ich merkte, daß er ein wenig abgelenkt war und beantwortete deshalb meine Frage selber:

„Es ist der Fluch unserer Welt, daß niemand mehr Zeit zum Träumen hat. Wenn einer an seinem Schreibtisch hockt oder an seiner Maschine lehnt und ein wenig in eine andere Dimension guckt, dann schimpft man ihn abfällig 'Träumer'. Dabei muß der Mensch träumen, wenn er geistig gesund bleiben will. Durch Jahrtausende sind unsere Vorfahren am Lagerfeuer gesessen und haben in die tanzenden Flammen gestarrt und dabei geträumt. Seit einigen Jahren dürfen wir plötzlich nicht mehr träumen, deshalb verkrüppeln wir geistig, es fehlt uns etwas. Verstehst du das, Felix?"

„Das ist ein absoluter Blödsinn, denn wenn ich jetzt träume, fehlt mir die Haut an den Fingern, und wenn ich an meiner Drehbank träume, fehlt mir ein Arm oder sonst etwas. Wo hast du diesen Unsinn her?"

„Aus dem ‚Reader's Digest' im Wartezimmer beim Zahnarzt."

„Hast du vielleicht auch gelesen, was man macht, wenn einem Eier fehlen?" fragte Felix. Um ein Haar hätte er mich drangekriegt. Ich hatte mich schon gebückt, da fiel mir ein, daß ich Freiwache hatte und Felix als Springer in der Steuerbordwache arbeitete.

„Dazu brauche ich keinen ‚Reader's Digest'", antwortete ich schlau, „Eier findet man in der am Tischbein festgezurrten Schachtel."

Felix krabbelte murmelnd unter meinen hochgestellten Beinen durch zur Eierkiste. Dabei bemerkte ich, daß er ein geborenes Schiffsgenie war. Er hatte das große Nudelsieb mitgenommen. Es ist zwar klar, daß niemand 18 rohe Eier auf einmal in den Händen tragen kann, aber ich habe schon die wildesten Dinge mit rohen Eiern an Bord erlebt.

„Ich glaube, da müßte man einmal ein wenig umschichten, da in der Eierschachtel", schimpfte Felix, „irgend einer ist da mit den Seestiefeln reingetreten, und die ausgeronnenen Eier und das Zeitungspapier kleben zusammen wie Beton." Er schnüffelte. „Und riechen tut's auch schon."

Felix hatte entweder die Eier-Einholzeit falsch berechnet oder die Hitze der Gasflamme unterschätzt, plötzlich schlugen in der Kombüse die Flammen hoch, und es stank nach überhitztem Fett.

„Der Speck!" stieß Felix erschrocken hervor, drückte mir das Eiersieb in die Hand und rappelte sich auf. Giselher kam ihm aber zuvor. Mit dem Ruf: „Es brennt!" schüttete er seinen Kaffe in die brennende Pfanne. Jetzt war es mit der gemütlichen Morgenbeschaulichkeit vorbei. Es zischte und prasselte entsetzlich und eine stinkende Dampfwolke erfüllte die Kajüte. Aufgeschreckte Schlafsackmumien rollten sich herum und fielen aus ihren Kojen, wie Würste vom Regal bei einem Erdbeben. Es gelang mir nur durch einen behenden Aufstieg über Bücherbrett und Feuerlöscher, meinen Felicino unverschüttet an Deck zu retten.

„Wann gibt's endlich etwas Kräftiges zu futtern?" rief Janos. „Wir haben Hunger wie schiffbrüchige Wölfe." Ich versuchte durch den auf-

137

steigenden Qualm in die Kajüte zu spähen. Das Eiersieb lag unbeschädigt in der Leekoje. Das war der Grund, warum ich Janos voller Zuversicht versichern konnte, daß es bald soweit sein würde, denn der flambierte Speck sei soeben mit griechischem Kaffee abgelöscht worden.

„Sonderbare Art, Eierspeise zuzubereiten", murmelte Janos, „muß ein neues Rezept aus der 'Kronenzeitung' sein."

Ich enthielt mich jeden Kommentars. Felix kochte nicht nach Rezepten, sondern ließ den Zufall walten oder die göttliche Eingebung. Wirklich reichte eine braune Hand von unten Weißbrot, Margarinedose, Salz- und Pfefferstreuer, Tabascoflasche, Ketchup, Schneidebrettchen und eine Handvoll Besteck ins Cockpit. Während die verschlafene Freiwache, hustend wie ausgeräucherte Dachse, an Deck kletterte, hörte man unten, wie Eier gesprudelt wurden, und dann rief Felix: „Hockt's euch hin, das Frühstück kommt!"

Es wurden Teller mit gelbbraunen, mit kleinen schwarzen Stückchen garnierten Haufen darauf von Hand zu Hand weitergereicht. Max beäugte seine Portion und meinte: „Wem ist denn das eingefallen? Das ist, was die spanische Küche 'huevos strapazatos' nennt. Verwirrte Eier. Ganz hervorragend. Es braucht eine sehr geschickte Hand, um das Fett gerade so schwarz werden zu lassen, daß es noch nicht bitter schmeckt."

„Na, ja", gab Felix zu, nachdem er selbst gekostet hatte, „es schmeckt zwar eigenartig, aber für einen ersten Versuch gar nicht so entsetzlich, wie ich gefürchtet habe. Wer will einen Felicino, und wer möchte sich seinen Kaffee lieber selber anrühren? Da steht heißes Wasser, Nescafé, Zucker und Dosenmilch, und da . . . der Metaxa."

Felix erhielt ein allgemeines Lob, wenn auch einige der Seefahrer mehr nach Brot, Margarine und den süßen englischen Marmeladen aus Malta griffen als nach den „verwirrten Eiern". Der Hofrat saß, wie meistens am Morgen, ohne seine Kopfhörer auf dem Dach der Achterkajüte, träumte seinen Frühstückstraum und putzte alle Teller leer, die man ihm hinhielt. Auf diese Weise ging nicht ein Bröselchen verloren.

„Hört einmal", sagte B.A., „wir wollen jetzt unsere Bordroutine ein wenig ausfeilen. Vormittags haben wir sicher immer Zeit, Lehrkurse einzurichten oder etwas zu üben. Ich möchte nicht wieder warten, bis irgendwer eine Meuterei anzettelt, nur weil er noch nie Deckwaschen durfte oder die Bilge lenzen. Ich passe jetzt sehr auf und habe zum Beispiel bemerkt, daß sich Georg sehr oft Privilegien herausnimmt."

Georg sah überrascht auf.

B.A. fuhr grinsend fort: „Wenn wir nicht aufpassen, wäscht er das Geschirr oder kehrt die Kabine zusammen, ohne zu fragen, ob nicht jemand anders das ganz gerne gemacht hätte. Dasselbe gilt für Karl. Er schleicht verstohlen an die ausgefransten Enden und setzt egoistisch seine Taklings drauf. Ganz unkameradschaftlich finde ich auch das Verhalten von Viktor, der jeden Morgen heimlich den Waschraum von verspritztem Seifenschaum, aufgeweichtem Toilettenpapier und ausgekämmten Haarknäulchen säubert, obwohl er doch bemerken muß, daß sich jemand eigens die Mühe gemacht hat, alles so zu verteilen, um dann ein Großreinemachen zu starten."

Max, der alte Kicherer, kicherte dazwischen, aber B.A. zählte weiter auf, ohne eine Miene zu verziehen: „Aus dieser Sicht ist auch Felix' hemmungslose Sucht verabscheuungswürdig, den Ölstand immer allein zu kontrollieren, und wenn mich nicht alles täuscht, pumpt er in den finsteren Nachtstunden die Bilge leer und bringt dadurch seine Freunde heimtückisch um das begehrte Vergnügen."

B.A. seufzte. „Es gibt noch ärgere Verbrecher, aber ich will keine Namen nennen. Jene Egoisten, die brutal ihre Lust befriedigen, indem sie die Aschenbecher ausleeren und den Herd putzen, werden wissen, daß sie gemeint sind. Also, so leid mir das tut, ich mußte das einmal zur Sprache bringen. Ich appelliere an alle, sich ein wenig zusammenzureißen und die Kameraden auch ein wenig an den Schönheiten des Seesegelns teilhaben zu lassen. Ebenso ersuche ich die Wachführer, eine möglichst gerechte Aufteilung der beliebten Arbeiten vorzunehmen."

B.A. sah auf seine Uhr. „Ich verlange kein Blitzblankschiff 24 Stunden am Tag, weil ich früher einmal mit einem Skipper gesegelt bin, der an Fleckophobie, einem Putz- und Polierwahn, litt. Segelstellung, Kurs und Geschwindigkeit waren bei ihm Nebensache, ein makellos strahlendes Deck und in der Sonne blitzende, frisch polierte Beschläge waren sein ein und alles. In der Kajüte unten hatte er überall schützende Schoner liegen. Auf dem Fußboden, auf allen Polstern war erst ein Schutzbezug aus Leinen, dann eine Lage Zeitungspapier und oben drüber eine Plastikhaut. Erst im Hafen wurden diese Überzüge abgenommen und versteckt. Während dieser Zeit durfte die gesamte Mannschaft nie unter Deck, es sei denn in Filzpatschen, wie sie auf der Bootsmesse verwendet werden, und mit Zwirnhandschuhen, damit ja kein Fingerabdruck auf Haltegriffe oder polierte Mahagonitüren kam."

„Sag, Giselher, bist du auch mit diesem Käptn auf einem Törn gewesen?" fragte Felix dazwischen. „Wieso?" –

„Ach, nur wegen der Handschuhe." Er wandte sich an B.A.: „Und dann bist du mit diesem Putzteufel nicht mehr mitgefahren?"

B.A. schüttelte den Kopf. „Ich hätte noch Jahre wie ein Sklave weiter geputzt, nur um mitsegeln zu dürfen. Damals waren die Kojen rar, Felix. Aber er hat, nach einem Schockerlebnis, zwei Jahre mit der Seesegelei ausgesetzt, und da mußte ich mir eine andere Koje suchen. Damals hab' ich mir vorgenommen, nie so verrückt zu sein, wenn ich einmal ein eigenes Kommando habe. Theoretisch ist es egal, ob man jeden Tag saubermacht oder einmal am Ende des Törns. Eine ständig mittelmäßige Sauberkeit hat aber in der Praxis gewisse Vorteile. Es gibt Dreckarten, die haben die blöde Eigenschaft, bei langer Einwirkung mit dem GFK des Schiffes eine innige chemische Verbindung einzugehen. Das heißt, Dreck, den man kurzfristig spurlos wegwaschen kann, kriegt man nach 14 Tagen nicht mehr ab. Deshalb sollten wir jetzt abstimmen, ob die HIPPODACKL wöchentlich oder täglich ein 'Reinschiff' erhalten soll, indem wir einmal kurz vor der Zehnerjause den weißen Wirbelwind oder den Meister Proper über die Decks und durch die Kajüte toben lassen."

Die Crew bewies eine beachtliche demokratische Reife, die Abstimmung fiel eindeutig zu Gunsten des täglichen Putzes aus. Max und Viktor gewannen, beim Zündholzziehen, das beliebte Deckwaschen und stürzten sich gierig auf Decksbürste und Kübel.

„Alle Luken dicht!" brüllte Simon. „Viktor verwechselt Deckwaschen mit einer Wasserschlacht. Am liebsten setzt er den Salon unter Wasser, wie Herakles den Augiasstall. Schraubt alles fest zu."

Schon klatschten die ersten schwungvollen Güsse über das Deck. In wahnsinniger Hast stob der Rest der Crew auseinander, um Kojen, Kartentisch, Kombüse und Achterkabine vor den Fluten zu retten. Der Hofrat war nicht zu bremsen, seitdem er gelernt hatte, wie man vom fahrenden Schiff aus einen Kübel Wasser mit drei schnellen Griffen an Deck bekommt, ohne daß man den Kübel verliert oder umgerissen wird. Seither war er der Pumpenwart an Bord. Max schrubbte ebenfalls wie besessen, mit einer Geschwindigkeit, wie ein flinker Koch Karotten putzt. Plötzlich wurde das Vorluk aufgerissen und Simon brüllte wie ein Nebelhorn: „Aus! Stopp! Da schwimmt alles!"

Der Hofrat grinste: „Ja, da muß man halt die Luken ordentlich schließen. Wenn ich arbeite, kann ich keine Rücksicht auf deine Spitzenpolster nehmen."

„Deine Koje schwimmt doch, du übermütiger Pritschler."

Der Hofrat drückte Max eilig das eingespleißte Ende der Pütz in die Hand und stürzte zum Niedergang. Er machte ein ebenso verdutztes und belämmertes Gesicht wie der forsche Feuerwehrmann, von dem eine Illustrierte berichtete: Er entdeckte im Innern eines Autos einen Rauchfaden, schlug sofort laut Dienstvorschrift alle Scheiben mit seinem Beil ein, um eventuell Eingeschlossene zu retten und schäumte das Innere des Wagens voll aus, bevor er darauf kam, daß das sein Auto war, mit der nicht ganz ausgedrückten Zigarette im Aschenbecher. Viktor erschien kurz darauf mit einem verkniffenen Gesicht, einem Wäscheberg unter dem Arm und vielen Wäschekluppen im Mund, und hing weiße Socken, Unterhosen und die Kopfhörer zwischen die Wanten. Dann arbeitete er lustlos weiter.

„Was hat er denn jetzt?" fragte Max grinsend. „Auf einmal ist er so sparsam mit dem Wasser."

„Du hast vorhin nicht fertig erzählt, B.A.", erinnerte sich jetzt Georg, „was für einen Schock hat der alte Blitzblank-Käptn denn bekommen, daß er die Seefahrt aufgegeben hat?"

B.A. schmunzelte: „Das war so. Auf einer Fahrt von der Insel Krk nach Pag, es war in der Gegend von Senj, hat seine Frau das Essen hergerichtet. Das war eine Zeremonie. Erst wenn alle Töpfe in entsprechenden Halterungen am Tisch waren und Essig und Öl sowie Rotwein offen, usw., dann kam der Käptn. Seine Frau stellte Kaffeewasser auf und kam zu ihrem Glück an Deck, als es passierte. Irre schnell, wie ein Torpedo, fuhr ein schwarzer Strich vom Ufer her auf uns zu, und ein fürchterlicher Windstoß kippte uns flach aufs Wasser. Das Cockpit stand senkrecht, und ich bin noch eine Sekunde mit einer Hand an der Reling gehangen, bevor ich wie eine reife Pflaume ins Wasser plumpste. Das war meine erste Kenterung, und alles sah sehr dramatisch aus. Ich schwamm zur Reling, half der Kapitänsfrau wieder ins Boot, und als jemand die Schoten losgeworfen hatte, kam das Schiff wieder hoch. Eine Weile noch torkelten wir mit killenden Segeln herum, dann waren wir aus diesem Windstrich und außer Gefahr. Und jetzt kommt der Gag. Unser Käptn hat sich gar nicht ums Schiff gekümmert, sondern er hat den Niedergang runtergeschaut und entsetzt geschrien: ’Das Öl und die Suppe ist überall auf den Polstern, um Gottes Willen.“ Zum Glück ist in diesem Moment der Kocher explodiert, sonst hätte ich den Kapitän Blitzblank mit dem Bootshaken erschlagen.“

„Und, wie ging’s weiter? Seid ihr dann abgebrannt?“

B.A. lachte. „Das wäre ihm wahrscheinlich lieber gewesen. Nein, wir haben das Feuer mit dem Schaumlöscher unter Kontrolle gebracht, aber dann hat es unten natürlich erst so richtig festlich ausgesehen, und der Käptn hat einen Nervenzusammenbruch bekommen . . . Mann über Bord!“ brüllte B.A. und sprang wie ein Tiger an die Reling. Ich drehte die Hippodackl sofort durch den Wind und startete die Maschine.

„Alle Schoten los!“

In Gewässern, in denen Haie vorkommen können, halte ich persönlich nichts vom klassischen Mann-über-Bord Manöver mit Halse und Beinaheaufschießer. Da riskiere ich lieber das Rigg, bevor wir später einen halben Matrosen vorschriftsmäßig auffischen.

„Der Kübel hat ihn über die Reling gerissen!“ schrie der Hofrat. Max tauchte spuckend ein paar Meter voraus auf, und nach kurzem Motorschub hing er an der Badeleiter. Ein Dutzend Hände griffen nach ihm.

„Himmel, hat der Kerl ein Gewicht!“ keuchte Felix. „Sag, hast du Blei in den Knochen?“

Es war aber nur der gefüllte Kübel, den Max immer noch eisern festhielt, der ihn so schwer machte.

„Da muß ein Trick dabei sein", sagte Max und schüttelte sich wie ein nasser Pudel, „wie sich der Kübel gefüllt hat, bin ich auch schon geflogen."

Der Hofrat lachte in Erinnerung an seine ersten Schöpfversuche und übte mit Max Pützwerfen. Um 10.10 Uhr glänzte die HIPPODACKL blitzsauber in der Sonne, und voraus tauchten die ersten blassen Umrisse kykladischer Inseln auf.

„Jetzt haben wir geputzt, wie für den Besuch seiner Exzellenz des k.u.k. Flottenkommandeurs", beschwerte sich Janos, „wo bleibt die versprochene Jause?"

„Hast du schon wieder Hunger?" stellte sich B.A. unwissend.

„Grrrrr!" machte Janos. „Du weißt ganz genau, daß wir geschworen haben, von dem guten Monemvassia-Wein jeden Tag nur ein Gläschen zu trinken, und zwar zur Zehnerjause."

B.A. stand auf und sagte feierlich in dem Ton, in dem ein Vater den Kindern sagt, daß jetzt Weihnachten ist: „Ich hole die Flasche."

Wir lehnten uns erwartungsfreudig vor und verdrehten die Augen im Vorgeschmack. B.A. goß jedem vorsichtig ein halbes Glas von dem roten Retsina ein, der Hofrat brachte einen lateinischen Trinkspruch aus, und wir kosteten andächtig. Ja, der Wunderwein schmeckte noch genau so gut wie gestern abend.

Dieser rote Retsina war es, der als „das Wunder von Monemvassia" in unser Logbuch eingegangen war. Während B.A. beim Hafenkapitän saß, war ihm eingefallen, wo er den Namen schon einmal gelesen hatte. Im Reiseführer von Lampedusa war erwähnt, daß der berühmte süffige Malvasier ursprünglich aus Monemvassia stammte. Also machte sich B.A. sofort auf die Suche. Malvasier fand er keinen, die Türken hatten die letzten Reben ausgezupft, aber im Haus eines gewissen Xenophon servierte man ihm roten Retsina. B.A. hatte zuerst mißtrauisch gekostet, weil er kein besonderer Liebhaber von geharztem Wein war, dann verwundert noch einen Schluck versucht und schließlich begeistert einen Krug voll bestellt.

Als wir auf seine Spiegelsignale hin bei Xenophon auftauchten, wurde es sofort gefährlich. Xenophons Taverne mit dem roten Retsina war eine Seefahrerfalle wie sie im Buch steht, genau so gefährlich wie Scylla und Charybdis.

143

Janos beugte sich nach den ersten Schlucken zu mir und drückte ähnliche Befürchtungen aus: „Das ist ein Jahrhundertwein, aber ich ahne Schreckliches. Daß wir Georg am Heimweg stützen müssen, ist klar und schon Routine, aber schau dir den sonst so besonnenen Hofrat an, wie er mit glänzenden Augen den Wein in sich hineinleert und dauernd murmelt: 'Da kommen wir lange nicht mehr hin, das muß man ausnützen!' Das klingt gefährlich."

Als dann sogar Felix erklärte: „Käptn, für diesen Wein gebührt dir ein Orden. Ich glaube, heute müßt's einmal mich zum Schiff tragen", war es klar, daß etwas geschehen mußte, bevor die ganze HIPPODACKL-Crew im Zauberschlaf in Xenophons Taverne lag.

Kurz danach hatte Janos bewiesen, daß auch er mit Engelszungen reden konnte, daß die dialektische Ausbildung von Landtagsabgeordneten mindestens so gut war wie die von Werbeagentur-Direktoren.

Er hatte eine Art „Lampedusa"-Kampagne gestartet und die Sehenswürdigkeiten von Mykonos derart farbig geschildert, daß die Mannschaft mit glänzenden Augen nichts sehnlicher wünschte, als auf dieser Insel zu landen, wo es laut Gludowatz ein tolleres Nachtleben als in St. Tropez gab, mehr anlehnungsbedürftige schöne Frauen als in Mallorca, mehr Romantik als in Korfu und mehr Hafenkneipen als in Marseille. Damit hatte er sehr geschickt für jeden einzelnen unserer gemischten Crew Leckerbissen eingebaut; und obwohl die folgende demokratische Abstimmung eine der heikelsten in der bisherigen Geschichte der HIPPODACKL wurde, hatte der bewährte Appell an den Mut, die schnelle Entschlossen- und Kühnheit der Mannschaft – eine blitzschnelle Reise nach Mykonos zu wagen – alle Zaudernden wieder zu den Fahnen gerufen. Vielleicht auch unterstützt durch den sofortigen Kauf einiger Korbflaschen Monemvassia-Wein, als Trost für den hastigen Aufbruch.

„Das hast du gemanagt wie ein alter Barawitzka persönlich", mußte ich Janos loben, als wir wieder auf See waren.

Die Hügel der Insel Syphnos waren deutlich auszumachen, und ein blauweißer Postdampfer lief soeben laut tutend in die Kamari-Bucht ein. Da erinnerte ich mich an etwas: „Sag, Käptn, könnten wir ganz kurz in Syphnos anlegen? Ich hab' da ein Hotel, das ich schnell besuchen möchte. Das dauert maximal zehn Minuten, und ich brauche noch ein paar Ausreden für meine Direktion, weil wir doch nie mehr zu den Ionischen Inseln kommen."

B.A. sah sich um, die Crew nickte, und wir waren schon auf dem geänderten Kurs unterwegs. Felix brachte die HIPPODACKL unter Maschine in einem exakten, wenn auch vorsichtigen Manöver an die jetzt leere Dampferpier, da das Postschiff schon wieder mit qualmendem Schlot auslief. Ich schlüpfte in ein sauberes Hemd, steckte ein paar Visitenkarten und meinen Notizblock ein und rannte los zum Hotel Poseidon. Ich sah gerade noch, wie sich Georg und Max, wie zwei Komantschen auf dem Kriegspfad, an zwei blonde Mädchen heranpirschten, die anscheinend mit dem Dampfer gekommen waren und jetzt etwas hilflos mit ihren Taschen und Rucksäcken am Kai standen.

Als ich wieder zum Kai zurückkam, winkte Simon unter dem blauen Sonnensegel der kleinen Kneipe hervor, wo die ganze Crew hockte. In B.A.'s Gesicht zuckte es, wie vom Echo eines soeben gehörten großartigen Witzes.

„Sie haben gegrillte Tintenfische fertig", rief er mir zu, „die Bordkassa hat uns eingeladen! Karl, jetzt hast du aber etwas versäumt." Er begann wieder zu lachen.

„Ich weiß nicht, was da so lustig ist", bellte Georg ärgerlich, „das ist eher zum Weinen!"

Man brauchte kein diplomierter Psychologe zu sein, um zu erraten, wer soeben die tragende Rolle gespielt hatte. Während mir der Wirt einen neuen Teller brachte, erfuhr ich, was passiert war. Georg und Max waren ein paarmal um die beiden Mädchen geschlichen und hatten sie dann angequatscht. Da es Engländerinnen waren, übernahm Max die Simultanübersetzung und Georg lud die beiden ein, doch lieber bei einem kühlen Trunk an Bord auf ihren Transfer zum Quartier zu warten als da in der prallen Sonne auf dem Kai. Nachdem, besonders die eine, Georg ausgesprochen *charming* und sein Schiff *very interesting* fand, schaltete er voll auf sein erprobtes Ich-bin-ein-toller-Hecht-Lächeln und zeigte ihr die Sehenswürdigkeiten der HIPPODACKL wie den Spiegel im Waschraum und den Kettenkasten unten im Vorschiff. Angeblich waren sie unverhältnismäßig lange unter Deck, und als sie wieder an die Sonne kletterten, soll Georg ausgesehen haben wie ein Kater, der gerade den Wellensittich gefressen hat.

„Und dann kam dieser Guru und hat Georg die ganze Show gestohlen. Hahaha! Da hast du was versäumt, Karl."

„Was für ein Guru?", fragte ich Georg.

„Sowas gehört verboten!" rief Georg aufgebracht und voll von ver-

145

letztem Stolz. „Kommt da ein Bloßfüßiger auf einem Esel angeritten, dürr wie eine Handvoll Mikadostäbchen, mit langem Nachthemd, langen Haaren und Goldketten wie ein Zigeunerweib. Sagt kein Wort, winkt so mit dem gekrümmten Finger . . ." Georg machte es vor, „so wie die Knusperhexe dem Hänsel und Gretel, und diese blöden Weiber rennen wie verrückt zu ihm, fallen auf die Knie und küssen ihm die dreckigen Füße wie wenn er der Papst wär." Georgs Stimme bebte vor Empörung. „Und dann reitet der Kümmerling einfach die Straße wieder entlang, und die blöden Weiber stolpern ihm hastig nach und schleppen das ganze Gepäck. Nicht einmal die schweren Taschen hat er ihnen abgenommen, dieser Nachthemd-Kavalier."

Während wir mit gutem Appetit die Kalamari schnabulierten, kam Georg immer wieder auf die erlittene Abfuhr zu sprechen und fragte, was, zum Henker, so schöne blonde Mädchen an einem so ausgedörrten Guru fänden, wenn sie ihn, Georg, haben könnten, mit mindestens doppelt soviel Muskeln und Charme. Max grinste: „Muskeln und Schnurrbart sind eben nicht alles. Schau mich an."

„Höllhagel!" stieß Georg unfreundlich hervor und zeigte damit, daß ihm das kein Trost war für sein verletztes Selbstwertgefühl.

B.A. mischte sich ein, weil er vorausahnte, daß ein Wer-ist-der-Schönste-an-Bord-Wettbewerb nur dem Bordklima schaden könnte, und er lenkte die Diskussion schnell auf außerhalb der Mannschaft stehende Feinde: „Hast du das nicht bemerkt? Der Kerl auf dem Esel war high! Rauschgift, Georg! Da kannst du mit deiner Schönheit baden gehen, wenn der Kerl pharmakologische Freuden anzubieten hat. Hasch schlägt Sex, das ist eine alte Regel."

Jetzt ging es natürlich erst so richtig los. Georg wollte wissen, warum solche Mädchen haschen, Simon meinte, es täte ihm jetzt leid, daß er den Guru nicht mit seinem Segelmesser rasiert habe.

Hofrat Trauttmannsdorff rief den Wirt und verlangte *ton logarithmos*, die Rechnung, und bezahlte mit der Gönnermiene eines guten Onkels, der seine Neffen einmal so richtig ausgeführt hat. Ein Bordbankier, der die gemeinsame Bordkassa verwaltet, ist eine unumgängliche Notwendigkeit an Bord eines demokratischen Schiffes, aber manchmal war unser Bordkassaverwalter schon eine rechte Nervensache. Der Umgang mit Gemeinschaftsvermögen korrumpiert aus einem unerfindlichen Grund das Verhältnis zu Geld. Obwohl es doch klar war, daß es sich um unser aller Geld handelte, benahm sich der Hofrat manchmal so, als ob er uns ein großzügiges Almosen gewähren würde, wenn er eine Runde Bier oder ein Essen bezahlen sollte. Er führte sich richtiggehend auf wie die „öffentliche Hand", erwartete Lobpreisungen und Danksagungen für Kleinigkeiten, machte hartnäckige Einwendungen gegen den Verwendungszweck und freute sich wie der Finanzminister, wenn er uns eine Nachzahlung abknöpfen oder etwas vom Trinkgeld abzwacken konnte. Das mußte derselbe Effekt sein, der Volksdiener dazu verleitet, an öffentlichen Gebäuden Marmorschilder anbringen zu lassen, die besagen, daß der Bürgermeister dieses errichten ließ, obwohl doch jeder weiß, wer es wirklich bezahlt hat. Wenn ich einmal die geplante Weltumsegelung mache und viel Zeit habe, werde ich meine Erfahrungen mit der Bordkassa auswerten und ein aufsehenerregendes Buch über den sonderbaren Effekt schreiben, den anvertrautes gemeinsames Geld auf die zur Verwaltung bestimmten Mannschafts- oder Volksvertreter ausübt.

Eine laute scheltende Stimme unterbrach meine tiefsinnigen Überlegungen.

„*There you sit in the sun, drink beer an laugh like idiots*", warf uns ein weißhaariger alter Mann ins Gesicht, der mit verschränkten Beinen auf seinen Spazierstock gestützt, vor dem Lokal stand.

Er war sehr elegant gekleidet in einen hellgelben Leinenanzug und trug eine lila Krawatte und einen Panamahut.

„Was sagt er?" wollte Georg wissen.

Max übersetzte: „Er meint, wir sitzen in der Sonne, trinken Bier und lachen wie Idioten."

Wir starrten den Mann im Panamahut verblüfft an. Er hob gestikulierend die Hand und beschimpfte uns weiter. Max übersetzte beinahe simultan:

„Ihr arbeitet nicht, ihr bebaut keine Felder, ihr erntet nicht, ihr fischt nicht. Ihr malt keine Kunstwerke, ihr schreibt keine Gedichte, ihr sitzt nur dumm da und trinkt Bier. Ihr seid dumm und verrückt."

Simon knurrte: „Bitte sagt mir, daß ich träume. Was will der Fremdenverkehrsdirektor von uns?"

„Ihr kommt übers Meer aus euren Lasterhöhlen, ihr verschmutzt unseren Strand, ihr stört den Frieden mit schrillem Gesang. Ihr beleidigt unser Auge durch eure Häßlichkeit, ihr beleidigt unsere Seele durch eure Dummheit. Ihr Idioten", übersetzte Max weiter und fügte hinzu, „der gibt's uns aber. Ob das der Bürgermeister von Syphnos ist?"

147

Simon war nicht der Mann, den man ungestraft längere Zeit beleidigen darf, aber auch er zögerte und murmelte fassungslos vor sich hin: „Der Kerl ist verrückt, er muß verrückt sein. Wieso hat er keine Angst, daß ich ihm die Ohren abschneide und dort auf den Balken nagle?"

Max übersetzte weiter: „Ihr Auswurf des Bösen, ihr . . . Oh je, das Wort kenn ich nicht . . . ich glaub, er meint, wir sind Krötenscheiße . . . Ihr Idioten, geht heim, fahrt fort!"

„*Go home you idiots, go home!*" rief der alte Mann und seine schwarzen Augen funkelten uns unter buschigen Brauen böse an. Dann drehte er sich um und schlenderte spazierstockschwingend davon.

„Kann ich ihm nachlaufen und ihm wenigstens den Spazierstock zerbrechen?" fragte Simon hoffnungsvoll. Aber B.A. stoppte ihn, er sah sehr nachdenklich drein. Er stand auf und ging in die Kneipe. Als er zurückkam, hatte er eine steile Falte auf der Stirne. „Kommt, gehen wir, das war zwar keine schöne, aber eine sehr interessante Begegnung. Das war Archilochos Papanikolos, und das ist Syphnos größter lebender Philosoph und Dichter."

„Schöner Philosoph", höhnte Simon, „wenn er ehrliche Segler als Idioten und Krötenscheiße bezeichnet."

„Nein", sagte B.A., „er hat nicht uns gemeint. Er hat alles Fremde gemeint. Der Wirt hat mir erzählt, daß es drüben auf der anderen Seite der Insel eine Hippiekolonie gibt, wo wahrscheinlich auch unser Guru hingehört. Wer weiß, was sich hier den ganzen Sommer über abgespielt hat. Stellt euch nur vor, ihr lebt hier in Ruhe, und plötzlich fallen Fremde über die Insel her, verdrecken den Strand, führen sich auf wie Touristen aus Sodom und Gomorrha . . ."

Er verstummte und marschierte auf den Kai zu. „Kommt, ich brauche frische Seeluft."

Kurz danach dieselten wir mit Vollgas aus der Bucht, und Felix meinte: „Also sehr erfolgreich war der Landgang in Syphnos nicht."

Womit er sicher recht hatte, denn der Direktor des Hotels war nicht da gewesen, und somit hatte auch ich nichts erreicht.

Wir waren alle ein wenig bedrückt von den Worten des syphniotischen Philosophen, weil wir zum ersten Mal merkten, daß der Touristenboom, auf den alle so stolz waren, auch eine häßliche Kehrseite hatte.

Draußen vor der Bucht tanzten weiße Schaumkronen auf den kupfersulfatblauen Wellen, und eine frische Brise rauchte B.A.'s Zigarre in

Rekordzeit einseitig auf. Er warf den verglühten Stummel über die Reling und kommandierte: „Setzt alle Fetzen! Jetzt wollen wir einmal die HIPPODACKL auf Teufel-komm-raus segeln!"

Simon und Felix nahmen das wörtlich. Eine halbe Stunde später sah die HIPPODACKL aus wie ein provisorischer Teeklipper. Simon hatte ganze Arbeit geleistet.

Über den Bugbeschlag und die Ankerwinsch war der Spibaum als Bugspriet gelascht und trug, zusätzlich zur Genua, die fliegend gesetzten Fock II und III als Klüver und Flieger. Die Fock I bauschte sich als Besanstagsegel, und die Sturmfock war am Spinnakeraufholer gesetzt. Das Deck glich einem Infanterieübungsplatz voller Stolperdrähte, weil natürlich nicht genügend vernünftige Holepunkte vorhanden waren und Simon, wie ein betrunkener kanadischer Fallensteller, zick-zack Barberhauler und Bullentaljen mit allem verfügbaren Tauwerk über das Deck gezogen hatte. Man konnte keinen Meter gehen, ohne über ein in Schienbeinhöhe gespanntes Hindernis zu stolpern.

„Ich lach mich kaputt", grinste Giselher, „warum hat denn Simon nicht auch noch die Leintücher gesetzt, dann hätte er noch etwas mehr zum Wegräumen, wenn der Wind zunimmt."

Simon hob erstaunt die Augenbrauen: „Ich und wegräumen? Ich hab' Freiwache, laut Kalender, lieber Giselher! Aber wenn du willst, setz' ich auch noch die Schlafsäcke und Viktors Unterhosen, damit es sich auszahlt."

Giselher verzog unwillig den Mund: „Wer ist denn Wachführer? Warum läßt man diesen Rebitscheck diesen wahnsinnigen Murks anbringen? Die HIPPODACKL sieht ja aus wie Nausikaas Wäschereischiff."

Auf Simons Gesicht erschien ein ausgesprochen dreckiges Grinsen. Er beugte sich den Niedergang hinunter und ersuchte mit kaum verhülltem Triumph in der Stimme, irgend jemand unter Deck möge doch im Wachkalender nachsehen.

Janos meldete bereitwillig: „Die Steuerbordwache ist seit 15 Minuten dran. Wachführer Westermayer."

Der einzige, der nicht herzlich lachen konnte, war Giselher. „Das nennt man an der Kanalküste die ‚französische Wäscheparade', sagte Simon und kostete seinen boshaften Trick aus wie ein kleiner Junge seinen Zuckerschlecker. „Das haben wir in der Bretagne immer gemacht. Kurz vor dem Wachwechsel wird alles gesetzt, damit die andere Wache eine Freude hat. Hahahaha!"

149

Giselher stellte sich mit umwölkter Stirne ans Ruder und starrte eine Weile auf das gordische Knotenrätsel an Deck, dann bewies er, daß er schon viel gelernt hatte und durchaus seinen Mann in der Mannschaft stellte. Er sagte schlicht: „Ausgezeichnete Idee. Das bringt uns glatt einen Knoten zusätzlich. Wenn der raume Wind so anhält, sind wir mitten in der nächsten Wache schon in Mykonos, und ich muß mir dann die Kamera herrichten, um ein paar Aufnahmen von der fleißigen Backbordwache zu machen, wie sie diese Patentlösungen wieder demontiert."

„*Sacrebleu!*" stieß Simon bestürzt hervor und ging an die Seekarte. Nachdem er kurz danach alle Götter anrief und wissen wollte, warum ausgerechnet ihm seine Tricks immer nach hinten losgehen, mußte Giselher recht gehabt haben.

Max wunderte sich: „In Wien ist Barawitzka der absolute Chef. In seiner Firma steht jeder stramm, wenn B.A. nur blinzelt. Ich habe natürlich angenommen, daß hier an Bord auch alles so zackig funktioniert. Dabei geht hier alles drunter und drüber, jeder tut was er will. Es gibt überhaupt keine Disziplin oder Ordnung. Ständig streitet irgendwer mit irgendwem, dauernd gibt es Meutereien. Ja, wir haben nicht einmal einen vorgeschriebenen Kurs. Das Schiff fährt einfach ziellos zickzack. Einmal nach Osten und dann nach Westen. Auf ein Schiff, meine ich, gehört ein gewisser militärischer Drill. Über so laxe Chefs, denen alles egal ist, muß ich mich eh' das ganze Jahr ärgern. Jetzt hab' ich geglaubt, ich kann in diesem Urlaub was dazulernen vom ‚Großen Barawitzka'. Ja, Schnecken! Hier geht es zu wie bei den bösen Buben in der Schule, wenn der Lehrer nicht da ist." Der kleine Max hatte sich in Hitze geredet und schlug mit der Faust auf das Cockpitsüll.

„Er meint dich, B.A.", fügte ich überflüssigerweise hinzu. B.A. grinste wirklich wie unbeteiligt und schaute dem Rauchstreifen seiner Zigarre nach. „Laß mich versuchen, dir das zu erklären, Max", sagte er dann nachdenklich. „In meiner Firma bezahle ich Leute, damit sie für mich bestimmte Dinge erledigen. Wenn mir das nicht gefällt, wie sie es und was sie machen, dann trete ich ihnen auf die Zehen. Wenn sie sich dann nicht nach meinen Wünschen richten, nehm ich ihnen den Bleistift weg und fordere sie auf, ihren Dickschädel in einen anderen Stadtteil zu tragen und nie mehr wiederzukommen."

„Mit einem Wort, du bist ein Paradebeispiel für einen kapitalistischen Ausbeuter", stellte Felix fest. „Für dich gibt es nur deinen Profit, und Menschen sind für dich nur ein Mittel, noch mehr Profit zu machen. Dir ist egal, ob jemand Probleme hat oder wie viele Kinder er füttern muß oder ob er Alimente zahlen muß oder keine höhere Schule besuchen konnte, weil seine Eltern arm waren, und daß er jetzt verhungern muß, wenn du ihm kündigst."

„Stimmt genau", bestätigte B.A., „denn wenn ich meine Firma als Asyl zur Unterstützung von Sozialfällen betrachte, habe ich bald ein Milliardendefizit wie die Bundesbahn und muß zusperren, und auch meine tüchtigen Angestellten und ich selber verhungern. Um aber nun auf Casarolis sicher ernst gemeinte Kritik zurückzukommen: Die Voraussetzungen stimmen nicht. Ich bin hier nicht der Direktor und Eigentümer der HIPPODACKL. Ich bezahle euch nicht. Wir haben alle ganz genau den gleichen Betrag in die Bordkassa eingezahlt. Damit sind wir nach heute geltenden Regeln völlig gleichberechtigt. Es gibt auf diesem Boot keine wie auch immer geartete Hierarchie, keine Chefs, keine Angestellten, keine Unterprivilegierten. Das ist der Unterschied. Bitte, mit welchem Recht könnte ich Simon Befehle geben? Hm? Was glaubst du, was er mir antworten würde?"

„Ich würde ihm sonstwas erzählen", kam Simon der Aufforderung sofort nach.

„Da hast du es gehört", sagte B.A., „also mach mich nicht verantwortlich für die Disziplin an Bord."

„Aber du bist der Käptn", sagte Max verzweifelt.

„Sicher, das bin ich", stellte B.A. fest, „frei und demokratisch gewählt . . . wolltest du etwas sagen, Simon?" Rebitschek schüttelte feixend den Kopf, und B.A. fuhr fort: „Frei und demokratisch gewählt und nur für nautische Fragen zuständig. Ich entscheide, ob wir gerefft weitersegeln oder beidrehen bei Sturm. Ich entscheide, ob wir HIPPODACKL's Kiel in einer riffgespickten Durchfahrt riskieren oder ob wir nicht lieber außen herumsegeln. Aber mach mich nicht verantwortlich für die Trunksucht oder Bosheit verschiedener Mitsegler. Mich interessiert es überhaupt nicht, ob sich einer die Zähne putzt oder nicht, und wer welche Segelkappen oder Socken über Bord wirft. Ich habe auch Urlaub."

„Apropos Socken", meldete sich der Hofrat, „es fängt schon wieder so wie auf der Malta-Fahrt an. Ein Klabautermann klabautert mir schon wieder die Socken. Ich hab' ein Dutzend mitgenommen, und jetzt sind es nur mehr sieben Stück."

Max bleckte die Zähne und machte „Wuu . . wuuff wufff" wie ein einsamer Wolf. Dann kletterte er den Niedergang hinunter, und ich hörte, wie er im Vorbeigehen Simon zuzischte: „Dir glaub' ich nichts mehr. Du hast doch gesagt, einsame weiße Socken, die im Salon herumliegen, müssen aus altem Seemannsaberglauben immer sofort über die Reling geworfen werden."

Später lag ich eingeölt wie ein Grillsteak mit Max an der Backbordreling, und wir lauschten einem interessanten Gespräch zwischen Felix Hufnagel und Direktor Barawitzka, während sie sich gegenseitig den Rücken mit Topbraun einschmierten. Felix, unser linksradikaler Betriebsrat, interessierte sich lebhaft für Seminare wie „Dialektik für Manager" oder „Wie motiviere ich meine Mitarbeiter", die B.A. leitete.

„Ich glaube, ich träume", stieß Max hervor, als der Käptn versprach, daß Felix selbstverständlich kostenlos an diesen Kursen teilnehmen könne, damit er dann seine Firmenleitung, bestens geschult, in die Pfanne hauen könne. „Sag, Karl, ist auf diesem Schiff die Welt verkehrt?"

„Also, ich finde da nichts Verkehrtes daran. Gegenteilige politische Anschauung entzweit Menschen zwar, aber wir sind doch alle Segler, das zählt mehr, finde ich." Ich wußte auch keine bessere Antwort. Die Mannschaft der HIPPODACKL hatte eigentlich eine Zusammensetzung wie Nitroglyzerin. Ein aristokratischer Hofrat, ein kapitalistischer Direktor, Max, ein begeisterter Militarist, ein kommunistischer Betriebsrat, ein gewerkschaftlich organisierter Tischler, ein sozialistischer Landtagsabgeordneter, ein konservativer Beamter – obwohl das bei Simon nicht so offensichtlich war –, ein reicher Playboy und Porschefahrer, und ich? Hm! Vielleicht war ich der Vertreter des proletarischen Intellekts?

Eine gefährliche Mischung, die eigentlich bei der leisesten Erschütterung eine schreckliche Explosion auslösen konnte. Aber dies war die zweite gemeinsame Reise, und wir waren immer ein Herz und eine Seele gewesen. Ob das die Seeluft machte oder der Wind?

Um das schlüssig zu beweisen, müßte ich einmal die ganze UNO auf einen Dreimaster einladen. Wäre interessant, ob dann alle gegen Käptn Waldheim meutern, und der Südafrikaner mit dem Kongolesen Kartoffeln schält und sie sich gemeinsam über den kubanischen Koch beschweren, und der Russe den amerikanischen Navigator mit einem Kautabak tröstet, weil der Taschenrechner schon wieder einen Defekt hat.

Dieser Gedanke beschäftigte mich so lange, bis ich in der Sonne einschlief.

Um 16.00 Uhr, beim Wachwechsel, war die blaßbraune Silhouette von Syros querab an Backbord. Die winzige Klippe von Nata guckte naseweis, wie eine Seehundschnauze, aus dem tintenblauen Meer, und die öden Hügel von Rhineia waren steuerbords voraus schon auszumachen. Zwei Stunden später rundeten wir Rhineia, Simon mußte wohl oder übel wieder alle manöverbehindernden Zusatzsegel und Spieren wegräumen. Um 17.30 liefen wir unter Maschine zwischen die steinernen Molen von Mykonos, und um 18.30 saßen wir in einer Cafeteria an der berühmten Corniche, tranken eine Runde Stella-Bier und warteten auf das versprochene Nachtleben.

„Und wie hieß das Anlegemanöver, das wir da vorhin gemacht haben?" fragte Georg. „Davon hat uns Giselher nichts erzählt."

B.A. blickte Westermayer auffordernd an, und der legte auch gleich los: „Das war kein neuartiges Manöver, sondern nur eine ausgebaute Version der alten Heckankermethode. Das Handbuch drückt sich etwas vage über große Steine und Felsen vor dem Nordkai aus. In solchen Fällen ist der sicherste Schutz vor verkratztem Kiel, erst hingehen und anschauen. Deshalb haben wir Simon am Westkai abgesetzt . . ."

„Absetzen nennst du das", unterbrach ihn Simon, „ihr habt mich im Tiefflug abgeworfen. Ich habe gedacht, du willst so mit dem Bug an der

Kaiecke lauern, bis ich rübergestiegen bin. Dabei bist du zügig vorbei-
gedonnert, so daß ich den halben Kai gebraucht habe, um mich selber
wieder einzubremsen."

„Egal, aber du hast uns dann traumhaft eingewunken, und wir liegen
dort sicher wie die VASA im Museum in Stockholm."

„Fällt euch was auf?" fragte Janos mit verschwörerischer Stimme.

„Ja, die Weiber haben alle so gehäkelte durchsichtige Hemdchen und
drunter nix an", stellte Georg fest.

„Das meine ich doch nicht", Janos wedelte abwehrend mit der
Hand, „ich meine, habt ihr bemerkt, daß wir hier auffallen? Daß die
Spaziergänger und die anderen Gäste uns neugierig anstarren?"

Wir hatten uns aber auch herausgeputzt für diesen Landgang. Die
noch bügelkantenscharfen weißen Hosen waren zum erstenmal aus den
schützenden Plastiksäckchen gezogen worden. Alle neun Mann hatten
neue HIPPODACKL-T-Shirts an, alle waren frisch glatt- oder zumindest
ausrasiert und geschmückt. Um Felix' braunen Hals baumelte eine weiße Korallenkette aus Tunesien, Simon hatte sein Lederkraftband geölt,
Giselher trug seine verspiegelte Astronautenbrille, Max ein weißes, mit
Perlen verziertes Stirnband wie die Maori-Mädchen, und sogar der
Hofrat war mit seinen Stereohörern für alle Eventualitäten gerüstet.
Kurz, wir waren elegant uniformiert, wie die Equipe der königlichen
Yacht, und es fehlte uns nur mehr ein Prinzgemahl-Kommodore, der
uns blanke Goldstücke zusteckte für eine tolle Nacht im Hafen.

„Heute könnte die Bordkassa aber einmal ordentlich etwas springen
lassen", meinte Simon, „wie ich bemerkt habe, hat Viktor noch jede
Menge Drachmen."

„Bis jetzt habt ihr überall, wo wir angelegt haben, auf Bordkosten
sinnlos den Wein in euch hineingeschüttet. Habt ihr denn keine anderen Interessen?" fragte der Hofrat anklagend.

„Oh, ja", grinste Georg breit und starrte mit glänzenden Augen auf
die elegant gewölbte Gillung, die sich unter dem Hemdkleidchen einer
Inselschönheit abzeichnete. „Gib mir bitte einen Vorschuß aus der
Bordkassa, Viktor, und ich werde mich den Sehenswürdigkeiten von
Mykonos widmen."

„Eine Bordbank gibt keine Vorschüsse, das solltest du wissen", erklärte Viktor, „aber du kannst einen Kredit aufnehmen. Ich würde sagen, zwölf Prozent per anno ist ein fairer Zinssatz für die Aktionäre
und für Bordkameraden."

Georg starrte fasziniert auf die braunen Beine der Inselschönheit. „Was macht das in der Praxis, wenn ich mir 1000 Drachmen ausborge bis nächsten Monat?" – „10 Drachmen." „Gib her!"

Da „Gib her!" kein banktechnischer Ausdruck ist, reagieren Bankiers darauf nur, wenn eine Pistole diese Aufforderung unterstreicht. Bis also Georg eine Art Wechsel in Viktors Notizbuch unterschrieben

hatte, war das auserwählte Hemdchen schon in einer Nebengasse verschwunden. Aber mit einem optimistischen „Adios Amigos!" rannte Georg los.

Ich empfand das als weiteren Beweis für das alte Sprichwort, daß Seereisen bilden. Noch vor einer Woche hätte Georg das Hemdchen nur mit Unterstützung von mindestens zwei Freunden verfolgt.

Janos wollte uns dann ein paar interessante Kirchen zeigen, und wir brachen in der Dämmerung zu einem Stadtbummel auf. Obwohl die Urlaubssaison eigentlich schon vorüber war, hatten noch viele Läden offen, Bouzukimusik ertönte von allen Seiten, bunte Lampen wetteiferten mit dem Mondlicht auf den weißen Hauswänden, in winzigen gemütlichen Kneipen hockten noch immer Touristen beim Retsina oder flanierten durch die pittoresken Straßen dieser wohl idyllischsten aller Kykladenstädte. Mykonos war genau das, was man sich von einer romantischen Insel erwartet.

Wir stiegen zu den Windmühlen hinauf, ließen den orangefarbenen Mond auf uns wirken, mußten warten, bis der Hofrat eine Zeitaufnahme gemacht hatte, und schlenderten dann ebenfalls durch die Gassen. Nach einer Weile wurde es sehr lästig, ständig auf jemand warten zu müssen. Irgendeiner aus der Mannschaft tauchte immer wieder in irgendein Geschäft und suchte nach passenden Andenken. Der Hofrat marschierte dauernd die falschen Abzweigungen entlang, kurz, Käptn Barawitzka verließen die Nerven. Er bestimmte die erste Cafeteria unten am Hafen als Treffpunkt, und jeder sollte doch alleine losrennen. Kurz danach stand ich mit Janos allein vor der seltsamen historischen Kirche, die eigentlich mehrere Kirchen in einer waren. Wir guckten in die winzigen Räume, kauften auch ein paar Kerzen um eine Handvoll Drachmen und zündeten sie an.

Eine Gasse weiter entdeckten wir einen kleinen ruhigen Hof mit drei Tischen unter einem Ölbaum und setzten uns, um die Beine ein wenig auszustrecken. Im Vergleich zu den anderen Kneipen war es hier angenehm ruhig, gedämpfte Flötenmusik drang aus einem Fenster, und wir bestellten ein Glas Wein.

„Was hältst du von dieser Reise?" fragte ich Janos. Er wackelte mit dem Kopf und zupfte an seinem Schnurrbart: „Weißt eh', Karl, ich bin erst durch B.A. zum Seesegeln gekommen. Ich bin zwar der Älteste unter euch, hab' aber lange nicht B.A.'s oder deine oder Simons Erfahrung. Aber ich habe auf dieser Reise schon Dinge erlebt, wie bisher noch nie in einem Urlaub. Es ist wie ... es ist, wie wenn ich plötzlich in einem Karl-May-Roman mitspielen würde. Ich fühle mich hier nicht mehr als Janos Bácsi, sondern eher als Cheireddin Barbarossa oder Sandokan oder sonst ein gefürchteter Seeräuber. Das klingt kindisch, aber ... *Basam Manelka!* Ich fühle mich wohl dabei. Immer wenn wir anlegen wünscht ich mir, wir hätten auch eine kleine Bronzekanone, und ich könnte dahinter mit brennender Lunte lauern, für den Fall, daß die am Ufer frech werden. Und ich möchte in der Kneipe den Säbel rausreißen und den Wirt einschüchtern und ein bißchen mit der Wirtin schäkern und ihr dann eine Goldkette schenken, die ich von einem türkischen Schatzschiff ..." Er schwieg plötzlich und schaute mich an. „Das ist sehr blöd, nicht wahr?"

„Finde ich gar nicht", sagte ich ehrlich, „ich hab nämlich auch schon daran gedacht, wie lustig so eine kleine Kanone ..." Janos lachte, daß der Wirt erschreckt in der Türe auftauchte.

Er schwieg einen Moment, und die Flötenmusik wurde von klassischer Musik abgelöst.

„*Ti thelete, Kyrjos?*" fragte der Wirt.

„*Na parangilome akoma krasi?*" fragte Janos fließend und schaute mich an. – „*Parakaló?*" fragte ich unwillkürlich auf griechisch zurück.

„*Thelome na pjume ene mißo bukali to kokinélli, parakaló!*" bestellte Janos leichthin, und der Wirt verschwand.

Ich packte ihn aufgeregt an der Schuler: „Janos, du hast soeben ziemlich fließend griechisch gesprochen." Er sah mich kopfschüttelnd an. Plötzlich wußte ich die Lösung des Rätsels.

„Es ist die Musik, Janos, die Musik! Hör zu, du hast Griechisch gelernt, indem du einer Hintergrundmusik gelauscht hast, und dabei solltest du automatisch Vokabeln aufschnappen. Du hast Vokabeln aufgeschnappt, der Sprachkurs funktioniert aber anscheinend nur, wenn du beim Sprechen dieselbe Musik wieder hörst. Das ist das ganze Geheimnis. Warte..." Ich sprang auf und holte den Kassettenrecorder aus dem Gastraum, spulte das Band zurück und spielte wieder den Vivaldi.

„Los, ruf den Wirt", sagte ich beschwörend, „red mit ihm über das Wetter, oder was du willst, versuch's!"

Janos sah mich noch immer zweifelnd an, dann winkte er dem Wirt. Eine halbe Stunde später marschierten wir mit geblähter Brust die

Straße zum Hafen hinunter, wie siegreiche Seeräuber, nachdem sie Rhodos eingenommen und gebrandschatzt hatten. In der Tasche die Vivaldi-Kassette. Wir hatten das griechische „Sesam öffne dich!" endeckt.

Gleich darauf rannten wir in Georg hinein, der wie ein Entenjäger nach allen Seiten ausspähend, die Straße heraufkam. Janos blickte ihm ins Auge. „Hast du da Lidschatten aufgetragen, Georg, oder ist das ein leichtes Hämatom? Warst du in Kämpfe mit Eingeborenen verwickelt?"

Georg schnitt ein Gesicht. „Da sind deine blöden griechischen Sagen daran schuld. Ich hab' die Kleine mit dem süßen Po erwischt und ihr zugeflüstert: 'Ich bin es, Zeus. Komm an den Strand, wir zeugen einen Halbgott!' Da hat sie gerufen: 'Das trifft sich gut, ich bin Hera', und hat mir das Auge gehaut."

Janos lachte: „Das geschieht dir recht. Was hast du jetzt vor?"

Georg zeigte auf sein gesundes Auge. „Ein ungefärbtes habe ich ja noch. Wenn es dem Hofrat gelingt, sich eine Biene aufzuzwicken, dann werde ich das doch auch schaffen." Er marschierte weiter.

„Der Hofrat?" wunderte sich Janos. „Der Hofrat und Bienen aufzwicken, wie sich Georg ausdrückt. Was ist denn da passiert?"

In der Treffpunkt-Cafeteria saß B.A. und rührte in einem griechischen Kaffee. Auf Janos' Frage machte er eine vage Geste in Richtung der Stadt. „*See you later Alligator,* haben sie gesagt. Ich bin froh, daß alle endlich losgezogen sind, lästige Burschen. Ich gehe nicht gerne so weit weg vom Schiff. Los, haut euch auch die Nacht um die Ohren, ich trinke nur noch meinen Kaffee, und dann gehört mir das Schiff einmal allein."

„Höre, B.A., wir haben das Rätsel von Janos' Sprachkurs gelöst."

„Haha!" lachte B.A. interesselos, stand auf und tastete sich durch die vielen Sessel zum Kai hinaus. In diesem Moment stürzte der Hofrat auf uns zu und verlangte auf der Stelle eine neue Batterie für sein Stereogerät.

„Gut, daß du kommst, ich brauch das Gerät nämlich wieder", sagte Janos. „Eine Batterie, eine Batterie!" schrie der Hofrat, und sie zerrten an dem Gerät hin und her, wie zwei Pelikane, die beide denselben Aal gepackt haben. Janos erinnerte sich dann an ein Geschäft oben bei der Kirche, wo es Batterien gegeben hatte, und die beiden rannten los, während ich B.A. zur HIPPODACKL folgte. Von Deck sah der kleine Hafen derart romantisch aus, daß wir uns nochmals ins Cockpit setz-

158

ten, und B.A. reichte mir schweigend eine seiner Zigarren. Wir pafften gemütlich, sahen den Rauchfaden nach, die zu den funkelnden Sternen hochstiegen, und hatten sonst nichts anderes zu tun, als über das schwarze Hafenwasser zu sehen, wo das Spiegelbild des Mondes in tanzenden Schlieren auseinander rann und wie flüssiges Quecksilber wieder zusammen fand, in einem unermüdlichen Rhythmus. Viel später kam Janos und schenkte sich schweigend ein Glas ein.

„Ist was?" fragte ich ihn. Nach einer Weile erzählte Janos leise, welche Tragödie sich, unbemerkt von uns, in Mykonos abgespielt hatte. Während sie um Batterien gerannt waren, hatte ihm Viktor anvertraut, daß er die Frau seines Lebens getroffen hätte. Sie wären lange in einer Cafeteria gesessen und hätten sich unterhalten, und Viktor wollte ihr gerade erklären, daß er Seemann sei und sein Schiff bald wieder ablege. Da ist die Batterie schwach geworden, und er hat nichts mehr verstanden. Er wollte nicht zugeben, daß er schwerhörig ist und hätte ihr gesagt, sie solle eine Minute warten und war losgerannt, eine Batterie besorgen. Janos seufzte und fuhr dann fort: „Das Geschäft oben bei der Kirche hatte schon zu, also haben wir es woanders versucht ..., aber als wir dann zurückgekommen sind, war Viktors Freundin schon weg. Er sucht jetzt Mykonos ab, er hat gesagt, er findet sie, und wenn es die ganze Nacht dauert."

Ich konnte mir nicht helfen, aber es war mir, als ob der Mond von Mykonos auf einmal leicht höhnisch grinste.

Im weichen Pastellicht des Morgens sah der kleine Hafen mit den gekalkten Häusern, den bunten Markisen, den Geranien auf den Torbögen, den blauen Schatten in den Gassen und den strahlendweißen Kuppeln über den Dächern unter dem sauberen Himmel wie von einem besonders romantischen Bühnenbildner entworfen aus. Max hatte vom Bäcker einen Korb honiggefüllter Backwaren besorgt, und es gab einmal zur Abwechslung ein süßes Frühstück, ohne Eier, Speck und Chilipfeffer.

Der Hofrat war schon zeitig wieder an Land gewesen und kam gerade zum Frühstück zurecht. Er warf den Kopfhörer resignierend in eine Ecke und verputzte wortlos ein Dutzend Kuchen in seinem Kummer, so daß wir den Korb woanders hinstellen mußten. Also hatte er seine Penelope noch immer nicht gefunden.

„Ich möchte mich noch ein wenig in der Stadt umsehen", sagte Georg. „Wie lange bleiben wir denn noch?"

„Um nach Delos zu segeln, reicht es, wenn wir um 15.00 Uhr hier ablegen. Ich möchte auch noch ein paar Hotels besuchen und habe mir deshalb ein Taxi bestellt", warf ich ein. „Wie ich sehe, ist dein zweites Auge noch heil. Bist du abgeblitzt?"

„Da ist was faul an diese Inseln", stellte Georg fest, „die Weiber reagieren so unvermutet. Entweder sie laufen dürren Gurus auf Eseln nach oder sie blinzeln und wackeln mit den Hüften, und wenn man sie dann auf Deutsch anspricht, sind sie ausgesprochen beleidigt. Mir kommt langsam der Verdacht, daß manche dieser Weiber nicht nur zum Baden und wegen des Retsinas herkommen, sondern wegen der griechischen Fischer. Gestern hatte ich eine schon recht gut eingebraten, da kommt so ein Kerl mit seiner Fischermütze und stottert gebrochen: 'Du, Penelope, kommen, ich zeigen Mond auf Strand', und weg war die Katz. Das giftet mich. Da muß man doch etwas dagegen tun können!"

B.A. lachte. „Wir sind eigentlich auch nicht hierher gesegelt, um die Mitzi aus dem Nachbarhaus hier im Urlaub zu belästigen, sondern um eine Überführung nach Athen zu machen. Aber gut! Landgang bis 15.00 Uhr, dann allerdings möchte ich alle gesund und munter an Bord haben. Ich bleibe hier ... Holla! Was treibt der Kerl denn?"

B.A. stand auf und schaute auf eine große stählerne Dampfyacht, die im Hafen gewendet hatte, gerade einen riesigen Anker fallen ließ und unter Rostwolken eine doppelgliedrige schwere Kette über die Anker aller am Nordkai liegenden Yachten zog.

„Old Ironside", las B.A. laut den Schiffsnamen vor, „habt ihr diese Mordskette gesehen?"

Auf dem Dampfer klingelte ein altmodischer Maschinentelegraf, und dann lag die IRONSIDE in der hintersten Ecke des Hafens mit dem Heck zum Kai. Auf dem Nachbarschiff, einem Norweger, kam jetzt der Skipper an Deck. *„Have you seen that bastard?"* rief er B.A. zu. Unser Käptn ließ sich die Flüstertüte reichen und brüllte zu dem Amerikaner hinüber: „*OLD IRONSIDE! Ahoy! You dropped your anchor across our cables!*"

Auf der Brücke des Yankee erschien ein Gentleman in großkarierten Hosen, einem Polohemd und einer Astronautenkappe auf dem Kopf. Er machte das internationale Handzeichen für das Götzzitat und verschwand dann wieder im Steuerhaus.

„Habt ihr das gesehen?" stieß B.A. verblüfft hervor. „*Have you seen that?*"

160

„*Forrykt amerikaners!*" schimpfte der Norweger, ebenfalls aufgebracht über die Hafenmanieren von OLD IRONSIDE.

„Der muß wahnsinnig sein", sagte Simon, „der hat wahrscheinlich nicht gesehen, wieviel Mann wir an Bord sind. Komm, B.A., wir entern den rostigen Eimer sofort und säumen dem Mister Ironside ein wenig die Ohren ein. Los!"

Da kam mein Taxi. „Was ist, braucht ihr mich jetzt für den Angriff auf OLD IRONSIDE oder nicht?" fragte ich B.A.

Käptn Barawitzka kletterte gerade über die Reling zu dem Norweger hinüber. „Fahr los", lachte er, „wir werden mit OLD IRONSIDE schon quitt, aber nicht mit Gewalt."

Wir fuhren los. Wir, das waren der Taxifahrer und ich, dazu Viktor, der blitzartig sein Hörgerät wieder an sich gerafft hatte, als er begriff, daß ich Hotels besuchen fuhr, und Janos, der mir grinsend erklärte, jetzt müßten sie alles gemeinsam machen, wie die grajischen Hexen des Perseus, die miteinander nur einen Zahn und ein Auge hatten, weil sie miteinander nur ein Stereogerät hätten.

Mykonos ist eine flache Insel, und es gab nicht viel zu sehen. Janos fragte Viktor, in welchem Hotel denn seine Traumfrau wohne, da es doch einfach sei, ihr dort Post zu hinterlassen. Aber es war nicht einfach, denn der Hofrat wußte keinen Namen, er wußte kein Hotel, er hatte sie den ganzen Abend über nur Hippolyte genannt, weil sie wie die Amazonenkönigin gebaut gewesen war. Er konnte sich überhaupt an nichts Konkretes erinnern, außer an große strahlende Augen und ein Pik-As-förmiges Muttermal auf dem Busen. Keine Haarfarbe, keine Größe, kein Alter, nichts.

„Oh je", flüsterte mir Janos zu, „das sind schwerwiegende Anzeichen. Den Hofrat hat es arg erwischt."

Gegen 13.00 Uhr waren wir wieder in Mykonos, ich sehr erfolgreich, mit mehreren vollgeschriebenen Seiten im Notizbuch, Viktor sehr niedergeschlagen. Weil dies ein Segeltörn ist und kein abgeschlossener Liebesroman aus der „Bunten Illustrierten", hatte er natürlich die Amazonenkönigin mit dem Pik-As nicht wiedergefunden.

Viktor war wie besessen, wie jemand, der weiß, daß die Lunte bald abgebrannt ist, daß die zur Verfügung stehende Zeit immer kürzer und kürzer wird. Er stürzte sich noch einmal in die Gassen der Stadt, um Hippolyte zu finden. Ich setzte mich mit Janos noch auf ein Glas Wein und eine Käseplatte in eine Taverne unten am Hafen.

Gerade als wir aufbrechen wollten, stieß mich Janos an. „Schau einmal, kommen dir diese beiden dort nicht irgendwie bekannt vor?"

Er zeigte hinaus auf die Bucht, wo eine kleine griechische Fischerjolle vorbeischaukelte. Zwei kichernde Mädchen saßen drinnen, offensichtlich Urlauberinnen, und zwei griechische Fischer, ein großer schnurrbärtiger, der entfernt an Omar Sharif erinnerte, und ein kleiner Fischer, der wie ein Pope im Freizeitlook aussah.

„So ein Zufall", sagte Janos, „das müssen wir Georg und Max erzählen, daß sie hier griechische Doppelgänger haben."

Auf der HIPPODACKL war ausnahmsweise der „Blaue Peter" gesetzt, und es herrschte eine hektische Aktivität. Simon kletterte gerade die Badeleiter des Norwegers hoch, im Taucherharnisch wie Jacques Cousteau, mit Flossen, Glas, Bleigürtel, Preßluftflasche und allerlei Werkzeug behängt. B.A. und der Norweger halfen ihm mit all dem schweren klirrenden Zeug an Bord.

„Wir haben die Anker aufgeklart", erklärte B.A., „und unsere Leinen unter der Kette der IRONSIDE ausgefädelt. Gut, daß Käptn Hendrix hier so eine komplette Taucherausrüstung an Bord hatte. So, wo sind jetzt die anderen? Ich möchte auslaufen."

Simon trocknete sich ab und sah enorm zufrieden aus. Er ist geprüfter Tiefseetaucher und liebt solche Unterwasseraktionen, wo er sich als Held in Szene setzen kann. Giselher zirkelte schon in der Detailkarte von Delos und Rhineia herum, Felix überprüfte Ölstand und Temperatur des schon laufenden Diesels. Gleich darauf kletterten weitere zwei HIPPODACKL-Leiberln an Bord, Georg und Max, mit großen Plastikeinkaufstaschen.

Sie grinsten sehr zufrieden, wahrscheinlich hatten sie einen erfolgreichen Einkaufsbummel hinter sich. Als wir die Leinen auf Slip gelegt hatten und B.A. bereits anzüglich auf seine Uhr starrte, rannte der Hofrat den Kai entlang. Er war der einzige, der nicht erfolgreich grinste, und so hatte unser Ablegemanöver in Mykonos einen leicht tragischen Hauch. So wie in einem sentimentalen „Freddy und das Meer"-Seemannslied stand der Hofrat am Heck, und wir bemühten uns, die kleine Träne in seinem Auge zu übersehen, wie er stumm auf die weißen Häuser von Mykonos starrte, als wir aus dem Hafen dieselten.

Um es gleich vorwegzunehmen, er borgte sich die Stereohörer nur mehr aus, wenn es der Bordbetrieb unbedingt erforderte. Er ging in keinem Hafen mehr „Bienen aufzwicken", er zog sich wieder in seine eigene Welt zurück. Obwohl er nie wieder von Hippolyte, der Amazonenkönigin, sprach, glaube ich, daß ihm das Erlebnis in Mykonos an die Nieren gegangen ist.

Vielleicht, wenn jene unbekannte schöne Dame mit dem Pik-As am Busen dieses Buch zufällig in die Hand bekommt und dem Hofrat schreibt, damit er zumindest erklären kann, warum er ihr damals das mit der Batterie nicht sagen wollte und weggelaufen ist. Das würde ihm, glaube ich, schon sehr viel geben.

„Was habt ihr denn alles zusammengekauft?" fragte Janos.

Max holte aus seinem Sack eine jener schwarzen, abzeichenlosen Schirmkappen, wie sie griechische Fischer tragen. „Eine Yachtkappe", sagte er stolz und probierte sie auf. „Und schöne T-Shirts mit griechischer Aufschrift, von den Volvo-Motoren."

Ich blickte Janos an, und er kniff ein Auge zu, so als ob er etwas ahnte.

„Können wir noch einen Kredit aufnehmen, Viktor?" fragte Georg. Da der Hofrat noch immer stumm nach achtern starrte, brüllte er: „Viktor!"

„Was ist denn, zum Teufel?" drehte sich Viktor unwillig um.

„Können wir noch einen Kredit haben?" wiederholte Georg. „Wir haben uns ein Motorboot ausgeborgt, um an einen Strand zu fahren. Und das war ein bißchen teuer."

Janos blickte mich an, und wir verstanden nun. Findige Burschen, dieser Georg und dieser Max. Ich versuchte mir die Szene vorzustellen, wie sie mit der ausgeborgten Fischerjolle mit ihren griechischen Fischerkappen das Ufer entlang tuckern und zu den beiden Mädchen in gebrochenem Deutsch sagen: „Du kommen, Penelope, wir zeigen schönste Strand. Parakaló."

Simon machte die ganze Zeit schon so ungeduldige Geräusche wie ein Dampfdruckkochtopf, kurz bevor er wild zu zischen beginnt.

„Der wird aber schön dumm aus der Wäsche schauen, dieser amerikanische Lackel, wenn er ausläuft", platzte er jetzt los.

Nachdem auch B.A. ganz pfiffig mit den Augenbrauen zuckte, war da anscheinend noch etwas, das ich nicht wußte.

„Weil er glaubt, wir haben unseren Anker kappen müssen, um freizukommen?" fragte ich neugierig.

Jetzt lachten B.A., Simon, Felix und Giselher wie die Wilden und schlugen sich auf die Schenkel und gegenseitig auf die Schultern. Simon mußte sich am Besanmast anhalten: „Nein, nicht gerade das", wieherte er, „sondern, wenn er seine Kette hochholt. Hahahahaha! Liegen tut er mit der Meile tonnenschwerer Kette im geschützten Hafen traumhaft. Aber der Anker kommt nicht wieder hoch, weil so ein verdammter Froschmann ihm den Schäkelbolzen rausgedreht hat. Hahahaha!"

B.A. wischte sich die Lachtränen aus dem Gesicht. „Mit österreichischen Seglern legt sich OLD IRONSIDE, glaube ich, nicht mehr an. Der hat sein Fett weg."

Damit war unser Landgang in Mykonos im Schnitt doch ganz erfolgreich gewesen. Ich ging und machte eine entsprechende Eintragung im Logbuch.

Apollos heilige Insel

*Mitternächtliches Intermezzo · Wie der Hofrat ein
vollkommenes Chaos stiftet · Gefangen in der Klosterküche ·
Das Orakel aus dem Brunnen*

Delos — die heilige Insel Apolls. Durch Jahrtausende hindurch das
geistige und geografische Zentrum der rundherum im „Kyklos" — im
Kreis — aufgereihten Kykladen. Delos — die Insel, die als einzige bereit
war, Leto aufzunehmen, die mit dem Sohn des Zeus schwanger war
und vor dem Zorn Heras flüchtete. Delos, unter deren Palmen Leto
dann Phoibos Apollon gebar, den Lichtgott, und das damit zur heilig-
sten Insel Griechenlands wurde. Hier wurde der Attische Seebund ge-
gründet, um die Perser endgültig aus der Ägäis zu vertreiben. Delos —
in dessen Tempeln und Schatzhäusern sich die Tributzahlungen des
Bundes stapelten. Hier verwahrten die Inselstaaten ihr Silber und Gold
in den delischen Banktresoren. Delos — der erste Zollfreihafen der
Welt, wo man zum halben Preis alles kaufen konnte, was die damalige
Welt produzierte: persische Tonkassetten, ägyptische Rennkutschen,
sumerische Fernrohre und Digitalwasseruhren, phönizische Purpur-
stoffe, indische Seide, Bernsteinschmuck aus dem kalten Norden, Am-
bra, Weihrauch, Lippenstifte, Nagellack und Wimperntusche aus Saba,
Sklaven aus aller Welt, schnelle Ruderyachten aus attischen Werften,
dickbäuchige Frachtschiffe aus Italien, Weine und Schnäpse aus troi-
scher Produktion, Getreide aus Sizilien und Libyen. Delos — wo die
heiligen Jungfrauen aus dem Artemis-Tempel zwei Jahrtausende mit
den heiligen Schwänen badeten, in der Hoffnung, Zeus würde wieder
einmal mitbaden. Delos — von dem nur mehr leere Ruinen blieben, als
die Seeräuberflotte des Mithradates von einem Total-Sommerschlußver-
kauf heimsegelte. Delos — das zwei Jahrtausende unter dem stahlblauen
Himmel dahinträumte, bis dann in unseren Tagen Scharen von Touristen tagsüber jeden Kiesel, jeden Stein fotografieren, die marmornen

Löwen auf der Terrasse streicheln und verlegen kichern, wenn der Fremdenführer den gigantischen steinernen Phallus neben den Ruinen des Dionysos-Tempels zeigt. Zu Hunderten tuckern die emsigen Kaikis von Mykonos die Schaulustigen herbei. In Invasionsarmeestärke werden sie von den Kreuzfahrtschiffen an Land gesetzt, und die Museumswächter in der kleinen Kasse am Anlegepier kommen kaum nach mit dem Abreißen der Eintrittskarten und dem Zählen der Drachmen. Aber wenn die Sonne sinkt, dann wird es weihevoll still zwischen den alten Säulen, die Kaikis verschwinden vollbeladen im Abenddunst, die Kreuzfahrtschiffe rufen mit ihrem gigantischen Kuhgebrüll die Säumigen an Bord zum Cocktail – denn nachts darf sich niemand auf der heiligen Insel aufhalten.

Dann, wenn das silberne Mondlicht über den Ginster der leeren Hügel tanzt, zwischen den Säulen und Torbogen spielt, dann huschen die Geister der Vergangenheit über die steinernen Platten, trippeln über die mosaikgeschmückten Fußböden ehemaliger Paläste, klingt es wie Stöhnen gefangener Sklaven durch die Ruinen. Dann ist es, wie wenn Gesang aus weinbenetzten Kehlen durch die Nacht ertönt, klappert es wie Schritte bronzegewappneter Krieger in den Gassen, flüstert und lacht es wie betrunkene Seeleute in den längst zerfallenen Tavernen um die alte Agora.

„Das ist wirklich super", sagte Georg und lehnte sich an eine Marmorsäule zurück, „so bei diesem Mondlicht da auf dem Agora-Marktplatz, oder wie das heißt, zu sitzen. Ich spüre direkt, wie die alten Jahrtausende aus den Steinplatten in meinen Hosenboden kriechen und mir zu Kopf steigen wie süffiger alter Wein. Das glaubt mir auch wieder keiner zu Hause, wenn ich erzähle, daß ich zur Geisterstunde verbotenerweise auf der alten Agora gesessen bin und auf die Gespenster der ollen Griechen wartete."

Wir saßen im hellen Mondlicht im Kreis, an mit Geschichte getränkte alte Steinquadern gelehnt, ließen die Antike auf uns einwirken und reichten nur leise flüsternd die Korbflasche mit dem heiligen Monemvassia-Wein weiter, als Weihgeschenk für Apollon, den Inselchef.

„Macht bitte keinen Mist", flüsterte Janos beschwörend, „keine Papierln oder leere Zigarettenschachteln wegwerfen. Das wäre unwürdig für diesen Platz."

„Was soll ich machen, wenn ich einmal muß?" flüsterte Max zurück. „Darf man heilige Steine anpinkeln?"

Wir hatten erst sehr spät, beim letzten Licht, unten am Kai angelegt. Mit einer frischen Nordbrise waren wir von Süden kommend den Stenon Dilon, zwischen Rhineia und Delos, hochgekreuzt und, die im kristallklaren Wasser sichtbaren Felsen und Steine vermeidend, an der kleinen Pier vor Anker gegangen. Beim Klang von Vivaldis Largo hatte sich Janos noch eine Weile mit den beiden Museumswärtern in ihrer Sprache unterhalten und ihnen eine Flasche Wodka geschenkt für das entgegenkommende Angebot, für uns die Türe im Zaun noch ein wenig offen zu halten. Da der Zaun nur hüfthoch war, bedankte sich Janos im Namen der HIPPODACKL-Mannschaft, und die Wächter gingen über den Berg zu ihren Hütten.

Während Janos beim farbenprächtigen Sonnenuntergang die Geschichte von Delos erzählte, bereitete ich zum Abendessen einen riesigen Topf Fisolengulasch zu, und so gestärkt brachen wir dann um 23.00 Uhr auf, um Mitternacht zwischen den alten Ruinen zu erleben.

Georg hatte recht. Es war wirklich super.

Wir redeten nicht viel, wir sangen keine Lieder, aber es war trotzdem ein einmaliges Erlebnis, das jeder, der damals mit dabei war, in einer besonderen Lade seiner Erinnerung aufgehoben hat.

Janos begann wieder zu erzählen, und nach Mitternacht, nach dem zweiten Glas Monemvassia, sahen wir die Händler aus dem Tempel der Börse kommen und aufgeregt über die steigenden Getreidepreise diskutieren. Gefolgt von einem Trupp bronzebehelmter Marineinfanterie, schritt ein delischer Admiral über die Agora, um dem hohen Rat zu melden, daß die Hafenbefestigungen der Lykier geschleift seien und daß er die 1000 Talente Sühnegeld wohlbewacht an Bord seiner Trireme mitgebracht habe.

Verschleiert schwebte eine Schar heiliger Jungfrauen vorbei, und eine ließ verstohlen ein winziges Stück Papyros in den Schoß des an der Ecke lungernden Matrosen Georgos fallen. Dieser reichte es Janosos, dem Bordschreiber, und bat, ihm die Nachricht vorzulesen, da er als einfacher Seemann die griechische Schrift nie gelernt hatte.

„Triff mich bei der Höhle der Aphrodite, wenn Eos den Himmel rosa färbt. Dein Iphigenerl."

Georgos ersuchte Viktorios, den medischen Geldwechsler, um einen Vorschuß auf seine Heuer, damit er beim jüdischen Silberschmied unten beim Poseidon-Tempel ein Amulett für seine geliebte Jungfrau kaufen könnte.

Barawitzokos, der Plionarchos unserer trefflichen HIPPODOKLOS, machte uns auf Lucius Flottilius aufmerksam, den reichen römischen Reeder, der mit Billig-Getreideimporten von den fernen Küsten Galliens ein Vermögen erworben hatte und sich jetzt die Poseidonvilla bauen ließ, wo alle Räume mit echtem Keramikmosaik ausgelegt waren, die den Dreizack, sein Firmenzeichen, trugen. Janosos beugte sich vor und flüsterte: „Diese Villa wird einmal in der Archäologie eine wichtige Rolle spielen. Ein gallischer Taucher namens Professor Cousteau wird die gescheiterten Frachtschiffe des Lucius Flottilius in den tiefen Gewässern der gallischen Riffe finden und die Spur bis nach Delos verfolgen, wo er dann in den Mosaiken der Villa den Dreizack wiederfindet, wie auf den versiegelten Amphoren in den Wracks der Schiffe."

Eine kleine Gruppe Eleusier kam aus einer Nebengasse und unterhielt sich kichernd am Verkaufsstand des assyrischen Parfumhändlers. Sie hatten rasierte Beine und sehr kurze Mini-Chitons.

„Wetten wir um einen Krug Wein, Nautikos, daß das warme Brüder sind?" flüsterte Felixos mir zu.

Eine asiatische Gauklertruppe lenkte uns ab. In lustige lange Gewänder gekleidete Burschen schlugen Rad und sprangen saltoschlagend durcheinander, da zerstörte eine rauhe Seemannsstimme den Frieden des mitternächtlichen Marktes. Simonos, der Aufseher der Galeerenruderer, hatte Streit bekommen mit Giselheros, einem Geometer aus dem Lande der Phäaken.

„Bist du wahnsinnig geworden, Westermayer?" brüllte er wild. „Kannst du deine verdammte Pfeife nicht woanders ausklopfen als auf meinem Kopf?" Er putzte sich hastig glühende Funken und Asche von der Stirne.

„Oh, entschuldige", stammelte Giselher erschrocken, „so im bleichen Mondlicht habe ich geglaubt, da liegt ein uralter abgebrochener Marmorkopf."

Leider war diese Auseinandersetzung zu laut gewesen, der Zauber war gebrochen, die Geister Delos flüchteten in die Schatten. Meine Seiko zeigte 01.00 Uhr a.m., Sonntag. Die Agora lag wieder verlassen unter dem Mond, die Ruinen rund um uns schliefen wie seit Tausenden von Jahren.

Wir tranken noch eine Runde im Gedenken an die einstige Pracht dieser Stadt und marschierten dann zurück zum Kai. Beim Übersteigen des Zaunes passierte leider ein kleines Unglück. Wir hatten nicht be-

merkt, daß Janos noch voll in altgriechischer Trance war und über den Zaun stürzte, sich das Gesicht entsetzlich auf den rauhen jahrtausende alten Steinen zerschindend. Felix rannte um den Medizinbeutel, und der Zauber dieser einmaligen Nacht war endgültig vorüber.

Die HIPPODACKL gurgelte unter dem Zug des geblähten Spinnakers nach Südosten. Vorbei an den hohen Zacken von Paros und Naxos, weil die Crew beschlossen hatte, Naxos ist Naxos, aber Spiwind ist Spiwind. Am Vormittag hatten wir den netten Museumswächtern noch einen Satz Eintrittskarten abgekauft, und wer eine Kamera halten konnte, fotografierte jeden Kiesel und jeden Stein. Wir streichelten die marmornen Löwen auf der Terrasse und bestaunten den riesigen Phallus neben den Ruinen des Poseidon-Tempels. Wir wunderten uns beim „Bath of the Virgins", daß die Jungfrauen in dieser algenverseuchten dunkelgrünen Brühe gebadet hatten und bewunderten die Mosaikfußböden in der Villa eines ehemaligen römischen Getreidehändlers. Dann brüllte ein großes Kreuzfahrtschiff warnend in der Bucht, und wir eilten zur Anlegestelle.

Gedeckte flinke Motorboote spuckten Horden von blaßhäutigen häßlichen Hyperboreern aus, die sich mit der Emsigkeit von Geiern auf die Ruinenreste stürzten und die Stille der heiligen Insel mit ihrem schrillen Gekreisch entweihten.

Wir, die wir durch Apolls Gnade zumindest kurzfristig Gäste im alten Delos gewesen waren, flohen hastig.

„Du mußt auf das Ohr vom Spi achten." Simon versuchte Felix in die tieferen Geheimnisse des Spinnakersegelns einzuweihen. „Da oben an Backbord, dieses Ohrwaschel, die Kante, wenn die einknickt – abfallen! Abfallen! – Aber natürlich nicht gleich zu weit abfallen, sonst fällt das andere Ohrwaschel ein und es knallt von der anderen Seite."

„Ist eigentlich ein verdammtes Hurenzeug, so ein Spi", knurrte Felix und kurbelte wild am Ruder. „Und die Menge an Schoten, Hoch- und Niederholer, die man da braucht, und der bockige Baum da vorne. Ich wundere mich jedesmal, daß dich dieser Aluminiumprügel nicht über die Reling wirft, wenn du mit ihm raufst. Daß du dann noch den Überblick hast, welcher Karabiner oder Schnappschäkel wo reingehängt gehört, ist bei diesem Tohuwabohu auf dem Vorschiff für mich immer ein Wunder."

Simon lachte. „Das ist reine Übungssache. Wenn du jedes Ende so zwanzig- bis dreißigmal falsch herum angeschäkelt hast, und der Spi beim Hochfliegen die wildesten Wickelkombinationen mit Fall, Vorstag oder Reling eingeht, während der Skipper hinten am Steuer wie ein gereizter Schachtelteufel auf- und abspringt und vor Zorn platzt, weil er das Ruder nicht loslassen kann, um nach vorn zu rennen und dir den Hals umzudrehen ... dann merkst du erst, wie schön Spinnakern ist." Er spähte scharf nach vorne und rief dem Hofrat zu: „Viktor, setz das Fockfall mehr durch, es baumelt mir zu lose herum!"

Viktor sah ihn fragend an.

„Fockfall!" brüllte Simon. „Mehr durchsetzen!"

Viktor nestelte an den Taubunschen.

„Wenn der Spinnaker oben ist", fuhr Simon fort, „gibt es an Bord keine Langeweile ... Nicht dieses Fall!"

Der Warnschrei kam zu spät. Das Spifall rauschte mehrere Meter aus, bevor es sich irgendwo verhakte. Wie ein abgeschossener Fesselballon sank der Spinnaker weich wallend weit vor dem Bug aufs Meer und sank in sich zusammen.

„Alle Mann! Ziehen, ziehen! Er muß raus, bevor er um den Kiel hängt!" brüllte Simon. Wir stürzten an die Reling und zerrten an der rotweißen nassen Stoffwurst wie Fischer, die ihr gefülltes Netz noch schnell an Deck bringen wollen, bevor die Haifische sich darauf stürzen. Dann dümpelten wir in der Dünung, und der Spibaum schlug

171

klingelnd an die Wanten. Simon schaute klitschnaß aus einem Berg von Segeltuch und sagte keuchend: „Viktor, wenn du etwas nicht verstehst, frag doch, und ich werde es dir wiederholen."

„Den Niederholer?" Der Hofrat bückte sich bereitwillig zur Bullentalje.

Wammmmm! schlug der Großbaum wie eine gigantische Sense über das Deck, und wir duckten uns hinter die Reling wie in einen Schützengraben.

„Kann jemand den Hofrat unschädlich machen, bevor wir ein totales Wrack sind?" rief ich verzweifelt und versuchte, die wieder hochfliegenden Spinnakerfalten mit meinem Gewicht an Deck zu halten.

„Viktor! Komm bloß herunter!" Käptn Barawitzka kroch, wie ein Sturmpionier unter feindlichem Feuer, geduckt über das Deck nach vorn.

Jetzt erschien eine steile Falte auf der Stirne des Hofrats. „Das Groß herunter?" fragte er kopfschüttelnd über diesen unsinnigen Befehl. „Seid ihr denn ganz verrückt? Seht doch, wie katastrophal da schon alles aussieht." Er zeigte wie anklagend auf die Verwüstung, die er angerichtet hatte.

B.A. riskierte, trotz des schlagenden Großbaumes, eine Art „Sprung – Vorwärts – Marsch", nahm Viktor in einen Jiu-Jitsu-Griff und redete eindringlich auf ihn ein.

„So, wenn du Lust hast, können wir jetzt Spisetzen üben, Felix", sagte Simon mit einem bösen Blick auf die strampelnden griechisch-römischen Ringer am Großmastfuß, „aber den Hofrat verstauen wir vorher besser im Kettenkasten."

Es dauerte gute 20 Minuten, bis alles wieder soweit war. Felix holte den Plastikkübel mit dem abgeschnittenen Boden, Simon erklärte die richtige Gummibändsel-Methode, dann schlugen wir wieder alles an. B.A. war mit dem Hofrat unter Deck verschwunden.

„Mach einmal alles selber, Felix", ermunterte ihn Simon. „Wenn du dir nicht sicher bist, ob alles richtig angeschlagen ist, dann nimm die Schot, wie Theseus den Faden der Ariadne im Labyrinth, und lauf sie entlang bis zum Ende. Dann weißt du es."

Felix turnte mehrere Male auf beiden Seiten des Decks entlang. „Das ist ein Wahnsinn", rief er aus, „es gibt mehr Möglichkeiten, so eine Schot falsch einzufädeln, als ich Finger an den Händen habe: in und um und unten durch und zwischen Reling und Wanten."

172

Jetzt erschien der Hofrat wieder mit umgehängten Hörern. „Es tut mir leid", sagte er, „ich muß etwas falsch verstanden haben."

Ich hatte gesehen, wie ihm B.A. etwas auf einen großen Block geschrieben hatte, das ihn anscheinend sehr beeindruckte, weil er lange daran las.

Giselher blinzelte über den Peilkompaß und meinte dann, daß wir auch Naxos vergessen könnten, wenn der Spi nochmals hochgeht.

„Egal, da vorne sind noch mehr Inseln, lassen wir doch den Wind entscheiden, wohin er uns bringt", schlug B.A. vor.

Janos, der ständig an den Verbänden und Pflastern in seinem Gesicht zupfte, warf daraufhin den Reiseführer für Naxos durch den Niedergang und murmelte etwas Kroatisches.

„Klar zum Spisetzen", kommandierte Felix, „Janos, nimm die Backbordwinsch, Giselher an Steuerbord, Simon den Hochholer, Viktor den Niederholer, Max mit der Kamera in den Heckkorb. Du filmst alles. Karl, bleib bitte am Steuer. B.A., du stehst mit der Winschkurbel parat. Georg, du bremst den Spi beim Hochgehen, damit er sich nicht ums Vorstag wickelt. Ich nehme das Fall und . . ." er sah sich suchend um.

„Jetzt gibt es nur mehr den Klabautermann, den du noch einteilen kannst", spottete B.A., „wieviel Leute brauchst du denn noch, um einen einzigen Spi zu setzen?"

„Na gut!" Felix packte das Fall und spannte die Muskeln. „Ich hab' gerne eine übersichtliche Einteilung. Versuchen wir es also unterbesetzt, wie wir sind. Achtung! Max, drück aufs Knöpfchen."

Er holte das Fall Hand über Hand hastig dicht, wie ein Fischer seine Angelleine, wenn er einen besonders fetten Lachs dran hat. Der Spi zuckelte nach oben, wie eine gigantische Kette von Prager Würsten, dann ratschten die Winschen, aufs Vorschiff rieselten geplatzte Gummiringe von oben, und mit einem wohllüstigen „Schwapp" stand der Ballon wieder vor dem Bug. Felix hob triumphierend die Hände und freute sich wie ein Amateurzauberer, dem ein Trick einmal nicht daneben gegangen ist.

„Hast du alles im Film, Max?" rief er fröhlich.

Max drehte die Kamera und beäugte sie von allen Seiten. „Komisch, da hat die ganze Zeit ein rotes Licht geleuchtet. Hat das was zu bedeuten?"

Felix ließ die Schultern hängen. „Ja", murmelte er müde, „das be-

173

deutet, daß der Film aus war. Können wir vielleicht noch einmal …"

„Später vielleicht", lachte B.A., „jetzt haben wir einen Manöverschluck verdient und wollen noch ein wenig weiterkommen. Das habt ihr super gemacht, sehr zufriedenstellend, Felix."

„Ich versteh nicht, warum man nicht einfach dieses Teufelssegel verstaut läßt und normal segelt", meinte Georg und blies auf seine Finger, die er sich in der Winsch geklemmt hatte.

B.A. mischte sich ein: „Ha, da kannst du aber froh sein, daß du kein alter Grieche bist. Die sind nur mit so einer Art Spinnakern gefahren, voll vor dem Wind, und alle anderen Kurse mußten gerudert werden. Das versuch dir einmal vorzustellen. Wenn da ein mordsmäßiger Meltemi bläst, hier zwischen diesen vielen Inseln, und dann ist plötzlich eine Insel im Weg. Wie räume ich dann das Segel weg? Ha! Da wird wohl oft der Skipper mit der Axt an den Mast gegangen sein, um auf die Holzfällermethode zu reffen, und dann mußten sie rudern wie die Teufel, um auszuweichen. Die konnten nicht einfach den Spi ausklinken, über Stag gehen und gegenan kreuzen, oder wenn's ganz kompliziert wurde, einfach die Maschine reinhauen und wegdieseln. Das waren eben noch Segler! Wenn es einmal nicht mehr reichte, ging's ab in den Hades. Hahaha!"

Janos zog ein schiefes Gesicht. „Boris, es entsetzt mich immer wieder, was du aus den alten Sagen und uralten Weisheiten machst. Erstens hatten die Griechen keine Spinnaker, zweitens … ach, was mach ich mir Mühe mit dir."

B.A. aber verfolgte ungerührt ein neues Thema. „Die Rahsegler waren auch nicht besser dran, auch hatten diese Burschen keine Seehandbücher, Hafenhandbücher und in den meisten Fällen keine gescheiten Seekarten. Trotzdem haben sie die ganze Welt entdeckt, sind in die unwahrscheinlichsten Winkel, Buchten und Durchfahrten gelaufen, und ein paar sind sogar wieder zurückgekommen von der Reise. Aber wenn dich das interessiert, red' doch einmal mit dem Hofrat, der ist da ein internationaler Fachmann ersten Ranges. Der kann dir die Namen aller 167 536 Einzelteile so einer Rahtakelung aufzählen, bevor du 'Oberbramstengestagsegelgording' oder was ähnliches sagen kannst." Ganz leise fügte er hinzu: „Wenn er auch bei uns an Bord Fock- und Spifall nicht auseinanderhalten kann."

Der Hofrat ließ sich nicht lange bitten. Als Kommodore des Österr. Akademischen Marine Traditions Clubs (ÖAMTC) hörte bei ihm der

Glanz der Seefahrt mit der Einführung der Dampfmaschine auf. Binnen kurzem spann er ein dickes Garn über alte Segelschiffe, Fregatten und Linienschiffe. Er erzählte von Schiffbrüchen, Kenterungen, Breitseiten und Seeschlachten und schwärmte von der Zeit, als noch Männer aus Eisen auf Schiffen aus Holz kämpften, wie er mit einem Anflug von Nostalgie bemerkte.

Damit wußte ich, daß nicht nur Janos und ich nicht nur aus rein sportlichem Interesse zur See fuhren, sondern daß auch der Hofrat eher den Einbau einer kleinen Bronzekanone begrüßen würde statt den eines Funkpeilers.

Ich ging und stellte Wasser auf, um Thunfisch-Spaghetti zuzubereiten, mein Spezial- und Leibgericht, das ich im Verlauf vieler Jahre durch hinzugefügte Raffinessen zu einem kulinarischen Meisterwerk entwickelt hatte.

Unermüdlich zog uns der Spinnaker über die tiefblaue See unter einem schon blassen Herbsthimmel. Zwischen den vielen kleinen Inseln hindurch, die in allen Größen, Farben und Formen den geraden Horizont unterbrachen, von der 500 Meter hohen Insel Donoussa bis zu den winzigen weißen Makares-Klippen, den Kouphos Inseln, die im Meer schwammen wie zerbröselte Stückchen eines gigantischen Kuchens, den ein Titan als Futter für einen Riesenschwan ins Wasser geworfen hat. Es war fast wie eine Fahrt über ein Binnenmeer, so viele Strände, Felsen, Klippen und weiße Häuschen zogen an unserem Blick vorüber. Der Hofrat erinnerte sich, daß die Insel Donoussa im Ersten Weltkrieg dem deutschen Kreuzer GOEBEN längere Zeit als Versteck vor der englischen Flotte gedient hatte, und er und Max verloren sich in alten Hilfskreuzer-Geschichten.

Spät am Nachmittag war dann die rauschende Spifahrt zu Ende. Quer über unserem Kurs lag eine lange dunkelbraune Insel unter weißen Wölkchen, Amorgos, und die weit geschwungene Katapola-Bucht erwartete uns mit offenen Armen, wie ein Mädchen ihren heimkehrenden Fischerburschen.

In trauter Gemeinsamkeit holten wir den Spi ein, setzten übermütig noch schnell die Fock und segelten in die Bucht. Max legte die HIPPO-DACKL dann recht brav längsseits an einen großen Kaiki, da der winzige Kai voll belegt war mit kleinen Dampfern und Fischerbooten.

Janos nahm Viktor den Walkman weg, lud ihn mit Vivaldi, und als der Kapetanjos des Kaiki versicherte, wir könnten gerne bis morgen längsseits liegen, setzten wir uns in das berühmte Kafeneion von Katapola. Wir fanden später heraus, warum es so berühmt war. Es war das einzige weit und breit. Janos lud den Skipper des Kaiki auf ein Glas Retsina ein – anderes gab es nicht –, und wir verbrachten einen sehr netten Abend. Wir waren nämlich endlich weit genug gesegelt. Hier in Amorgos gab es keine Touristen mehr, und niemand sprach ein Wort Deutsch. Mit einem Wort, Amorgos war ein Traum. Später, als die ersten Sterne unwirklich über der Bucht strahlten, fragte uns Stavros Georgios, unser neuer griechischer Freund, ob wir nicht am nächsten Morgen mitkommen wollten. Er mußte zum Kloster Chozoviotissa auf der anderen Seite der Insel, teils geschäftlich, teils wegen eines Gelübdes. Nachdem auch das Hafenhandbuch den Besuch dieses Klosters als sehr lohnend (!) empfahl, sagten wir zu. Bis auf B.A., der lieber beim Schiff blieb, um es, wie er sagte, einmal allein für sich zu haben.

Beim ersten nautischen Zwielicht klopfte uns Stavros heraus.

„Fortigho, fortigho!" rief er und Janos übersetzte: „Lastwagen, Lastwagen!"

„Sollen wir zur Feier des Tages die weißen Hosen nehmen?" fragte Max.

In diesem Moment sahen wir das taufeuchte Deck. Alles war voller schwarzer Fußtritte. Dann sahen wir, wie es schwarz von den Jutesäkken staubte, die ein paar rußige Burschen vom Kaiki auf einen uralten Fiat-LKW luden. Stavros' Kaiki war ein Köhlerschiff, seine Ladung bestand aus Holzkohle.

„Keine weißen Hosen", entschied Max selber, „gehen wir schnell, bevor Barawitzka aufwacht und die Bescherung sieht."

Die Berge im Osten hatten rotgoldene Kappen, und über das dunkelblaue schattige Tal schnitten die ersten goldenen Sonnenbalken, als wir in der frischen Morgenluft fröstelnd, hoch auf den Kohlensäcken sitzend, die kurvenreiche Straße zur Chora hinaufknatterten. Aus den tiefen Wiesen stieg Nebel hoch wie Rauch von Lagerfeuern. Der Ritt in der Morgenkühle auf dem rüttelnden und sich schüttelnden Lastwagen, auf den Holzkohlesäcken, deren Füllung sich in den Kurven knirschend verschob, erinnerte an lange vergangene unbeschwerte Schulferien auf dem Land, an Fahrten mit dem schaukelnden Heuwagen. Die Straße wand sich durch das noch schattige Tal zu der verschachtelten Chora hinauf, die, wie die meisten Hauptorte der Kykladen, auf einem unzugänglichen Berg weit im Landesinnern erbaut war. Graue trutzige

Mauern eines venezianischen Wehrturmes überragten einen kleinen baumumstandenen Hauptplatz. Vor einem offenen Kafeneion hielt der Lkw. Wir sprangen herunter und verbrannten uns die Zungen an den winzigen brühheißen Tassen mit griechischem Kaffee und hatten dann bei der Weiterfahrt genug zu tun, die zwischen den Zähnen steckengebliebenen Kaffeebohnenbrösel mit der Zunge herauszukriegen und auszuspucken. Es ging weiter das Tal hinauf, bei jedem Schlagloch stiegen düstere Wolken auf der Ladung auf, und unsere Gesichter und Hände wurden schwärzer und schwärzer.

„Hoch auf dem schwarzen Wa-a-gen", stimmte Max das alte Marschlied an, und wer beim Bundesheer war oder so den Text kannte, sang mit. Dann probierten wir noch: „Wir sind des Geyers schwarze Hau-au-fen", aber die Felswände rückten so bedrohlich näher, daß der Gesang bald verstummte, vor allem, weil man in den Kurven, für Niedrigbordschiffer ungewohnt, tief in den wasserlosen Abgrund sehen konnte. Dann bürsteten uns die tiefhängenden Zweige eines kleinen Wäldchens. Janos verlor seine blaue RIUNIONE-Reklamekappe, und kurz danach waren wir auf der anderen Seite, das unendliche blaue Meer erstreckte sich, so weit man sehen konnte.

Bei einem kleinen Häuschen blieb der Lastwagen stehen, denn die ausgebaute Straße war zu Ende. Eine Herde Mulis wartete ohrenzukkend und schwanzschlagend auf die Kohlensäcke. Es machte Spaß, den Köhlern zu zeigen, daß Yachtmatrosen beinahe ebenso schnell Säcke verladen und verzurren konnten. Die Südküste Amorgos war nicht so lieblich wie die Katapola-Bucht. Hunderte Meter fiel die Inselkante hier beinahe senkrecht ins Meer. Quer über den rissigen hellen Kalk zog sich ein Saumpfad, so daß Männer und Mulis vorsichtig hintereinander gehen mußten. Nach wenigen Minuten sahen wir ein wirklich unwahrscheinliches Bauwerk. Mit schrägen Stützpfeilern war ein mehrere Stock hohes, weißes, festungsartiges Gebäude an die Felswand gemauert und klebte dort wie ein Schwalbennest über dem Abgrund: das Kloster Chozoviotissa. In den Felsen der Umgebung waren auf jedem waagerechten Plätzchen winzige Gärten angelegt mit Zwiebeln, Knoblauch, Tomaten und Kräutern. Am ganzen Abhang läuteten die Glocken weidender Ziegen.

Stavros hielt die Karawane vor dem Tor an und zog an einer Glokkenschnur. Irgendwo in der Festung klingelte es, und dann öffnete ein Zwillingsbruder von Max in schwarzer Kutte und Kalimaphion, dem runden Popenhut. Wir schleppten die Säcke in einen Felsenkeller. Da die Klostermauern beinahe parallel zur Felswand verliefen, mußte ein Großteil der Räume in die Felsen gehauen sein. Während uns noch der Holzkohlenstaub zwischen den Zähnen knirschte, folgten wir Stavros und dem kleinen Mönch in eine schwach beleuchtete Kirchenhöhle, wo im Kerzenlicht die vergoldeten Schmuckbleche von Ikonen schimmerten, und sahen ihm zu, wie er eine jüttmastdicke Kerze aufstellte, entzündete und dann im Gebet versank. Nach Strophe 36 schlich ich mich hinaus und fand in einem winzigen Hof Simon und Georg, wie sie auf den kleinen Mönch einredeten und gestikulierten. Gerade als ich dazukam, sagte er etwas, das wie „Aha!" klang, und winkte den beiden, ihm zu folgen.

Simon rieb sich erwartungsvoll grinsend die Hände: „In sonen Klöstern haben sie meistens einen unheimlich guten, alten Wein. Los, ihm nach in den Keller."

Wir folgten durch einen dunklen Gang in eine finstere Kasematte. Als ich durch die Türöffnung stieg, fuhr ich derart erschreckt zusammen, daß ich um ein Haar unkontrolliert laut geschrien hätte. Über mir hing ein unheimliches Gesicht im Dunkeln, und ein herabhängender Bart streifte mir über die Glatze wie der berühmte Schreckfetzen in der Geisterbahn. Ich brauchte einige Sekunden, um die aufgestiegene Panik niederzukämpfen. Ein schwarzer Riese stand da über uns gebeugt und grinste wie ein Menschenfresser. Der kleine Pope sagte etwas, und der Riese schob uns wie kleine verschüchterte Kinder hinter einen wuchtigen Tisch. Durch eine Schießscharte fiel ein Streifen Sonnenlicht, und wir konnten Küchenutensilien und einen Herd ausmachen. Wir waren also in der Küche des Klosters und hofften, daß der Koch ein Vegetarier war. Er bewegte sich lautlos und mit gebeugtem Kopf, trotz der hohen Decke, und stellte einen bauchigen Krug vor Simon auf den Tisch. Simon ließ die Luft zischend durch die Zähne pfeifen und griff nach dem Krug.

„Beim alten Prometheus, jetzt bin ich um ein Haar zusammengezuckt, wie der bärtige Rübezahl da im Dunkeln gelauert ist. Ha! Sicher uralter Klosterwein. Jassu, Kollegen!"

Simon hob den Krug, zwinkerte uns zu und zog kräftig an. Mitten in der Bewegung erstarrte er und machte seltsame Geräusche mit der Nase. Georg konnte den Krug gerade noch auffangen. Simon sank mit rollenden Augen an die Mauer zurück, erst zog er die Wangen ein, dann

blies er sie auf, als ob er unschlüssig sei, zu schlucken oder zu kotzen. Georg schnupperte am Krug, und trotz des schwachen Lichtes bemerkte ich, wie er bleich wurde. Der Riese knurrte etwas, stellte vor jeden eine Tonschüssel mit einem hölzernen Löffel drin und setzte sich, wie eine ungeheure Barrikade, auf einen Schemel vor die Türe. Er zeigte auf die Schüsseln und knurrte auffordernd.

Wir waren gefangen wie Odysseus und seine Gefährten in der Höhle des Polyphem. Die Schießscharte war zu schmal zum Entkommen, und der Riese deutete wieder auf die Schüsseln und brummte etwas. Leider wußte ich nicht, was „Eßt oder sterbt!" auf Griechisch hieß. Simon wand sich und keuchte: „Entsetzlich, das ist geknoblauchte Ziegenbuttermilch oder so ähnlich. Ich traue mich gar nicht in die Schüssel zu schauen. Das ist sicher schwarze Spartasuppe oder ein anderer Greuel. Wenn wir uns alle gleichzeitig auf ihn stürzen?"

„Ich fürchte, da können wir stürzen wie wir wollen, der wehrt uns ab wie lästige Mücken. Der Kerl ist gute zweimeterfünfzig groß und wiegt sicher mehr als ein Eisenbahnprellblock."

Georg stierte in seine Schüssel und versuchte einen Bissen. Er kaute eine Weile und murmelte: „Oh, oh! Kalte Makkaroni mit rohen gehackten Zwiebeln." Er legte den Löffel angeekelt weg. Das war ein Fehler. Der Riesenkoch schwenkte freundlich brummend seine baukranartigen Arme und goß ihm großzügig ranzig riechendes Olivenöl über die Nudeln.

„Sehr freundlich", sagte Georg. „Was heißt bitte auf Griechisch: 'Ich bin seekrank!' oder 'Ich bin Mohammedaner und habe ein Gelübde gegen kalte Makkaroni geleistet!' oder 'Ich bin auf Leberdiät!' oder ..."
Er verstummte, weil der Kranarm sofort wieder kam und ihm ein rohes Ei in die Schüssel schlug.

Georg schluckte schwer: „Ich glaube, ich werde ohnmächtig." Ich versuchte die kalten fetten Nudeln, und mein Magen verkrampfte sich sofort. „Es ist trotzdem besser, wir essen schnell und lautlos", flüsterte ich, „bevor er uns noch ein paar schmackhafte Leckerbissen dazuwirft."

Dem Rübezahl ging es anscheinend zu langsam oder er dachte, wir würden uns aus angeborener Bescheidenheit zieren. Er lachte wie ein amüsierter Höhlenbär auf, packte Georg mit einem Baggerschaufelgriff um die Schultern und begann ihn, freundlich glucksend, zu füttern.

„Man kann nicht immer gewinnen", meinte Simon, und wir würgten die glitschigen Nudeln hinunter, bevor auch wir das Privileg von ranzigem Öl und rohem Ei erhielten. Zum Hinunterspülen erwies sich die Buttermilch als geradezu ideal. Um den Nudelgeschmack zu überdecken, nahmen wir einen Schluck aus dem Krug, und um den entsetzlichen Geschmack der Milch wegzukriegen, stopften wir sofort Nudeln nach und so weiter, bis die Schüsseln und der Krug leer waren.

„*Efcharistó*", brachte Simon mit schwacher Stimme hervor. Da hatten wir eine winzige Chance. Der Rübezahl wandte sich zum Herd, um unsere Schüsseln neu zu füllen und gab dadurch die Türe einen Moment frei. Wie flüchtende Hasen hüpften wir in die Freiheit und rannten, „*Efcharistó*, Danke!" schreiend um unser Leben.

Um ein paar Ecken war ein kleiner Erker mit einem Fenster über dem Abgrund, und wir mußten Georg festhalten, der heftig seekrank wurde. So schnell es ging flüchteten wir zum Klosterausgang. An der Pforte trafen wir Giselher, Max und den Hofrat.

„Na, wo kommt ihr denn her?" fragte Giselher, „Simon hat schon wieder so Das-war-ein-Superwein-Augen. Gibt's da einen Keller?"

„Ja", flüsterte Simon vertraulich, „geht da entlang, erschreckt aber nicht, der Kellermeister ist ein Riese."

„Haha!" lachte Max. „So leicht erschrecken wir nicht."

Sie rannten in Richtung der Kasematte, ins Verderben.

Ich setzte mich im Freien in die Nähe der Mulis und versuchte an andere Dinge als an Makkaroni und Buttermilch zu denken.

Ein wenig später erschien Stavros, und die Karawane brach wieder auf. Der Rückweg war aber bedeutend angenehmer, da wir alle reiten konnten. Simon schien etwas unbefriedigt, weil Giselher und Max das Kloster ganz aus eigener Kraft verließen, gar keine grünen Gesichter hatten, vollkommen normal dreinsahen und heiter plaudernd dahinritten. Nach einer Weile hielt er es nicht mehr aus, er trieb sein Maultier in die Nähe der beiden anderen und fragte neugierig: „Na? Wie hat euch der Wein geschmeckt?"

„Nicht schlecht", meinte Giselher, „danke für den Tip. Auch das kalte Hühnchen war recht gut. Aber ich weiß nicht, wo der Witz daran ist, daß du uns den winzigen Popen als Riesen hinstelltest. Wir hätten ihn beinahe niedergetreten, wie wir in den Keller gekommen sind, weil wir nach dem Riesen ausgeschaut haben. Du hast manchmal blöde Einfälle!"

Simon quollen die Augen aus dem Kopf, und er riß an dem Leitseil seines Mulis, daß es ausschlagend hin und her tänzelte. „Willst du damit sagen, da war kein Riese, und du hast keine Buttermilch bekommen und keine Makkaroni?"

Giselher schaute ihn verständnislos an. „Bist du zu lange an der Sonne gewesen oder was? Du hast uns doch selbst in den Keller geschickt. Wir sind den Gang runter, durch den Hof, und da war der Weinkeller, und der kleine Pope hat uns mit einem Schlauch aus einem Faß einen Harzwein eingeschenkt und ein gebratenes Hähnchen zerteilt, als Appetithappen dazu. Du warst doch selber dort. Was faselst du jetzt von Buttermilch?"

Simon hielt sein Reittier an und wartete, bis ich ihn eingeholt hatte. Er hing auf dem Muli wie Don Quichotte, dem die Windmühlen ein paarmal kräftig mit ihren Flügeln über den Helm geschlagen haben.

„Bin ich verrückt, hab' ich geträumt? Hat uns ein riesiger Rübezahl gefüttert oder nicht? Bin ich wahnsinnig?" murmelte er.

„Ich wage noch nicht an diese Ausspeisung zu denken, sonst bekomme ich eine schreckliche Fischvergiftung", sagte ich. „Wenn du willst, reite zurück und besuche den Riesen noch einmal. Steck aber diesmal ein paar Makkaroni ein, damit du später nicht glaubst, daß du träumst."

„Ich werd' verrüüüüüückt!" brüllte Simon und warf die Arme in die

Luft. Im nächsten Augenblick hatte ihn das Muli abgeworfen und galoppierte unbelastet den Pfad entlang. Ich konnte mein Vieh nicht zum Stehen bringen, und so hörte ich nur über die Schultern, wie Simon hinter mir entsetzlich ordinär zu schimpfen begann und alle verdammten heidnischen Götter anrief, was er denn getan hätte, daß ausgerechnet immer ihm so etwas passieren mußte.

Auf dem Rückweg nahmen wir eine andere Wegabzweigung, und bei einer dicht umwachsenen Quelle hielt Stavros die Karawane an. Janos übersetzte bei klassischer Musik: „Das ist ein berühmter Brunnen. Das Wasser ist für und gegen alle Krankheiten und Schmerzen. Außerdem kann die Quelle die Zukunft voraussagen, indem sie Bilder zeigt, wenn man hineinschaut. Weiters lebt hier ein alter Einsiedler, der diese Bilder gegen ein kleines Geschenk deutet, wenn man nicht selber draufkommt."

Simon hatte sein Muli wieder eingeholt und seine gute Laune ebenfalls, weil Giselher kurz danach ebenfalls abgeworfen worden war. Er beugte sich als erster über den brüchigen Mauerrand und deklamierte: „Sag an, Muse, die Taten des vielgewanderten Helden..." Er starrte in das schwarze, manchmal durcheinander wirbelnde Wasser. Nach einer Weile sagte er: „Äußerst interessant! Ich bin begeistert."

„Was siehst du?" fragte Georg interessiert.

Simon drehte sich grinsend um. „Ich sehe Simon Rebitschek schön wie einen jungen Gott, wie er, umgeben von wunderschönen Nixen, Urlaub macht. Ein tüchtiger Brunnen, muß ich sagen."

Max probierte es auch gleich aus, aber entweder ließ ihn seine Phantasie im Stich oder er hatte eben keine Zukunft. Er sah nur sich selbst und das recht verschwommen. So ging es den meisten. Ein weißhaariger alter Mann stand plötzlich zwischen uns. Er mußte sich angeschlichen haben wie der berühmte Winnetou, der sich durch die Gänseblümchen schlängeln konnte, ohne daß man ihn bemerkte. Das mußte der Einsiedler sein.

Er nahm Janos bei der Hand und sagte etwas zu ihm. Janos grinste. Der Einsiedel schaute eine Weile ins Wasser und sagte dann wieder etwas. Janos lachte und übersetzte: „Er sieht Blut in meinem Gesicht und er sieht rauhe Steine. Das ist gar nicht so schlecht. Das Pflaster im Gesicht ist zwar kaum zu übersehen, aber die Steine hat er ganz gut erraten."

Bei mir sagte er nach einer Weile: „Makkaroni."

182

Das beeindruckte Simon und auch mich schon sehr.

Dann wollte Georg die Zukunft wissen, aber kaum hatte er dem Einsiedel die Hand gegeben, als dieser sie wegstieß, wie wenn sie glühend oder mit irgendwas Unappetitlichem beschmutzt wäre.

Janos übersetzte: „Was kommst du zum heiligen Brunnen, wenn du ans Freudenhaus denkst, Fremder?"

„Ich find' ihn großartig, diesen Einsiedel", rief ich. „Diese schlüpfrigen Gedanken sieht man nämlich dem Georg von außen wirklich nicht an. Das ist ein prima Wahrsagebrunnen!"

„Hä hä hä!" machte Georg. „Das find' ich gar nicht witzig."

Der Hofrat war der letzte, den die Zukunft interessierte. Der Einsiedel schaute lange ins Wasser und murmelte dann: „Spathi".

Janos fragte nochmals, dann blätterte er im Wörterbuch, aber spathi fanden wir nicht. Also blieb Viktors Zukunft verborgen im Schleier der Sprachschwierigkeiten. Wir gaben dem Popen eine Handvoll Drachmen und ritten weiter, den gewundenen Pfad hinunter nach Katapola. Im Kafeneion trafen wir einen wenig gesprächigen Skipper. Er hatte den ganzen Morgen über rein Schiff gemacht und drängte zum Ablegen. Allerdings ließ er uns erst an Bord, nachdem wir uns Schuhe und Socken ausgezogen und die Hände mit Kleenex-Tüchlein abgewischt hatten.

Der Wind hatte uns zu einer sehr interessanten Insel geführt.

Die Sirenen von Manganari

*Betrachtung über die Herkunft des Menschen
und dreier nackter Mädchen ·
Wo ist Felix? · Eine handfeste Demonstration in der Kunst
des Überredens · Liebe auf französisch*

„Können wir keinen Spi setzen?" Felix schaute zu den Segeln hinauf. Simon war schon die ganze Zeit an Deck herumgeturnt wie ein unzufriedener Orang-Utan, dem die Bananen nicht so recht schmecken.

„Sau-Kurs", knurrte er, „die Genua kommt zu weit in die Abdeckung des Großsegels, die Fock ist zu klein, der Spinnaker zu busig geschnitten und fällt dauernd ein. Können wir nicht ein wenig abfallen, Karl?"

„Nachdem die Abstimmung als nächsten Anlegehafen Ios ergeben hat, muß ich so laufen, weil wir sonst zum Fünf-Uhr-Tee nicht da sind. Tut mir leid."

Da mischte sich der Hofrat ein. „Da war so ein spezieller Artikel in der Yachtzeitung: ‚Der Spinnaker, Fluch oder Segen?' Da hab' ich gelesen, daß man auf raumen Kursen einen entsprechend flach geschnittenen Spinnaker braucht. Man soll sich aber manchmal mit einer Genua behelfen können, das ist dann so wie ein halber flacher Spinnaker, wenn ich mich recht erinnere."

Simon hob die Augenbrauen. „Von den Lippen eines Rahsegel-Fachmannes ist das fürwahr ein einfallsreicher und trefflicher Vorschlag. Ein Lorbeerkranz dieser Yachtzeitung und der Tatsache, daß du im Dienst dazu kommst, solche Artikel genauest zu lesen. Felix, Georg! Spimanöver!"

Max guckte aus der Kombüse. „Wenn ihr riskante Dinge versucht, dann warnt die Küche vorher. Ich hab' drei brodelnde Töpfe auf dem Herd und stehe in Lee!"

„Hoch mit der Spigenua", befahl Simon, „und siedendes Öl auf Smutjes, die immer um ruhige See bitten!" Simon war Feuer und Flamme für den Versuch, besonders, weil er zum erstenmal den Jüttbaum verwenden konnte, der bis jetzt ein Dornröschen-Dasein auf dem Vordeck geführt hatte. Sie schlugen die Genua ans Spigeschirr und rissen sie hoch. Wirklich verstärkte sich das Gurgeln am Heck etwas, und der Hofrat wurde ersucht, sein Bier schneller zu trinken, da man Dosen für die Logge brauchte. Wir stürmten richtig dahin, an den kleinen Kouphos-Inseln vorbei, auf die im Dunst schwimmende Silhouette von Ios los.

„Im Vergleich zur Ägäis ist die Adria wirklich ein Plantschbecken. Entweder kein Wind oder die Bora rührt um, wie eine tobende Kinderschar im Freibad", meinte Felix, „bis jetzt haben wir auf dieser Reise beinahe immer guten Wind gehabt."

„Manöverschluck!" rief Barawitzka hinunter in die Kombüse.

Max erschien mit einem halben Karton Bierdosen und einer Serviette unter dem Arm wie ein richtiger Kellner.

„Nach dieser Runde gibt es ein Casaroli-Jubiläums-Lunch", verkündete er, „das wird mein erster Versuch in griechischer Küche. Ich hab' da so ein paar Rezepte von Stavros."

„Hoffentlich nicht das Riesenrezept von Chozoviotissa", lachte Simon.

„Hört zu", Max las von einem Blatt Papier vor:

„Hors d'ouevres: Dolmati
Suppe: Risosupa
Pièce de Résistance: Lamm Kapama
Desert: Baklava
Wie hört sich das an?"

Die Freiwache unterbrach daraufhin sofort ihre Kartenpartie in der Achterkajüte und kletterte an Deck. Max hatte anscheinend doch etwas von Simon dazugelernt, und zwar das geschirrsparende Servieren. Die Dolmati servierte er auf einer großen Blechschüssel mit Zahnstochern zum Aufpicken, die griechische Reissuppe in Kaffeetassen ohne Löffel, das Lamm Kapama in den tiefen Obstschüsseln und das klebrige Baklava in der Salatschüssel mit nur einer Gabel zum Weiterreichen und Reihumessen. Bei der Nachspeise gab es eine kleinere Aufregung. Max hatte für jeden zwei Stück von dem Honigkuchen gekauft, aber die Schüssel blieb beim Hofrat hängen, der gedankenverloren in die Wellen starrte, anscheinend von einem Pik-As träumte und aß und aß, und dann die beinahe leere Schüssel zurückgab mit der Entschuldigung, er könne nicht mehr, er sei schon satt.

Die Südspitze von Ios war querab, wir änderten Kurs und Schoten, und Max reichte eine große Rolle Schokoladenkeks an Deck für diejenigen in der Mannschaft, die nach dem Hofrat an der Reihe gewesen wären.

„Das ist eine Traumbucht", berichtete Giselher, der das Ufer mit seinem Marineglas studierte, „weißer Sandstrand von ganz da drüben bis dorthin, wo die Felsen sind, und kein Mensch ist zu sehen. Da sind ein paar Häuser, aber da die Fenster verbarrikadiert sind, ist die Saison für die Bucht anscheinend schon vorbei. Wie wäre es, wenn wir die Gelegenheit zu einem Bad in dem herrlich klaren Wasser nützen, da drüben, wo es so hellblau leuchtet? Der Hafen von Ios ist doch sicher wieder recht dreckig."

„Wuiii! Seht nur, wie da drüben alles blau ist. Ich würde gerne meine Flossen und mein Tauchglas wieder einmal ausprobieren und ein wenig da herumgrundeln. Vielleicht gibt es ein paar schöne Muscheln, und ich erspar mir, Andenken zu kaufen", begeisterte sich Simon.

Auch der Hofrat war für ein Bad. Max begrüßte die Chance, das Geschirr ohne Seegang abwaschen zu können, und in Ermangelung von Gegenstimmen entschied Käptn Barawitzka, die Manganari-Bucht statt den Haupthafen von Ios für diese Nacht anzulaufen. In zirka 150 Meter Entfernung vom weißen Strand fiel der Anker auf glattem Sandgrund, und kaum war der Kettenvorlauf ausgerauscht, als sich Simon schon rücklings ins Wasser fallen ließ, mit Maske, Schnorchel, Flossen und einem ans Bein geschnallten Haifischmesser, um den Anker zu kontrollieren. Wir folgten ihm, sobald die Badeleiter losgebändselt und abgeklappt war. Sogar B.A. erschien in fetzigen giftgrünen Bermudashorts an Deck und warf sich wie eine Seemine über die Reling, daß die See aufzischte und klatschende Wellen an die HIPPODACKL schlugen.

Das Meer war angenehm warm. Wir tauchten und schwammen nach Herzenslust in dem hellblauen, kristallklaren Wasserstoffoxyd herum, wie zur Bestätigung der Hypothese jenes englischen Anthropologen, der behauptet, der Mensch stamme vom Delphin ab und nicht von affenähnlichen Baumbewohnern. Ich finde diese Idee auch viel sympathischer, denn diese klugen eleganten Tiere sind mir lieber als die boshaften haarigen Affen. Dieser englische Forscher untermauert seine Theo-

rie sehr glaubwürdig: Alle Affen baden nur sehr ungern und sind schlechte Schwimmer – der Mensch und der Delphin dagegen sind ausgesprochen gute Schwimmer und baden sehr gerne. Dazu kann sogar ich ein gutes Argument liefern, weil ich aus der Reisebranche komme. Preisfrage: Wohin fahren mehr Leute auf Urlaub? In den Urwald, um dort an Lianen herumzuschaukeln und Bananen zu schmatzen – oder an den Strand, um sich ins Wasser zu stürzen und Frutti di Mare zu dinieren? Na also!

Die alten Griechen hatten da so ein Märchen von einem Knaben auf dem Delphin, das deutet auf Verwandtschaft hin. Wer hat schon von echter Freundschaft zwischen Menschen und Affen gehört? Der einzige bekannte Fall ist Edgar Rice Borroughs „Tarzan". Eine erfundene Geschichte, die meiner Meinung nach endlich umgeschrieben gehört. Wenn ich einmal die geplante Weltumsegelung mache und viel Zeit habe, werde ich unter dem Künstlernamen Edgar Reis Bettermann den Roman „Darphin" schreiben.

Ein kleiner Junge fällt von Bord einer Yacht, wird von den Delphinen an Kindes statt angenommen, lernt unheimlich schnell und tief tauchen, bringt sich aus Flaschenpostbriefen selber die menschliche Sprache bei und tritt schließlich zusammen mit seiner Freundin Jane – einer Olympiaschwimmerin – und der Delphindame Chetaah im Sealife

Park in Florida auf und wird Filmschauspieler. Unglaubhaft, sagen Sie? Dann lesen Sie doch einmal den „Tarzan". Vielleicht war es aber in Wirklichkeit noch ganz anders, es war ja schließlich keiner von uns dabei. In vorgeschichtlichen Götterzeiten war vieles möglich. Der Knabe auf dem Delphin war vielleicht gar kein Knabe, sondern ein Affe, der sich in das Delphinmädchen verliebt hatte, und der Sohn der beiden war der erste Delphinaffe und hieß... ADAM! Von der Mama erbte er die Intelligenz, die schöne glatte Haut und die Liebe zum Wasser und zur See, vom Papa die Bosheit, die behaarten Arme und die Behendigkeit, in der Takelage herumzuturnen.

Das finde ich eine sehr gute Theorie! Nicht nur, weil sie von mir ist, sondern weil sie endlich erklärt, wo die Segler herkommen. Ein reinblütiger Verwandter von Affen würde nie auf die Idee kommen, sich auf dünnen Planken Wind und nassen Wellen anzuvertrauen, und ein Delphin würde keine Masten aufstellen, sie verstagen und dann darin herumklettern. Nur der Delphinaffe würde das tun, und wir Segler tun das. Um meine sehr einleuchtenden Hypothesen zu erhärten, brauche ich nur noch ein paar gute Beweise.

Ich hab' mir schon überlegt, ob ich mir nicht ein paar von Herrn Däniken ausborgen kann. Dann waren die seltsamen Kopfbedeckungen auf uralten Steinzeichnungen keine Raumschiffhelme, sondern eben Taucherhelme, die man für Verwandtenbesuche unter Wasser gebraucht hat, als es die geheimnisvolle Insel Atlantis noch gab und Mensch und Delphin sich noch unterhielten.

Ich ließ jedenfalls mein Delphinerbteil da in der Manganaribucht so richtig austoben, bis es mich fröstelte und mein Affenerbteil ein Bier trinken wollte.

Wir hockten dann in der Nachmittagssonne und spülten mit einem kleinen Bier den Salzgeschmack von den Lippen.

„Da drüben baden auf einmal Leute", meldete der Hofrat, als er den Strand mit dem Feldstecher absuchte.

„Leute?" sagte Max und kniff die Augen zusammen. „Da pritscheln drei Kinder im Wasser. Ich kann sogar mit freien Augen sehen, daß sie keine Badehosen anhaben."

„Kleine blonde Mäderln sind das", stellte Giselher fest und streckte seine Hand aus, „gib mir mal das Glas, Viktor, du blinde Eule."

Da riß aber Georg das Glas an sich und drehte an der Scharfeinstellung. „Weiber!" schrie er aufgeregt. „Drei nackte blonde Weiber toben

da am Strand, daß die Busen nur so hüpfen. Ans Ufer! Ans Ufer!"
In der nächsten Sekunde ging es zu wie bei einer überraschend angesagten Seenotübung. In fieberhafter Eile wurde das zusammengelegte

Schlauchboot aus dem Schapp gerissen, und Georg und Giselher pumpten wie eine preisverdächtige Spitzenmannschaft bei der Feuerwehrolympiade. Unter ängstlichen Blicken zum Strand, ob die Nixen noch da waren, riß Giselher den Außenborder aus der Halterung und fierte ihn vorsichtig in das bereits neben dem Schiff schwimmende Schlauchboot.

„Verheiratete und Familienväter wieder aussteigen", rief Giselher mit nervös überschlagender Stimme, als müßte er das letzte Rettungsboot der ANDREA DORIA für besondere Notfälle freihalten.

Ich lehnte mit B.A. amüsiert an der Reling, und wir schauten zu, mit welchem Ernst Georg die Zahl der Freiwilligen mit Kinderauszählreimen einschränkte. „...Müllers Kuh, Müllers Esel...der...bist...du! Rauf mit dir."

Das Schlauchboot stieß dann mit Georg, Giselher und Max ab. Zornige Flüche hallten über die stille Bucht, weil der eigenwillige Außenbordmotor nicht gleich anspringen wollte, und in einer giftblauen Benzinrauchwolke knatterten sie dann aufs Ufer los, wie Seehundsjäger, die am Strand ein paar besonders schöne Seal entdeckt haben.

„Wo fahren die hin?" fragte der Hofrat.

„Ufer erkunden!" schrie ihm Simon ins Ohr, dann wandte er sich an B.A. „Warum hast du das zugelassen? Die können doch nicht so ein-

fach mit dem Schlauchboot herumkutschieren, nur wenn da ein paar
Weiber rumrennen."

B.A. grinste und sah auf seine Uhr. „Gar keine schlechte Zeit für ein
Bootsmanöver. Die Crew muß nur richtig motiviert sein, dann schafft
sie Traumzeiten. Karl, trag ein ins Logbuch: ‚Beibootmanöver durchgeführt in Rekordzeit‘."

Simon kam dann zu mir in die Kajüte. „Wie wäre es wieder mit einer
cooperation gastronomique? Heute könnten wir zwei wieder einmal
aufkochen."

„Beim alten Gastritis, dem Gott der Magenkranken", schrie B.A.
oben an Deck entsetzt auf. „Janos, versteck sofort den Chilipfeffer,
den Paprika, das Currypulver und die Tabascosauce. Rebitschek und
Vettermann, diese beiden schrecklichen Säurechemiker, wollen die Ab-
wesenheit von Casaroli für ein heimtückisches Attentat auf unsere Ma-
genwände ausnützen."

„Du bist nachtragender als ein See-Elefant und ungerechter als Kad-
mos, der Tyrann von Theben", knurrte Simon etwas beleidigt an Deck
hinauf, „ich gedenke heute ebenfalls eine griechische Spezialität zuzubereiten, zu der aber nur heimische Kräutlein als Würze verwendet
werden dürfen. Steck dir also den Pfeffer und den Paprika von mir aus
...äh, unter die Matratze."

Aus dem Eisschrank holte Simon zunächst einmal die obligatorischen
Smutjebiere. „Er wird sich wundern, der Barawitzka", murmelte er
grimmig, „wie scharf man mit Knoblauch würzen kann."

Ich ahnte Schreckliches. „Was willst du denn zelebrieren?"

Simon dachte ein wenig nach. „Wenn der Casaroli was Griechisches
zusammenbringt, dann kann ich das auch. Ich werde *Beignet vert Nausikaa* zubereiten, in Fachkreisen auch unter der Marinekurzbezeich-
nung ‚3-S‘ bekannt."

„Und was heißt das auf gut deutsch?"

„3-S steht für SIMONS-SPINAT-STRUDEL. Gib mir die Brösel
herüber."

„Halt! Aus, da spiele ich nicht mit!" protestierte ich. „Du bist ja
noch ärger als die deutschen Filmverleiher. Die bringen auch ständig
unter lockenden Titeln wie ‚Der Knallkopf von St. Tropez‘ oder ‚Lou-
is, die Pflaume‘ und ‚Balduin, der Trockenschwimmer‘ immer denselben alten Louis-de-Funès-Film in die Kinos. Du jubelst der Crew auch
dauernd deine verdammten Bröselnudeln unter französischen Phanta-

sienamen unter. Das gibt eines Tages eine schlimme Meuterei, und da möchte ich nicht auf der Seite der Kombüse stehen."

Simon lachte und beruhigte mich dann schnell mit dem geflüsterten Rezept, so daß ich ihm interessiert bei der Zubereitung der „3-S" half. Wir bedeckten den aufgeklappten Salontisch mit feuchten Tüchern, dann röstete er ein paar Handvoll Brösel in Margarine an, verrührte sie mit einigen Dosen Blattspinat und würzte mit Salz, Basilikum und vielen Knoblauchzehen, die er geschickt mit seinem Dolch auslöste und zerdrückte. Dann half ich ihm, die feuchten Tücher mit ANKER-Strudelblättern aus einer Familienpackung zu belegen. Dann kam die Spinatfülle drauf, darüber eine Schicht Fettkäse und obenauf Speckstreifen. Simon packte dann ein Tuch nach dem anderen und rollte die Strudel elegant und gekonnt zusammen.

„So, los geht's", sagte er nicht ohne Stolz in der Stimme. „Zünde bitte das Backrohr an."

Das hatte ich nicht vorhergesehen. Backrohranzünden ist nicht gerade meine Stärke. Ich mag Backrohre nicht und Backrohre mögen mich nicht. Sie machen mir immer etwas zu schaffen. Da muß man gebückt und zusammengekrümmt unter Tischhöhe herumfiddeln; brennt endlich das Zündholz und man hat den richtigen Gasknopf in der richtigen Stellung hineingedrückt, schwankt der Herd im Kardangelenk und die Klappe fällt zu. Hat man die Klappe wieder offen und sucht erneut den richtigen Gasknopf, ist das Zündholz abgebrannt, und die Finger fangen Feuer. Hat man alles richtig gemacht, brennt das Gas nicht an, oder es fängt nach einer Weile explosionsartig Feuer, daß die Wimpern und Augenbrauen verschmoren. Macht man die Klappe zu früh zu, geht das Gas wieder aus. Läßt man die Klappe zu lange offen, wird das Stahluhrarmband glühend heiß oder der Ärmel fängt Feuer, und man muß den Gasknopf wieder auslassen, und das ganze Theater beginnt von vorne. Bis das verdammte Backrohr brannte, hatte ich jedenfalls wieder versengte Haare, Blasen an den Fingern, die Bordschuhe voller abgebrannter Zündhölzer und eine unbeherrschte Stimmung im Bauch. Ich verhielt mich aber ruhig, denn ich freute mich auf den Moment, wo Simon die weichen, dünnhäutigen Strudel vom Tisch auf die Backbleche umheben mußte, weil sie dabei meist platzen, und der Koch verliert die Nerven. Es gab aber leider nichts zu lachen. Simon arbeitete mit Zaubertricks wie der alte Houdini. Er schob die Bleche vorsichtig unter die Tücher und riß diese dann mit einem blitzartigen Ruck weg. Voila!

Ich durfte die Strudel mit zerlassener Butter anpinseln, die Bleche in den Herd schieben, und Simon schloß die Klappe mit seinen Segelhandschuhen.

„Rauchpause!" verkündete er. Ich war recht gespannt auf den Geschmack dieser sonderbaren *Beignets verts Nausikaa*. Ein Apfelstrudel, ein Topfenstrudel, Mohnstrudel, Nußstrudel, Kirschstrudel, Rharbarberstrudel, Ribiselstrudel, das war mir alles ein Begriff – aber Spinatstrudel?

„Sagt, wo ist denn eigentlich Felix?" fragte B.A. und sah sich um. „Den habe ich jetzt schon eine ganze Weile nicht gesehen. Wir könnten nämlich wieder den Ölstand kontrollieren."

Ich schaute mich im Vor- und Achterschiff um, Felix war nicht da. Ich suchte das Schiff nochmals ab, schaute überflüssigerweise sogar ins Ankerschapp und in den Ölzeugschrank. Nichts.

„Der muß mitgefahren sein." Aber wir waren uns alle einig, daß wir nur drei Mann im Schlauchboot gesehen hatten. B.A. suchte das Ufer mit dem Glas ab. Aber kein einsamer Muschelsammler war zu sehen.

Gerade als es schon sehr gut aus dem Herd zu duften begann, knatterte das Schlauchboot wieder heran, und grinsend wie frischgebackene Totomillionäre kletterten die drei Voyeure an Bord.

„Das sind drei Französinnen", rief Georg mit leuchtenden Augen, „die kampieren da hinten in einem Zelt. Die haben uns für heute zu einem französischen Abend eingeladen..." Georgs Stimme versagte, er mußte schlucken.

„Habt ihr Felix mit zum Ufer hinübergenommen, oder ihn irgendwo gesehen?" unterbrach ihn B.A.

„Felix? Der war nicht bei uns. Wieso?"

„Weil er überfällig ist", knurrte B.A. ungehalten und suchte wieder das Ufer mit dem Glas ab. „Tute einmal kräftig mit dem Nebelhorn, Simon."

Der blecherne, eher komische Quäkton des Yachtnebelhorns verhallte über der Bucht. An Land blieb alles still.

„Ach, regt euch nicht auf", meinte Giselher leichthin, „vielleicht ist er an Land geschwommen. Wenn er Hunger hat, wird er schon kommen."

„Wenn er Hunger hat!" B.A. regte sich plötzlich auf. „Und wenn wer anders schon Hunger gehabt hat? Wenn ihn ein Hai gefressen hat? Oder er hat einen Krampf bekommen und ist abgesoffen, was dann?

Ich schreibe höchst ungern in eines meiner Logbücher: ‚Ab Manganari mit reduzierter Mannschaft. Schmiermaxe vermutlich von Haien gefressen!' Teufel nocheinmal!" Er schaute wieder durch das Glas.

Ich schnappte mir das Nebelhorn und stieß mit Max zusammen das Schlauchboot ab, um eine Runde in der Bucht zu drehen. Wir fingen auf der anderen Seite an, denn drüben bei den Französinnen hätten ihn ja die anderen gesehen. Wir fuhren den Strand ab, tuteten und riefen. Niemand antwortete auf unsere Rufe, keine jungfräulichen Spuren kreuzten den leeren Sand. Die Sonne begann zu sinken, und ich hatte langsam auch ein sehr ungutes Gefühl. Da sahen wir eine braune Gestalt langsam zwischen den Bäumen wandeln, die Badehose und die Flossen in der Hand.

„Ahoi", rief Felix, „nehmt ihr mich mit? Dann brauch ich nicht so weit zu schwimmen!"

„Wo hast du denn gesteckt?" fuhr ihn Max an. „Hast du unser Tuten nicht gehört? Wir suchen schon eine halbe Stunde nach dir."

„Ich hab' mich da oben pudelnackt auf den Felsen gesonnt", erklärte Felix und watete zum Boot. „Warum sucht ihr mich?"

„Das wird dir B.A. ganz genau erklären, fürchte ich. Komm jetzt schnell, ich hab' Hunger und außerdem fürchte ich, daß der Hofrat wieder eine Grübelstunde hat und meine Strudelportion so nebenbei verdrückt."

Meine beiden Befürchtungen waren falsch. Erstens hatte B.A. inzwischen gegessen, und es hatte ihm so geschmeckt, daß er Simon eine seiner Zigarren anbot und Felix nur kurz ersuchte, das nächste Mal vor einem Landgang eine kurze Meldung zu machen, und zweitens war der Hofrat nirgends zu sehen, und unsere Strudelportionen waren im Backrohr bestens warmgehalten.

Ich mußte B.A. recht geben. *Beignets verts Nausikaa* waren eine Spezialität, deren Rezept man sich unbedingt merken mußte.

In der Dämmerung brachen unsere Freier zur französischen Feier auf. Blitzsauber, glatt rasiert, parfümiert und eine lüsterne Erwartung in den Augen. Giselher hievte eine schwere Tasche an die Reling, in der Flaschen klirrten.

Simon sprang mißtrauisch auf und fragte: „Was ist'n das?" und guckte in die Tasche.

„Ach, nur ein bißchen was zum Knabbern und einen Schluck zum Trinken", sagte Giselher und zerrte an der Tasche.

„Ein bißchen was zum Knabbern nennst du das?" empörte sich Simon. „Also, meinen Rum saufen die Weiber nicht." Er rettete schnell seine heilige Flasche. „Was habt ihr denn vor? Wollt ihr einen Monat am Ufer bleiben?"

Jetzt mischte sich der Käptn ein: „Wenn ihr für private Grillabende Proviant einpackt, dann fragt bitte das nächste Mal vorher. Der Proviant ist schließlich gemeinsames Bordeigentum. Haut jetzt ab!"

„Nun ja", stotterte Giselher, „sie haben gemeint ..."

„Es interessiert mich nicht, was sie gemeint haben. Fahrt endlich los." B.A. winkte mit der Hand wie zum Gruß.

Max tuschelte mit Giselher, und in diesem Moment erschien der Hofrat, fertig zum Landgang gekleidet, Kamera und Blitzlicht umgehängt, und stieg ebenfalls ins Beiboot.

„Hallo, Viktor! Du hast keine Einladung von den Mädchen, du kannst doch nicht einfach mitkommen", sagte Georg überrascht. Aber der Hofrat hörte nicht. Er saß fest im Schlauchboot und schraubte an seiner Kamera herum. Georg wollte ihn eben am Kragen packen, da rief B.A. lachend dazwischen: „Was, zum Teufel, bildet ihr euch eigentlich ein? Erst nehmt ihr gemeinsamen Proviant für private Feiern. Dann wollt ihr Alleinbenutzungsrecht für das bordeigene Gummifloß? Ihr könnt doch Viktor nicht verbieten an Land zu gehen, wenn er Nachtaufnahmen machen möchte." B.A. grinste schadenfroh, wie Prokrustes, der griechische Wirt mit den unbequemen Betten.

Mit einem schiefen Blick auf den Hofrat startete Giselher und tukkerte los. Ich mußte lachen, auch Max machte ein Gesicht wie ein fremdgehender Ehemann, dem sich auf dem Weg zum geheimen Rendezvous zufällig der Schwager anschließt und nicht abzuschütteln ist.

„Sonderbare Knabbereien", murmelte Simon, „sie haben Nudeln mit und Dosenfleisch und Karotten und Reis und Sardinen und die letzte Stange Bergsteigerwurst."

„Das ist eine erfreuliche Mitteilung", sagte B.A. und griff nach der Weinflasche, „also brauchen wir auf dieser Reise nicht mit dem Schimmel um die Wette zu essen."

Simon zog ein Gesicht. Er hatte dieses Mal, wegen der Gewichtsbegrenzung in dem Flugzeug, nicht so viel Wurst mitnehmen können wie sonst immer. Er verstand es aber noch immer nicht, warum B.A. so viel Aufhebens machte, wenn Wurst außen schimmlig wurde. Wurst wird auf Segelbooten eben außen schimmlig.

Die Wolken am westlichen Horizont flammten in einer gelb-lila-orangenen Farborgie auf, und wir warteten, bis die rote Sonnenscheibe auf den messerscharfen Horizont aufsetzte, ein wenig zitterte und dann schnell versank, wie ein glühender Schilling in einem dunklen Wachsblock.

„Cocktailzeit oder Blaue Stunde", verkündete Janos und schenkte eine Runde Monemvassia-Wein aus, zur Feier des Tages. „War eine gute Idee, hier in dieser Bucht zu bleiben. In Ios würden wir wieder in einer rauchigen Kneipe sitzen und könnten die herrliche Nacht nicht so genießen. Für mich sind diese friedlichen Abende in einer Bucht die Dinge, die mir von einer Segelreise am besten in Erinnerung bleiben: die sinkende Sonne, eine leise Melodie, ein philosophisches Gespräch unter guten Freunden. Was gefällt dir eigentlich so am Seesegeln, Karl?"

Ich mußte eine Weile nachdenken. „Das ist keine leichte Frage. Ich glaube, das meiste mache ich mir aus der Navigation. Dieses Messen und Rechnen, diese Anwendung von Geographie, Geometrie und Astronomie. Und dann bei jedem Landfall die Spannung: Ist das der Hafen, wo wir hinwollten, oder hab' ich mich vertan? Wenn ich dann in einem exakt angesteuerten Hafen an Land gehe, fühle ich mich wie Kolumbus und möchte mit niemand auf der Welt tauschen. Manchmal würde ich am liebsten auf dem Kai tanzen und Arien singen."

Janos wandte sich an B.A. „Und was lockt dich auf die weite See, Boris?"

„Schenk ein, Ganymed, so lange Wein im Kruge ist." B.A. reichte Simon sein Glas. „Ich habe die Antwort schon parat. Erstens segle ich gerne, und besonders das Seesegeln scheint mir der bestgeeignetste Ausgleichssport für den Nerven- und Kräfteverschleiß zu sein, dem ich das ganze Jahr über ausgesetzt bin. Zweitens finde ich an Bord, bei dieser gleichberechtigten unbotmäßigen Crew, ein geradezu ideales Trainings- und Testklima vor, wo ich meine Managementtheorien, Manipulationstechnik und -tricks, Mitarbeitermotivationsrezepte usw. ausprobieren kann, bevor ich sie in meinen Kursen weitergebe ..."

„Da hast du es!" brauste Simon wild auf und verschüttete vor Erregung beinahe B.A.'s Wein. Er streckte die Hand aus und zeigte anklagend auf den Käptn. „Ich habe immer behauptet, dieser Barawitzka ist ein falscher Fünfziger, ein durchtriebener See-Machiavelli, ein gewissenloser Marine-Ajatollah, schlimmer als ein Sack voller Politiker, trickreicher als ein Falschspieler ... und er gibt es noch zu. Hat man

Worte! Er grinst auch noch! Also hatte ich recht, daß es bei der Kapitänswahl nicht mit rechten Dingen zugegangen ist."

„Selbstverständlich sind da überall Tricks dabei", gab Barawitzka ungerührt zu, „wegen dir hab' ich manchmal höllisch aufpassen müssen. Aber gerade das macht ja den Reiz und die für mich so wertvolle Erfahrung aus."

Simon schüttelte fassungslos den Kopf: „Er prahlt noch damit, daß er demokratische Spielregeln ständig manipuliert und verfälscht." Er sah zu den Sternen empor, als erwartete er, daß Zeus in der nächsten Sekunde B.A. mit einem seiner Donnerkeile in die Luft sprengen würde.

B.A. deutete den Blick richtig und ging zum erstenmal auf dieser Reise etwas aus sich heraus: „Bist du so naiv, oder tust du nur so, Simon?" fragte er. „Sag mir nicht, daß du ehrlich glaubst, daß Demokratie eine Sache von wohlüberlegten Entscheidungen einer Mehrheit von mündigen intelligenten gleichberechtigten Bürgern, Freunden oder Kollegen ist."

„Was denn sonst?" Simon war aufgebracht. „Wenn natürlich so jemand wie du …"

„Langsam", unterbrach ihn B.A., „ich muß dir leider jetzt etwas von deinem kindlichen Glauben nehmen. Demokratie ist regieren durch reden. Das ist nicht von mir, das ist von Churchill. Und mit reden ist die Beeinflussung durch die Sprache gemeint. Und Beeinflussung ist nichts anderes als Manipulation. Und Manipulation ist die Grundlage unseres menschlichen Zusammenlebens. Der einzige, der niemand manipuliert, ist der einsame Robinson. In der Sekunde aber, als Freitag landet, geht die gegenseitige Manipulation los. Robinson ist schnurzegal, was Freitag will. Er möchte jemand zum Unterhalten und zum Reden haben, und Freitag möchte Schutz vor den anderen Insulanern und manipuliert Robinson seinerseits, damit er ein Boot baut und ihn beschützt und nicht ausliefert, als Nachspeise für die Kirtagsfeier vom Nachbardorf. So ist das. Und erzähl mir nicht, daß du deine Frau nicht manipulierst und sie dich nicht. Beim letzten Heurigenabend vor der Abreise erinnere ich mich noch gut, wie sie deine Kraft und Muskeln pries und dann zufällig von dem 50-kg-Sack Kartoffeln gesprochen hat, der in den Keller getragen gehört. Und wer hat sofort sagen müssen, solche Säcke sind doch kleine Fische? Und wer hat ihn getragen?"

B.A. sah Simon an, der plötzlich ruhig geworden war. Er fuhr aber unerbittlich weiter: „Wer hat dann, kurz danach, ganz bewundernd von den Näh- und Stickkenntnissen seiner Frau gesprochen? Wer hat dann so nebenbei erwähnt, man könne natürlich Leinenschlafsäcke in jedem Geschäft kaufen, aber wie schön sei es doch, einen selber genähten zu haben mit einem Monogramm und einem kleinen blauen Anker dazu? Kannst du mir folgen, Rebitschek?"

„Niedertracht wohin man sieht", preßte Simon zwischen den Zähnen hervor, „nichts ist diesen Manipulierern heilig. Sie vergiften sogar die heiligen Bande der Ehe, sie rütteln an den Grundfesten unserer Kultur, unserer Religion, unserer Zivilisation; sie ziehen alles in den Schmutz, wofür unsere Vorväter gekämpft haben ..."

„Von wem sprichst du, Simon?" unterbrach ihn B.A. „Wer sind SIE? Sprichst du von mir, versuch dich bitte zu erinnern, ich bin in der Einzahl, sprichst du von Volksverführern, wie Kolumnisten von Parteizeitungen, dann erkläre mir bitte, was das jetzt mit unserer Unterhaltung zu tun hat?"

Simon warf ihm einen funkelnden Blick zu: „Volksverführer! Ja, das bist du! Du und deinesgleichen verdrehen einem das Wort im Mund; reden salbungsvoll von der Steuersenkung und schnalzen hinterrücks die Benzinpreise und die Fernsehgebühren hinauf. Erzählen dauernd, wie sehr sie um das Wohl der Allgemeinheit besorgt sind, und wenn du dann in deine Geldbörse schaust, ist der Schilling nur mehr 50 Groschen wert. An die Laternen gehört ihr alle! Wenn ich was zu reden hätte, würde ich eine riesige Schädelpyramide bauen lassen mit euren abgeschnittenen Köpfen, so wie es der gute alte Dschingis-Khan gemacht hat."

B.A. lachte auf: „Oh jeh, jetzt ist bei Simon die unbeherrschte Volkswut ausgebrochen. Jetzt bin ich der ewige unsichtbare Feind des kleinen Bürgers, der an allem schuld ist, am schlechten Wetter, an der Wirtschaftskrise, an den Benzinpreisen, an den Atombomben und am teuren Bier. Das ist jetzt psychologisch sehr interessant, Janos."

B.A. dozierte wie vor einem Forum von Wissenschaftlern und sah auf den zornigen Rebitschek nicht wie auf einen Freund, sondern eher wie auf einen interessanten pathologischen Fall. „Ich habe mich schon öfters gefragt, wie das kommt, daß sich sonst völlig harmlose und unbescholtene Bürger plötzlich zusammenrotten und den nächstbesten Angehörigen einer anderen sozialen Gruppe beschimpfen, attackieren und sogar hinmetzeln, wie von einer religiösen Berufung erfüllt. Und dann auseinander gehen, als wäre nichts geschehen und sagen: 'Das hat er aber verdient, der Fremdarbeiter oder der Neger, oder Jude, Nazi, Kommunist, Amerikaner, Franzose, Deutsche, Christ, Liberale, Araber, Polizeispitzel ...' und so weiter. Das ist nicht Tollwut oder eine Geisteskrankheit. Das muß etwas zu tun haben mit unterbewußten Kindheitsängsten, so etwas wie die unerklärliche Angst vor dem 'Schwarzen Mann' oder dem 'Großen Mond', der ständig hinter der nächsten Ecke lauert und Böses im Schilde führt, in Verbindung mit einer sehr mangelhaft entwickelten Urteilsfähigkeit und Einsicht in die realen Tatsachen ..."

„Ich habe also Angst! Ha? Ich habe keine Urteilsfähigkeit, was?" Simon beugte sich erregt vor: „Ich werde dir gleich beweisen, wie ich urteilen kann. Ich werde dir jetzt einen Vortrag auf meine Art halten. Siehst du dieses schöne, scharfe Messer?" Er zog seinen langen Dolch aus dem Lederfutteral an seiner Hüfte.

Käptn Barawitzka zeigte sich ungerührt. „Steck dein dummes Messer weg, wenn du keine besseren Argumente hast. Eine Frage: Ist das dein völliger Ernst, wenn du behauptest, ich, B.A. Barawitzka, bin für die Abwertung des Schillings verantwortlich? Bin ich der Finanzminister? Bin ich die Regierung, du Depp?"

Simon machte eine ungeduldige Handbewegung. „Unsinn, natürlich nicht, aber das sagt man eben so im Zorn."

„Beim alten Sokrates!" rief Barawitzka bedauernd und schlug die Hände über dem Kopf zusammen. „Und sowas darf Kinder erziehen und wählen gehen. Kein Wunder, daß wir mit der Entwicklung der menschlichen Intelligenz seit den alten Griechen, nicht viel weiter gekommen sind."

Simon steckte sein Messer weg und meinte: „Gut, dann steh auf und kämpfe wie ein Mann. Ich werde dir jetzt ein paar handfeste Argumente liefern." Er ballte die Fäuste und blies sich auf die Knöchel.

„Wozu? Ich habe dir doch soeben bewiesen, daß du wirklich keine Urteilskraft hast und dazu neigst, hirnloses, ungereimtes Zeugs zu behaupten. Also habe ich recht und es gibt keinen Grund für eine neuerliche Diskussion über deine geistigen Fähigkeiten."

Simon knurrte: „Du schmeißt mit Ausreden, Polemik und dialektischen Kunststückchen um dich wie ein Politiker. Aber mich kannst du nicht blenden." Er seufzte tief. „Du enttäuschst mich, Käptn. Ich hab' dich immer für einen mutigen Kerl gehalten. Die Kapitäne in meinen

Abenteuerbüchern haben sich nie gefürchtet, einer Herausforderung entgegenzutreten, aber du ..."

„Wenn du das glaubst, dann komm", lachte Barawitzka und hob die Fäuste.

B.A. zwinkerte mir und Janos zu, erhob sich und wich an die Reling zurück.

Simon heulte auf wie ein angreifender Stuka und stürzte sich auf seinen Gegner. Im nächsten Moment flog er mit flatternden Hosenbeinen in hohem Bogen über die Reling und klatschte aufspritzend ins Wasser.

„So", sagte B.A., „eine Abkühlung kann ihm nicht schaden." Ich schaute Barawitzka leicht verwundert an. Das war eine ganz neue Facette unseres vielfältig schillernden Kapitäns. Körperlich hatte er sich bis jetzt noch nie engagiert, und ich wäre nie auf die Idee gekommen, mir B.A. in einer Schlägerei vorzustellen. Simon ist ein recht kräftiger und grober Kerl und kein heuriger Hase im Kampf Mann gegen Mann, aber B.A. hatte ihn so mühelos und elegant abserviert, wie der Favorit beim internationalen Kellnerwettbewerb eine leere Puddingschüssel.

Simon tauchte spuckend auf und kraulte schwer in seinen Kleidern zur Badeleiter. Er kletterte an Bord, triefend wie der sagenhafte Mann vom Meer.

„Donnerwetter", stieß er bewundernd hervor, „das war aber ein Supertrick." Er schlüpfte aus seinen nassen Sachen, wand sie aus und hängte sie an die Reling. „Ich hab deine Ohren schon beinahe in den Fäusten gehabt, da bin ich plötzlich geflogen wie ein Vogel. Wo hast du diesen Trick gelernt, B.A.?"

Der Käptn schenkte sich einen neuen Wein ein und meinte bescheiden:

„Bei meinen Managementkursen habe ich als Ausgleichssport Jiu-Jitsu eingeführt. Als Trainer habe ich einen pensionierten Polizeioffizier gewinnen können, der hat einen schwarzen Gürtel und ist ehemaliger Europameister. Soll ich dir trockene Sachen borgen, Simon? Vielleicht meinen neuen Trainingsanzug?"

„Danke, danke, ich hab' genug trockene Kleider." Simon tanzte nackt übers Deck und ging nach unten, um sich abzufrottieren und umzuziehen. Als er wieder an Deck erschien, war er noch immer voller Bewunderung für B.A.'s Trick: „Kannst du mir das beibringen, Käptn?"

„Ein Kurs in meinem Institut könnte dir nicht schaden", grinste

B.A., „ich würde dir zu einem Anfängerkurs in Dialektik, logischem Denken und richtiger Argumentation raten. Dabei kannst du auch den 'Ucki goshi'-- den Schulterwurf – üben."

„Wie meinst du das?" knurrte Simon mißtrauisch.

„Zur Einführung meiner Dialektikkurse in den Seminaren", fuhr B.A. unbeirrt fort, „pflege ich folgendes zu sagen, Anführungszeichen: Wer ist der Klügere? Der, der seinen Chef in sinnloser Wut verprügelt und hinausgeschmissen wird, der seine Frau erwürgt und eingesperrt wird, der seinen politischen Gegner mit einem Paket Dynamit in die Luft jagt und dann seinerseits gesprengt wird ... oder derjenige, der seinem Chef einreden kann, daß er unentbehrlich ist und eine besondere Gehaltserhöhung verdient, seine Frau in fünf Minuten überzeugt, daß es besser ist, daß die Schwiegermutter nicht in die gemeinsame Wohnung zieht, sondern nur zum Bügeln auf Besuch kommt, der seine politischen Gegner dazu bringt, daß sie hochachtungsvoll von ihm reden und hoffen, daß er möglichst lange ihr Gesprächspartner bleibt? Na, Simon, jetzt ganz ehrlich, wer ist der Klügere?" B.A. beugte sich interessiert vor.

Simon Rebitschek zog ein schiefes Gesicht und wedelte mit der Hand herum. „Nur Frauen kämpfen mit Worten. Für Männer ist das nichts."

Jetzt lachte Käptn Barawitzka. „Um was wetten wir, daß du bei häuslichen Auseinandersetzungen immer den Kürzeren ziehst, weil du dialektisch nicht geschult bist? Um was wetten wir, daß du nach einem Grundkurs bei mir im Seminar bereits Teilsiege mit Worten erringen kannst? Ich garantiere dir, nach dem Einführungskurs kannst du bereits deinen Frühschoppen selber einteilen, auch wenn noch Kohlen aus dem Keller hochzutragen wären."

„Ich habe gedacht, du hältst nur Managementkurse ab, B.A.", wunderte sich Simon.

„Und was ist Management anderes als die Kunst, der unangetastete Chef zu bleiben?" fragte B.A. und begann wie zehn Männer zu lachen. Schließlich lachte auch Simon mit. „Ich glaube, ich werde vielleicht doch einmal bei so einem Kurs zuhören, um zu sehen, welchen Unsinn B.A. da verzapft", sagte er und drohte B.A. friedfertig mit dem Finger. „Aber ein durchtriebener Hundling bist du trotzdem."

Janos grinste breit und meinte: „Womit wir wieder bei meiner Urlaubsphilosophie sind. Ein Großteil der Erholung ist es schon, wenn man in den Ferien einmal das machen darf, was man das ganze Jahr über nicht tun kann. Lassen wir also Simon jetzt einmal das letzte Wort sprechen und kehren wir zum gemütlichen Teil dieses Abends zurück."

„Beim alten Demosthenes", sagte Simon und klopfte Janos gut gelaunt auf die Schulter, „du bist ja auch so ein Wortverdreher und Volksbeschwatzer wie der Barawitzka. Da muß man aufpassen wie ein Haftelmacher bei euch beiden. Jedes Wort von euch ist spitzig wie ein Dorn, hat Widerhaken und ist vergiftet. Jeder Satz hat einen doppelten Boden und ist in der Bilge voll von Niedertracht und Bosheit, wie eine schlecht abgedeckte Jauchegrube. Ihr zwei könnt's euch die Hand geben. Aber wartet", Simon hob sein Glas hoch wie zum Schwur, „so wahr ich hier sitze, dieser rote Retsina im Glase glüht und der Mond blöde dazu grinst, so wahr werde ich einen Rednerkurs machen, und dann nehmt euch in acht vor mir. Ha! Mit den Händen in der Hosentasche werde ich alle fertigmachen. Nur mit meiner Zunge allein, die spitzer sein wird als mein Dolch, schärfer als Salpetersäure, giftiger als der Stachel des Skorpionfisches, beißender als frisch geschnittene Zwiebel, länger als ein Säbel ... äh!..." Er verstummte.

„Na ja", sagte Janos, „nicht schlecht für den Anfang. Eine anschauliche Rede ist sehr viel wert, wenn auch die Vergleiche noch nicht so ganz hinhauen."

„Ihr habt euch aber fest angesoffen in der kurzen Zeit", bemerkte Felix trocken und guckte in den Hals der Korbflasche, „von wegen Romantik und stille Bucht und würdige Gespräche unter Freunden. Von dem guten Monemvassia ist beinahe nix mehr da."

B.A. breitete die Arme aus: „*When piradshi* – Macht nix, wie die Griechen sagen. Simon, greif mal in das Schapp unter meiner Koje, da ist noch eine geheime Reserveflasche. Die werden wir uns jetzt noch einträchtig zu Gemüte führen, während sich der Rest der Mannschaft an französischen Lagerfeuern vergnügt. Heute ist mir danach, und morgen früh segeln wir nach Süden und bunkern dickflüssigen Vulkanwein auf der Insel Santorin."

„Ich habe geglaubt, es ist ausgemacht, daß wir langsam wieder in Richtung Athen hochsegeln?" warf ich ein.

„Zur Hölle mit vorgefaßten Fahrplänen. Wir sind kein Liniendampfer. Wir werden eben eine demokratische Abstimmung für eine Kursänderung nach Santorin machen und basta!" Er blickte uns mit einem schlauen Auge an. „Nachdem ihr mein Geheimnis jetzt kennt, hoffe ich doch, daß ihr aus Eigennutz mithelft, die anderen umzustimmen.

Sonst gibt's keinen Vulkanwein, und der soll eine ganz besondere Spezialität sein."

„Das ist doch ..." Simon fing sich mitten im Satz und pfiff durch die Zähne. „Ich lerne dazu. Das war wohl gerade wieder eine wertvolle Lektion in angewandter Demokratie, glaube ich. Jetzt versuchst du mich als Handlanger für deine Manipulationen einzuspannen. Ich mache aber nur mit, weil sich in punkto Vulkanwein unsere Interessen ausnahmsweise einmal decken. Das sage ich dir, nur dieses Mal."

„Bravo", murmelte B.A., „wenn du begriffen hast, daß Handlanger immer glauben, sie machen aus ureigenstem Interesse mit, dann hast du schon sehr viel gelernt. Jetzt hol den Wein bitte, mich gelüstet es nach einem weiteren Schluck von diesem Elixier."

Über der mondglitzernden Bucht summte es, und dann sprudelte das Schlauchboot aus der Nacht herbei. Die vier Ausflügler kletterten umständlich an Bord und warfen die leere Tasche über die Reling.

Wir sagten nichts.

Giselher stand eine Weile wie unschlüssig im Cockpit, dann lachte er auf: „Das war ein toller Abend. Die Weiber waren Spitze. Naja, ein Gentleman genießt und schweigt. Gute Nacht, wir sind hundemüde."

Er kletterte nach unten in seine Koje, gefolgt von Georg und Max, die anscheinend auch völlig erschöpft waren von den Knabbereien und dem kleinen Schluck. Nur der Hofrat blieb an Deck, setzte sich wie selbstverständlich zwischen Janos und Felix und griff nach der Weinflasche.

„Na, wie war's?" fragte Felix nach einer Weile.

„Ganz lustig", erklärte der Hofrat, „da am Ufer stand ein Zelt, da haben drei so bärtige Franzosen mit ihren Mädchen kampiert. Die haben sich sehr nett für die Lebensmittel bedankt und uns dann französische Volkslieder vorgesungen. Es war wie bei einem Pfadfinder-Jamboree. Die Franzosen sind auf der einen Seite des Feuers gesessen und wir Österreicher auf der anderen. Sehr nett. Ich weiß nur nicht, warum Westermayer auf der Rückfahrt verlangt hat, wir sollen nur ihn erzählen lassen und nichts von den bärtigen Franzosen erwähnen. Aber was hättet ihr von uns denken müssen, wenn wir den Abend mit drei alleinstehenden Damen am Ufer verbracht hätten." Der Hofrat schüttelte den Kopf vor Entrüstung.

Wir sanken sprachlos an die Bordwand und sahen uns an. Es war wie in einer alten Sage, aus dem Hofrat sprach Pallas Athene, die Göttin

der Wahrheit. War das jetzt die Brandung drüben am Ufer, oder lachten da leise die olympischen Götter? Ich schämte mich ein wenig, weil ich noch vor einer Weile neidisch daran gedacht hatte, wie das wäre da mit unseren Matrosen und den französischen Nackedeis am Ufer. Ich hätte gleich wissen müssen, daß da ein Haken dabei ist. „Drei wunderschöne alleinstehende Französinnen in einer einsamen Bucht", das konnte nicht wahr sein, schon gar nicht in Griechenland, wo die Götter sich noch immer in alles einmischen. War das jetzt der höhnische Gesang der Sirenen, den man vom Manganari-Ufer herüber hörte?

Ich griff nach der Flasche, das war ein besonders „griechischer Abend" gewesen.

Vulkanwein und Piraten

*Ein Ehedrama · Der alte Mann und der Wein und ein
modernes Marketing · Freud und Leid mit einer
Mädchencrew · Die gelungene List des fintenreichen Barawitzka*

„Ich muß sagen, ich bin sehr froh, daß es uns miteinander gelungen
ist, den Käptn umzustimmen", sagte Georg zu mir, als wir vereint das
Frühstücksgeschirr spülten, abtrockneten und wieder in die Schapps
verstauten. „Dieses berühmte Santorin nicht zu besuchen wäre eine
Schande gewesen. Janos hat uns in der Achterkabine aus dem Reiseführer vorgelesen. Ich bin schon unheimlich gespannt auf den Vulkanwein,
der soll ja ganz besonders gut und schwer sein. Simon hat auch viel dazu beigetragen. Er hat gesagt, er hat einen gewissen Einfluß auf B.A.,
und er wird ein ernstes Wort mit ihm reden, damit wir diesen Umweg
noch segeln können. Barawitzka ist jetzt sicher beleidigt, weil wir uns
alle gegen ihn gestellt haben. Er hockt schon die ganze Zeit im Achterschiff und seine Schultern zucken, wie wenn er weinen würde. Soll ich
nicht zu ihm gehen und ihn ein wenig trösten?"

Es kostete mich eine ganz schöne Konzentration, den Mund nicht zu
verziehen. „Ich kenne B.A.", sagte ich nach einer Weile, „wenn er verliert, sei es beim Kartenspiel oder bei Abstimmungen, ist es besser man
läßt ihn in Ruhe. Er fängt sich schon wieder, du wirst sehen."

„Na, ich meine nur, weil sein Rücken so kummervoll aussieht."

Ich schaute durch den Niedergang. B.A.'s Schultern zuckten wirklich, aber es sah aus, wie wenn sich jemand eisern beherrschen muß,
nicht laut herauszuprusten und eine Kasatschok an Deck zu tanzen.

Laut Logbuch und Wachkalender war es Dienstag, die Backbordwache saß gähnend am Steuer und an den Schoten − wir hatten natürlich
Rückenwind −, und die Steuerbordwache schlief, bis auf Max, der als
Springer bei uns mithalf. Am Morgen hatte es leicht genieselt, und jetzt
zogen wir über ein bleigraues Meer und durch einen feinen Dunst, der

die Sicht stark einschränkte. Die Sirenen von Manganari wurden mit keinem Wort mehr erwähnt, außer daß Felix in der Früh fragte, ob er heißen Kaffee in den Thermos füllen soll, falls einer noch einmal an Land rudern möchte, um mit den Damen ein Täßchen zu trinken, bevor wir ablegten. Nachdem er keine vernünftige Antwort erhielt, tranken wir den Kaffee selber, und die Bezeichnung „französischer Abend" wurde von nun an nurmehr für dubiose Unterhaltungen von zweifelhaftem Wert verwendet.

Wir sahen die Einfahrt in den Kraterring erst, als die HIPPODACKL dicht davorstand. Wie wenn jemand einen Seidenvorhang weggezogen hätte, waren plötzlich die hohen Mauern von Santorin da. In diesem Moment kam die Sonne durch und zeigte uns die kahlen Felsabstürze, die Lavahalden, das wetterzerfressene Tuff-Wirrwarr in erschreckender nackter Wildheit. Alle Kameras surrten, die Verschlüsse klickten, und Max faßte alles zusammen mit einem „Himmel, das sieht bös aus!"

Hoch oben an der Kante des Absturzes klebten weiße Häuschen. Unten in der Einfahrt hing in den Klippen ein rostiges Dampferwrack wie ein altersbraunes Fischgeripppe.

„Mama mia", murmelte Felix, „und da wohnen Leute?" Ich mußte mehrmals brüllen, bis endlich alle die Kameras wieder verstauten und statt dessen Hand an den Spinnaker legten, sonst hätte ich auf der anderen Seite gleich wieder aus dem Krater hinaussegeln müssen. Vor dem winzigen Kai unter der Zickzackstraße bargen wir alle Segel, brachten mit dem Beiboot die dreifach verlängerte Heckleine an die riesige rostige Boje und legten uns dann zwischen eine Moody 35 und eine englische Motoryacht in Kanonenbootgröße. Ein alter Bekannter von uns, Stavros, der Holzkohlenhändler, winkte uns unter dem Weinlaub des Gärtchens eines winzigen unter die Felswand geduckten Kafeneions hervor zu.

„Sieh an, unser Freund der Köhler. Hofrat, nimm die Kassa. Wir werden uns erst einmal stärken", sagte Simon.

„Wie denn? Was denn?" Viktor zeigte auf ein kleines Buch. „Wir müssen hinauf zur Chora, weil wir die Ausgrabungen in Akrotiri ansehen müssen. Da ist jetzt keine Zeit für dumme Saufereien."

In einem anderen Land, in einem anderen Hafen hätte es jetzt eine Streiterei gegeben, oder zumindest eine demokratische Abstimmung, die sicher nicht alle Mannschaftsmitglieder restlos befriedigt hätte. So etwas war aber in Griechenland nicht notwendig. Hier schalten und walten die Götter und nehmen den Menschen die meisten schweren Entscheidungen ab. Von Zeus geschickt, erschien in diesem Moment ein weiterer alter Bekannter im Hafen: der große weißblaue Kreuzfahrer, den wir in Delos schon gesehen hatten. Er warnte uns mit seinem titanischen Gebrüll.

„Bei den kreischenden umweltverschmutzenden Harpyien", entsetzte sich B.A., „die Hyperboreer! Ich will Akrotiri auch sehen. Wenn wir uns nicht beeilen, stehen in wenigen Minuten die häßlichen Legionen am Kai und verstellen sämtliche An- und Aussichten. Wer bleibt freiwillig beim Schiff?"

„Ich!" meldete ich mich, und „Ich", rief Janos.

„Alarmstart", kommandierte Barawitzka, „Janos, nimm deinen Vivaldi und besorge uns Reitesel zum Normalpreis. Wenn so ein Kreuzfahrer erscheint, gehen die Mietraten meistens auf das zehnfache hinauf. Beeilung, tummelt euch."

Marinemäßigen Drill hatten wir eigentlich nie geübt, aber angesichts der drohenden schrecklichen Übermacht auf dem großen Schiff hasteten alle von Deck, wie bei einem Alarmtauchmanöver eines U-Bootes. Mit Kameras und Wechselobjektiven behängt rannten sie auf den Arkadenhof des Eselbahnhofs zu. Janos redete auf Stavros ein, Stavros erkannte sofort den Ernst der Lage und verhandelte mit den trotzigen Eseltreibern wie Solon mit den Athenern. Gerade als die ersten mit Kreuzfahrern vollgestopften Boote den blauweißen Dampfer verließen, trippelte die Eselkarawane den steilen Weg hinauf, wie eine berittene Bacchusschar, angeführt von B.A., der wie der sagenhafte bocksbeinige Silen auf seinem Esel thronte.

„Stavros ist auch ein Meister der Zunge", sagte Janos zu mir, „klar, daß die Eseltreiber nichts zum Normaltarif machen wollten, weil da draußen eine Arche voll mit reichen und freigebigen Touristen wartet. Er hat aber einem erklärt, ein schnellentschlossener kluger Kopf könnte doppelt verdienen, indem er eine rasche erste Fuhre macht, schnell herunterkommt und die Nachzügler aufliest, die gerne doppelt dafür zahlen, daß sie nicht zu Fuß den hohen Berg hinaufklettern müssen."

Die Sonne brannte herab, und es war unwahrscheinlich heiß und stickig in dem Kraterkessel. Also setzten wir uns in den Schatten unter die Weinblätter, Janos bestellte eine Flasche Rosé und viel kaltes Mineralwasser. Wir sahen fasziniert der Invasion durch die Hyperboreer zu. Sie waren jetzt nicht mehr so blaßhäutig wie in Delos. Die viele bloße

Haut über den Netzleiberln und unter den Shorts war scharlachrot verbrannt. An den lustigen Strohhüten mit der Aufschrift „Naxos" oder „Paros" konnten wir leicht den Kurs des Schiffes seit Delos erraten. Sie fotografierten alles. Den Kai, unsere HIPPODACKL, das graue Kanonenboot, uns und den schnauzbärtigen Wirt mit dem Goldring im Ohr, der sich an die Stirne tippte und uns anvertraute: „Tourist verrückt."

Er unterhielt sich dann mit Stavros, Stavros mit Janos und Janos vertraute mir an, daß der Wirt für heute abend eine Fischsuppe kochen wollte, und ob wir alle vom Boot vielleicht mitessen wollten, und daß er schon zugesagt hätte. Der Zwinkerwirt – Janos hatte ihn so getauft, weil er einen unaussprechlichen Namen hatte und ständig mit einem Auge zwinkerte – stellte dann noch eine Flasche Rosé auf den Tisch und ging fort, vermutlich um Fische zu kaufen oder zu fangen. Stavros erzählte uns, daß er sein Kaiki in der Nähe von Nea Kameni, der aktiven Vulkaninsel in der Mitte der Kraterlagune, vertäut habe, um den Algenbewuchs von einer heißen Schwefelquelle wegkochen zu lassen. Nach zwei Tagen wären angeblich alle Muscheln und Würmer und Algen spurlos verschwunden. Also hat ein Vulkan auch nautische Vorteile. Ein kompletter kostenloser Unterwasserschiffsputz, ohne Slip, Werft und mühsames Kratzen, war ein nicht zu verachtender Vorteil.

Aus der Moody 35 krabbelte jetzt ein blonder Mann mit einer hellblauen Yachtkappe und kam zur Kneipe herüber. Er stand, eine Weile „Kalimera!" rufend, im schwarzen Eingang zur noch schwärzeren Küche, bis ihn Janos einlud, sich einstweilen aus unserer Flasche einzuschenken, weil der Wirt weg war, um Besorgungen zu machen.

„Ist das Ihr Schiff, die HIPPODACKL?" fragte er und prostete uns zu.

„Charterboot, wir bringen es nach Athen."

„Die ‚Moody' ist auch gechartert." Der Skipper mit der schwarzrotgoldenen Winzigflagge am Käppi seufzte tief.

„Haben Sie Probleme mit der Maschine?" fragte Janos. „Oder mit der Logge, oder mit dem WC?"

Der Mann schüttelte den Kopf und trank hastig. „Die Mannschaft", murmelte er.

Wir rückten näher: „Meuterei?"

„Na ja, sowas Ähnliches."

Janos beugte sich vertrauensvoll vor. „Hören Sie, da können wir Ihnen vielleicht helfen. Wir sind zusammen neun Mann, der Käptn kann Jiu-Jitsu, und wir haben einen Beamten, der ist ein Experte im Ohrenabschneiden mit seinem Dolch. Zeigen Sie uns die Rädelsführer, und wir bringen sie mit der Winschkurbel zur Räson, bevor sie nach dem deutschen Konsul rufen können."

Der Skipper der Moody wich zurück, wie wenn ihm Janos eine giftige Schlange ins Gesicht gehalten hätte. Er wirkte etwas verwirrt. Er schaute erst auf die österreichische Flagge am Heck, dann auf die leeren Flaschen am Tisch und starrte uns unsicher an:

„Was wollen Sie machen?"

Janos beugte sich weiter vor und flüsterte dem Skipper zu: „Lassen Sie das nur unsere Sache sein. Wir machen das schon, wissen Sie, so lächelnd herangehen, höflich grüßen und dann Zack! mit dem Knie in die Hauptsicherung, und wenn sich die Kerle vor Schmerz zusammenkrümmen, Wamm! Rožumes me?... Äh... ich meine, verstehen Sie?"

Der Moody-Skipper sah sich gehetzt um, und wenn ihn Stavros nicht zwischen Janos und der Hausmauer eingezwickt hätte, ich glaube, er wäre über die Mauer gesprungen und geflüchtet.

Ich wollte ihn beruhigen und fügte hinzu: „Das machen wir selbstverständlich aus Seekameradschaft, kostenlos. Nicht, daß Sie glauben, wir verlangen etwas dafür."

Das war aber anscheinend auch nicht das, was den Skipper bewegte. Er sah mir in die Augen und artikulierte ganz langsam und deutlich auf Hochdeutsch: „Hier... muß... ein... Irrtum... vorliegen. Wir sind drei Ehepaare auf dem Schiff, und die Damen haben sich zerstritten." Er sah mich bittend an. „Haben Sie mich verstanden?"

„Ach so", antwortete ich amüsiert, „Weiberprobleme. Nichts Tragisches. Nein, ich fürchte, da können wir Ihnen nicht helfen."

Auch Janos lehnte sich erleichtert zurück. „Weiber an Bord", grinste er, „nein, da sind wir keine Spezialisten. Unser Käptn ist strikt gegen Weiber an Bord. Meuternde Köche, übergeschnappte Navigatoren, explodierende Toiletten, zerrissene Spinnaker, abgebrochene Salingstützen, verstellte Kompasse, verfaulte Wurst, vergiftete Bröselnudeln, taube Spinnakertrimmer, sexbesessene Zimmerleute, da hätten wir Ihnen helfen können, da kennen wir uns aus. Aber Weiber – Sie Ärmster." Er tätschelte dem Moody-Skipper mitfühlend die Hand.

Nach einem weiteren Glas Rosé hörten wir eine entsetzliche Seetragödie. Unser Moodymann war jahrelang mit seiner Frau auf einer 27-Fuß-Yacht im Mittelmeer herumgesegelt, und auf ihre begeisterten Erzählungen hin hatten sie zusammen mit zwei befreundeten Ehepaaren im vorigen Jahr mit einer gecharterten Carter 33 einen Törn unternommen. Diese Fahrt war kein besonderer Erfolg, weil alle im Mittelschiff schliefen, und...Er erzählte immer fließender, und Janos schenkte ihm nach. Vielleicht konnten wir da etwas lernen. Es war das durch die Enge des Schiffes erschwerte Eheleben, das die Fahrt vergiftet hatte. In drei Wochen waren sie knappe hundert Meilen gesegelt, weil sie in den Buchten immer sehr lange gelegen waren und zwei Pärchen Ausflüge machten, damit die an Bord gebliebenen ein wenig Zeit hatten, das Schiff ein bißchen für sich zu haben. Einmal waren sie aber zu früh zurückgekommen oder die Zurückgebliebenen hatten zu lange getrödelt, es gab jedenfalls erregte Worte und eine heulende Frau, mit der sich die beiden anderen sofort solidarisch erklärten und den Männern ein Ultimatum stellten.

„Stellen Sie sich vor", rief der Moody-Skipper aufgebracht, „wir haben von diesem Moment an das teure Charterschiff nur mehr für Tagesfahrten verwendet, und abends haben wir uns Hotelzimmer genommen."

„Entsetzlich", murmelte Janos mitfühlend, „keine Nachtfahrten, keine mondhellen Nächte auf See, keine Saufereien in stillen Buchten. Haben Sie denn kein Machtwort sprechen können als Kapitän? Unser Käptn hätte diese meuternden Frauen kurzerhand mit bloßem Achtersteven auf einem rauhen Riff ausgesetzt."

„Wie bitte?" fragte der Moody-Skipper.

„Ach nichts, erzählen Sie weiter. Was ist denn heuer schiefgegangen?"

Dieses Jahr hatte der Moody-Skipper alle Erfahrungen verwertet und eine unheimlich kluge Idee gehabt. Er hatte ein speziell eingerichtetes Schiff gesucht und in der Moody 35 gefunden. Es gab drei völlig getrennte Eignerkabinen mit je zwei Kojen, Waschgelegenheit, Spind und eigenem WC. Jetzt hatte er gehofft, für alle Eventualitäten gewappnet zu sein. Jedes Ehepaar hatte einen eigenen abgeschlossenen Wohnraum zur Verfügung.

Der Moody-Skipper schüttelte niedergeschlagen den Kopf. „Ich habe alles mögliche vorhergesehen, nur das nicht. Dieses Mißtrauen, dieses gegenseitige Belauern...Und angefangen hat es mit dem Herumhopsen, wie Sie das gesagt haben."

Janos sah mich überrascht an. Unheimliche, finstere Abgründe der menschlichen Seele mußten sich auf diesem Schiff geöffnet haben. Wir hörten gespannt zu, wie sich die Katastrophe angebahnt hatte, um uns die Symptome zu merken, weil es ja für menschliche Katastrophen kein Barometer gab, das den kommenden Sturm anzeigte.

Seit einigen Tagen hatten sie die Hölle an Bord. Losgegangen war es, als eine gewisse Bibi auf einmal alle Textilien ablegte und in klassischem Tenü – also nur mit Ohrringen bekleidet – herumlief. Darauf gab es bald eine Krise zwischen Gerhard und Susanne, weil sie fand, er mache vielzuviele unnütze Bilder vom Schiff, und ausgerechnet immer von jenen Schiffsteilen, wo Bibi gerade herumlag, saß oder in die Ferne spähend stand. Der Skipper erklärte uns, Bibi habe so unwahrscheinlich große Dinger... Er blähte die Backen auf und deutete mit gewölbten Händen, so wie wenn er Zuckermelonen auf ihr Gewicht abschätzen sollte.

Dann hatte auf einmal seine Frau behauptet, sie hätte durch die WC-Luke Bibis nackten Busen gesehen und eine Männerhand darauf, und das müsse seine gewesen sein, weil sonst niemand anderer an Deck war; und sie würde sich rächen.

Dann hätte es diesen aufregenden Tag gegeben, wo Hans inmitten der gefährlichen Durchfahrt zwischen Despotiko und Antiparos das Steuer losließ und unter Deck gegangen war, weil er angeblich seine Frau in Gerhards Kabine kichern gehört hatte. Seitdem sei die Stimmung brisant gewesen, jeder belauerte jeden. Hinter jeder Luke seien spionierende Augen, hinter jeder Türe lauschende Horcher, mit einem Wort, an Bord wäre jetzt eine Stimmung und ein gegenseitiges Mißtrauen, wie in dem berühmten englischen Kriminalfilm, wo sich sechs Leute auf einem Schloß gegenseitig beobachten, weil jeder der Mörder sein kann.

„Ich bin ebenfalls mit den Nerven völlig am Ende", sagte der Skipper verzweifelt, „weil ich nicht weiß, hat sich meine Frau jetzt schon gerächt oder noch nicht." Er sah nervös auf seine Uhr. „Die anderen sind bei den Ausgrabungen, aber sie ist mit Gerhard schon über vier Stunden Lebensmittel einkaufen. Ich werde noch verrückt." Er schüttete den Rosé hinunter. Janos schenkte ihm nach.

„Armer Kerl", meinte er, „ob man ihm überhaupt nicht helfen kann?"

„Ich muß sagen, ich bin da überfragt. Als theoretische Vorbildung habe ich auch nur „Kapitän Kettles Abenteuer", die „Hornblower-Trilogie", die „Seemannschaft", das „Handbuch für Brücke und Karten-

haus" und Coles „Schwerwettersegeln" gelesen. Da gab es keinerlei
Hinweise über derart tückische Gefahren auf hoher See. Das klingt al-
les eher wie ein Drehbuch für einen Ingmar-Bergman-Film. Hören
Sie."

Ich wandte mich an den bedauernswerten Weiberschiffskipper. „Ich
kenne jemand, der Ihnen vielleicht raten kann, wie man so eine Situation in den Griff bekommt. Er ist Spezialist für Personalführung und
Bordpsychologe. Unser Käptn Barawitzka. Er ist jetzt oben in Akrotiri, aber kommen Sie doch vorbei, wenn er heute abend hier in der
Kneipe ißt, und reden Sie mit ihm. Ich bin sicher, er kann Ihnen einen
guten Rat geben."

Es wurde mir warm ums Herz, als ich den dankbaren Blick aus den
gehetzten Augen des Moody-Skippers bemerkte. Leuten helfen ist etwas sehr Schönes!

„Bist du wahnsinnig?" frage mich Janos, als der Skipper fröhlich
pfeifend auf sein Schiff zurückgegangen war. „Wozu hetzt du B.A. so
etwas an den Hals? Er kann ihm doch auch nicht helfen. Warum
machst du so etwas?"

Die Antwort sagte ich allerdings nicht laut. Leute in etwas hineinhet-
zen ist auch etwas sehr Schönes.

Irgendwann brachen wir dann auf, man kann schließlich nicht den
ganzen Tag in der Kneipe sitzen und Rosé trinken. Ich spazierte mit
Janos hinüber zum Mulibahnhof, und wir lungerten dort herum. Da
war ein kleines Haus, vor dem ein weißbärtiger Großvater saß. Um ihn
herum standen eine Menge mit gelbem Sirup gefüllte Flaschen verschie-
denster Art. Bierflaschen, Whisky-, Tinten-, Putzmittel-, Wein- und
absonderlich geformte Likörflaschen. An die Hauswand war mit Ruß
angeschrieben „Vin vieux" und „Old Vulcanowines".

Janos verhandelte mit dem alten Nestor, und er schenkte uns ein
Probeglas ein. Der erste Schluck riß mir beinahe die Schädeldecke ab.
Das war kein Wein! Das war schwer wie Likör, ölig wie Super Shell X,
und wärmte Speiseröhre und Magen wie ein alter, gut gelagerter
Cognac.

„Beim Bacchus", keuchte Janos, „das ist Vulkanwein! So was wächst
bei uns nie und nimmer."

Nach ein paar Gläschen fanden wir, daß der alte Nestor unbedingt
ein modernes Marketing nötig hatte, und wir setzten uns selbstlos für
die Vulkanwein-Werbung ein. In kleinen Scharen brachten die Esel

211

müde sonnenverbrannte Hyperboreer die Straße herunter. Auf Französisch, Englisch und Deutsch sprachen wir die Touristinnen an und beschworen sie, doch eine Flasche Vulkanwein von unserem Großvater zu kaufen. Das sei Wein, der Männer stark macht.

Janos umarmte mich öfters und schrie: „Siebenundvierzig Brüder sind wir, und das ist Großpapa!" Worauf der alte Nestor einen schrillen Pfiff ausstieß und mit den Fäusten auf der Brust trommelte.

„Und das macht alles der Vulkanwein! *My dear Lady, take one bottle along for your husband!*"

Der Vulkanwein verkaufte sich besser als Ginsengschnaps, und binnen kurzem hatte Großvater keine Flaschen mehr und schepperte fröhlich mit seinem Hut voll Geld.

Wenn ich einmal gute Vertreter brauche, gebe ich ihnen jeden Morgen ein Glas Vulkanwein und hetze sie dann auf die Kunden. Besser motivierte Mitarbeiter gibt es gar nicht.

Das blauweiße Schiff brüllte energisch, es wollte weiter zum Goldenen Horn, und jetzt kam auch unsere Mannschaft vereinzelt die Straße herunter. Nestor schenkte aus seinem Faß ein, sobald er HIPPODACKL-Matrosen von Touristen unterscheiden gelernt hatte. Das Kreuzfahrerschiff heulte wieder wie ein Dinosaurier, der Magenzwicken hat, und Giselher bemerkte die beiden lustigen Damen, die sich zwischen unserer Mannschaft anscheinend recht wohl fühlten.

„Passagiere für die letzte Barkasse!" brüllte ein Matrose unten am Kai.

„Keine Hast, Marion", beruhigte die Rotblonde ihre Freundin, „solange der Erste Offizier noch an Land ist, kann das Schiff nicht abfahren. Nicht wahr, Herr Marineoffizier? Sie sind doch mit dem Schiff hier?" fragte sie Giselher und stieß ihn kichernd in die Rippen.

Giselher sah etwas von oben herab auf die Rotblonde und sagte dann lässig: „Das stimmt, Madame. Aber ich bin mit meinem eigenen Schiff hier. Ihres wird gleich auslaufen."

Die beiden Damen stolperten hastig den Kai entlang zu der wartenden Barkasse.

„Fischsuppe, eh?" fragte B.A. und rieb sich die Hände, als ihm Janos einen kurzen Bericht gab. „Super! Gehen wir, ich bin hungrig wie ein Hai. Wir haben schrecklich hetzen müssen, um überall vor den Kreuzfahrern anzukommen."

Die Fischsuppe soll angeblich eine köstliche Spezialität gewesen sein, und der Hofrat hatte den Zwinkerwirt sehr erfreut, weil er sogar den Topf mit Weißbrot ausgeputzt hatte. Ich habe das nicht mitbekommen, weil ich vor dem Essen an Bord ging, um mir Zigaretten zu holen. Dabei dürfte ich mich in der Hundekoje irgendwo angeschlagen haben und wurde bewußtlos. Vielleicht hatte ich auch einen kleinen Sonnenstich, weil ich zu lange mit der blanken Glatze unter der glühenden Sonne herumgerannt bin, um einem griechischen Großvater Wein verkaufen zu helfen. Das soll man nicht machen, dafür gibt es ja Yachtkappen.

Irgendwann in der Nacht kletterte ich an Deck und fand eine illustre Gesellschaft vor. B.A. und Stavros, Simon, Giselher, Janos und Georg, der Zwinkerwirt und Max saßen an Deck und unterhielten sich bei einer Flasche Rosé.

„Solche Kunden schick mir bitte nicht mehr, Vettermann", sagte B.A., als er mich erkannte. „Dieser Yachtskipper hat anscheinend geglaubt, ich bin Oswald Kolle oder sonst so ein Sexprofessor. Holt mich von meiner Suppe weg, unter dem Vorwand eines nautischen Problems, und überfällt mich dann mit der idiotischen Frage, wie man ein einmal angefangenes Frauentauschspiel wieder abbricht, ohne daß jemand beleidigt ist. Bin ich die Seelsorge oder der ‚Playboy-Briefkastenonkel?'" Barawitzka schüttelte bedauernd den Kopf. „Was manche Leute so aus dem Seesegeln machen, ist entsetzlich. Frauen gehören eben nicht an Bord. Das ist eine alte Seefahrerweisheit."

„Aber bei dem Engländer scheint doch alles in Butter zu sein", warf Janos ein, „der Eigner ist ein ehemaliger Torpedobootskommandant, und wenn es stimmt, was er mir erzählt hat, ist er jetzt mit seiner Crew von acht oder neun uniformierten Mädchen viel zufriedener als früher mit der männlichen Crew, weil seine Lady sich nicht mehr an der Mannschaft vergreift, wenn sie zuviel Gin erwischt hat. Also gibt es doch Mittel und Wege, dieses Problem zu lösen."

B.A. schien nicht überzeugt zu sein. „Es sieht friedlich genug aus, aber beim Gedanken an eine reine Frauencrew zucke ich instinktiv zusammen. Mit euch kann ich in jede übel beleumdete Kneipe gehen. Zusammen wiegen wir etwa eine Tonne. Mit rund tausend Kilogramm Muskeln, achtzehn Fäusten, Füßen und Segelmessern verfügen wir über ein nicht zu übertreffendes Abschreckungspotential bei eventuellen Streitereien mit Leuten mit unfreundlichen Absichten. Wenn ich mir vorstelle, ich gehe da irgendwo an Land in eine verrufene Hafen-

213

kneipe mit neun oder zehn Weibern, beim Hund des Hades, ich würde nervös werden wie eine schwangere Seekuh. Das wäre nichts für mich." Er wandte sich an Stavros. „Was meinst du dazu, alter Kohlenhändler und Seemann?"

Janos übersetzte, Stavros und der Zwinkerwirt lachten auf und redeten angeregt durcheinander. Janos übersetzte.

„Stavros sagt: Frauen und Popen auf einem Schiff, das bringt Unglück. Popen gehören in die Kirche, Frauen in den Hafen und Männer auf See. Das war schon immer so. Der Zwinkerwirt sagt: Er ist früher als Maschinist auf der Australienroute gefahren. Da waren immer sehr viele alleinstehende Frauen an Bord, die entweder zu ihren Kolonialbeamten, Soldaten oder Schafzüchtern oder von diesen wieder heimgefahren sind. Da hat es unter den weiblichen Fahrgästen immer Tombolas gegeben, wer welchen Offizier oder Steward bekommt. Und sie hatten deshalb einen großen Verschleiß an Ersten Offizieren, weil die gejagt wurden wie der weiße Hirsch und meistens nach ein oder zwei Reisen in Sydney heimlich an Land gingen, um irgendwo in der Wüste Schafe zu züchten und in ihrem ganzen Leben nie wieder auf eine Cocktailparty gehen zu müssen. Er sagt, er sei anfangs auf die Burschen mit den weißen Jäckchen neidig gewesen, die da oben an Deck mit all den Weibern und so...Aber wie ihm die Stewards dann so erzählten und ihr Leid klagten, was sie alles machen müßten und daß sie manchmal auch mit Peitschen und Stiefeln und so...Nein, nein, sagt er, da war er froh, daß er da unten voller Schmieröl war und sich dann in Sydney seine Mädchen selber aussuchen konnte. Sagt der Zwinkerwirt."

B.A. zündete sich eine neue Zigarre an. „Also auch alte Fahrensmänner von der Australienroute haben kein Rezept für das Frauenproblem. Es scheint also da doch schwerwiegende Unterschiede zu geben, die an Land nicht so auffallen, aber auf See...Good night, Missis Smithers!" winkte er zum hohen Deck des Engländers hinauf, wo die Gintante heruntergrinste, und dann, ihren Schlafrock zusammenraffend, anscheinend ihre verlorenen Ohrclips mit der Taschenlampe weitersuchte.

„Ich kenne ein Schiff, da ist eine blonde Schwedin Navigator, die haben keine Probleme", warf ich jetzt ein, stolz, auch einmal etwas beitragen zu können. „Ich habe die SMÖRREBRÖD schon auf ein paar Hochseeregatten getroffen. Die Navigatorin ist eine stämmige, vollbusige Wikingerin, die an Bord ihre Frau steht, beim ärgsten Wetter navigiert und mit dem Spibaum hantiert, als wäre es ein leichter Kochlöffel. Auf der SMÖRREBRÖD gibt es keine Geschlechterprobleme."

„Ha, du warst ja nicht an Bord, wenn die abgelegt haben", lachte Georg, „vielleicht hat sich dann auf See die ganze Mannschaft sofort auf die Wikingerin gestürzt." Er strich sich den Schnurrbart, als ob er sich da gerne einmal mitgestürzt hätte.

„Nein, das glaube ich nicht. Erstens einmal konnte diese Birgit normale Matrosen in der Luft herumwirbeln. Ich hab' einmal gesehen, wie sie einen französischen Vorschoter, der ein wenig zuviel Kapwein erwischt hatte und sie in den Achtersteven zwickte, einmal kurz und so kräftig an ihren Busen drückte, daß er ohnmächtig wurde. Und zweitens hat es, glaube ich, zärtliche Liebhaber etwas abgeschreckt, daß Birgit in jedem Hafen sofort in das nächste Bordell ging und sich ein Mädchen für die Nacht aussuchte..."

„Oijoijoijoi!" stieß Janos hervor. „Wir sprechen hier von Mädchen und nicht von Mannweibern mit Oberlippenbart und einem Körperbau wie die russischen Schwerathletinnen. Ich meine..."

Wir sollten nie erfahren, was Gludowatz meinte, denn in diesem Moment heulte tief unten im Kanonenboot etwas wie ein durchgehender Generator auf, es klang wie ein Schiffsgespenst, das sich im Dunkeln einen heiklen Teil irgendwo zwischen Schott-Türen geklemmt hat. Licht ging an, Türen klappten, hastige Schritte donnerten über irgendwelche Stiegen oder Niedergänge, Frauen kreischten schrill, als wenn sie an den Haaren gerissen würden, kurz, es war wie auf einer Geisterbahn.

„Da stellen sich einem ja die Haare auf, was ist denn da los?" fragte B.A. erschrocken. „Himmel, wenn die sinken, reißen sie uns mit..."

In diesem Moment sauste je eine halbbekleidete Deckshand, mit einem Kleiderbündel unterm Arm, aus einer Luke am Vor- und Achterschiff und versteckte sich blitzschnell hinter der nächsten Persenning oder offenen Niedergangstüre, dann erschien Käptn Smithers im Pyjama und hielt sich ein blutfleckiges Taschentuch an die Stirne. Käptn Smithers ging seltsam ruckartig, weil Mrs. Smithers hinter ihm ging und ihm alle paar Schritte einen Tritt gab. Das seltsame Paar marschierte das Deck entlang und dann den Niedergang zu den Oberkabinen hinauf.

„Good night, Mrs. Smithers", sagte B.A. und neigte grüßend den Kopf. Mrs. Smithers grinste triumphierend und hielt die Taschenlampe hoch, mit derselben Geste, mit der die Freiheitsstatue die Fackel hochhält.

An Bord des ehemaligen Kanonenbootes ging das Licht wieder aus, und die frühere Ruhe kehrte im Hafen ein.

B.A. setzte sich kopfschüttelnd. „Nein, das ist auch kein Modellfall, den man empfehlen kann. Dieses nächtliche ‚Smithers-Crew-und blinde-Kuhspiel' spricht eher gegen gemischte Mannschaften. Halt!" Er unterbrach sich und packte Georg am Hosenbein. „Ich glaube nicht, daß dir einer der beiden Smithers dankbar ist, wenn du jetzt an Bord kletterst und den Damen der Crew beim Anziehen hilfst. Ich lege keinen gesteigerten Wert darauf, daß da auf diesem Kanonenboot gleich wieder die Hölle los ist und wir dieses Mal dich verbinden müssen."

Georg setzte sich wieder hin. Nach einer Weile gähnte er und meinte, es sei wohl besser, wenn kleine Jungs wie er in die Heia gehen. Das Vorschiff lag zwar gerade im Dunkeln, aber ich war mir ziemlich sicher, daß es sein Schatten war, der dort lautlos aus dem Vorluk huschte und sich in der Finsternis auflöste.

Kurz danach war die Flasche leer. Der Zwinkerwirt erbot sich zwar, Nachschub zu holen, aber es war spät und die Diskussionsrunde an Bord der HIPPODACKL löste sich auf.

Um sechs Uhr morgens riß mich ein schreckliches Rumpeln aus dem Schlaf, und B.A. brüllte im Dunkeln: „Der Vulkan bricht aus!"

Im nächsten Augenblick gab es einen Mordsspektakel, und ärgerliche Schmerzensschreie und Flüche erfüllten die Kajüte, weil mindestens sechs Mann gleichzeitig den Niedergang hinaufzusteigen versuchten.

Irgendwie kam ich an Deck mit gequetschten Fingern und einer flachen Nase, weil mir jemand auf den gebeugten Kopf gestiegen war, als ich gerade probierte, meine Finger wieder aus einer Klemme herauszuziehen. Im ersten Moment erschrak ich zutiefst. Roter Widerschein, wie von brennender Lava, glühte hoch über der HIPPODACKL, die im wallenden kochenden Meer wild schwankte, und dann bekam ich Asche in die Augen und sah nichts mehr.

„Himmel, Arsch und Erdbeben!" brüllte Simon irgendwo. „Das verdammte Kanonenboot!"

Unsere Fender tanzten wie verrückt, als die graue Schiffswand unter neuerlichem erdbebenähnlichem Rumpeln der schweren Dieselmaschine vorbeizog und mit ihr die grellrote Backbordlaterne.

„The best of greek luck for you!" rief Captain Smithers hoch über

216

uns von der Brücke und schwenkte grüßend seine Zigarre, so daß die Glut wieder an Deck herunterrieselte. Es war kein Seebeben, nur die PRIDE OF DEVON, die auslief.

B.A. behielt eisern die Nerven. „Ist Georg da?" übertönte er das Tohuwabohu.

„Hier, Käptn!" meldete sich einer der aufgescheuchten Unterhosenmatrosen.

„Gut, dann können wir wieder schlafen gehen."

Das Kanonenboot entfernte sich weiter vom Kai, während die Amazonencrew endlose Leinen aufschoß. Über dem Kraterrand strahlte die Venus wie ein Scheinwerfer von einem landenden Flugzeug, und ich mußte noch immer blinzeln von der Zigarrenasche, die mir genau ins Auge geflogen war. Aber mit dem Weiterschlafen wurde es nichts.

Mit dem Ablegen der PRIDE OF DEVON begann sofort ein neuer Tag auf See.

„Kalimera!" grüßte der Zwinkerwirt durch die Backbordreling, wo er mit seiner Fischerbarkasse längsseits lag. „Komm du mit mich, Langust fang?"

B.A. teilte ein paar Mann zum Langustenfangen ein, und ich flüchtete mich aufs Verdeck, weil jetzt wieder Horden nebeneinander durch den Niedergang trampelten, um Hosen, Zigaretten und Kameras zu holen. Kaum daß der Zwinkerwirt mit der Hälfte der Mannschaft abgelegt hatte, erschien Stavros und reklamierte das ihm gestern versprochene Frühstück. Ich mußte beim Eierbraten einspringen, weil Max zum Langustenfangen gefahren war. B.A. legte inzwischen mit dem Rest der Mannschaft vom Kai ab, um die HIPPODACKL draußen in einer speziellen Bucht von Nea Kameni neben das Köhlerkaiki zu legen, damit wir auch etwas von der kostenlosen Unterwasserschiffsputze in der Schwefelquelle mitbekamen.

Ich schimpfte inzwischen wie ein Rohrspatz unten bei der Eierschachtel, weil die Hälfte der Eier mit dem Einpackpapier eine zementartige Masse eingegangen war und es schon ebenso bestialisch aus der Kiste stank wie draußen von der Schwefelquelle. Ich beschloß, die Eiersortierarbeit nicht mehr länger aufzuschieben.

Als wir in einer kleinen, etwas unheimlich aussehenden Lavabrokkenbucht an Stavros Kaiki längsseits gingen, dämmerte es bereits, und ich servierte Corned Beef mit Rührei, gleich in der Bratpfanne, und eine Handvoll Gabeln dazu. Bei einer zweiten Tasse schwarzen Kaffees störte uns der schwere Schwefelgeruch bereits derart, daß Felix schnell daran ging, das Beiboot fertig zu machen.

Während er als erste Fuhre B.A., Stavros und Georg ans Ufer brachte, stemmte ich die Eierkiste an Deck und holte eine Pütz Seewasser, um die vergammelten Papierpackungen aufzuweichen. Recht flink leerte ich dann das heiße Wasser in den großen Nudeltopf um, weil der Plastikkübel weich zu werden begann, so heiß war die See hier in dem Höllenloch. Die Insel sah aus wie diese seltsamen Dinger, die man zum neuen Jahr beim Bleigießen herstellt, nur vollkommen schwarz. Ich war mit dem Aussortieren der noch guten Eier schon fertig – die fragwürdigen und die zertöpperten hatte ich den kochenden Fluten anvertraut – als Felix heranruderte.

„Tummel dich!" rief er nervös. „Ich habe Angst, daß das Schlauchboot schmilzt. Der Außenborder verträgt die Kühlwassertemperatur nicht mehr."

Ich hangelte mich schnell über die Badeleiter, und Felix ruderte uns aus der winzigen Bucht, wie Charon, der Fährmann, dem jemand statt dem üblichen Obolus ein Fünfmarkstück gegeben hat. Kaum wieder in handwarmem Wasser, startete Felix die Maschine und wir tuckerten zu dem kleinen Anlegesteg, der die einzig gerade Fläche in dem Wirrwarr von scharfen Kanten in der Lavamasse bildete. Wir kletterten über einen kleinen Pfad auf einen bizarr geformten Hügel, wo die Crew im Kreise saß. Janos erzählte von dem fürchterlichen Vulkanausbruch, bei dem die Insel Santorin, so um das Jahr 1400 vor Christi, in die Luft geflogen war.

„Man nimmt an, daß die Insel damals wie ein tausend Meter hoher Vulkangugelhupf ausgesehen hat, und Häfen und Städte gab es wie die da oben am Kap Akrotiri. Die Bevölkerung war wahrscheinlich kretisch-minoischer Abstammung, und sie dürften in der Hauptsache Seefahrer und Händler gewesen sein. Der Vulkan müßte sich wahrscheinlich schon vor der großen Katastrophe ein paarmal gerührt haben, denn in den verschütteten Ansiedlungen findet man ausgebesserte und reparierte Erdbebenschäden. Habt ihr die mehrere Dutzend Meter hohe Bimssteindecke gesehen, die über der Stadt liegt? Das muß ein ganz schrecklicher Vulkanausbruch gewesen sein."

„Ich habe mich schon gewundert", meinte Georg, „bei einem Vulkanausbruch fliegen Steine und Asche herum, oder die Lava schwappt über und rinnt am Vulkan herunter wie übergehender Milchbrei. Ich

hab' das einmal im Fernsehen gesehen. Aber was ist da explodiert?"
„Wasserschlag", sagte Janos, „ganz einfach Wasserschlag. Felix
könnte dir da wahrscheinlich Geschichten erzählen. Wenn ein Dieselmotor Wasser ansaugt, verdampft das bei der Hitze in der Maschine
schlagartig, und der Dampfdruck läßt den Motor explodieren wie eine
Bombe. Nicht wenige Schiffe sind so gesunken. Das gibt's auch bei
einem Vulkan. Wenn da unterirdisch irgendwo ein Spalt ist, wo kaltes
Seewasser direkt in den Vulkan eindringen kann – Wummms! Dann
fliegt der ganze Vulkan in die Luft. Man weiß, welche Gewalt dabei frei
wird, weil im Jahre 1883 in der Sundasee der Vulkan Krakatau auf so
eine Weise explodiert ist. Dabei war zwar niemand, aber eine vierzig
Meter hohe Flutwelle ist bis zu den Nachbarinseln gelaufen und hat
Dampfschiffe bis weit in den Dschungel hineingeschwemmt. Achtzehn
Kubikkilometer Material ist damals in die Luft geflogen, die Asche bis
in die Stratosphäre, und den Knall hat man dreitausend Kilometer weit
gehört. Könnt ihr euch das vorstellen? Auch hier muß das eine schreckliche Explosion gewesen sein. Eine ähnliche Flutwelle wird alle Kykla-
deninseln überspült haben, und in Kreta ist die komplette Knossos-
Kultur ausgelöscht worden."
    „Und wer sagt eigentlich, daß dieses Ding nicht in den nächsten fünf
Minuten wieder einmal in die Luft fliegt?" fragte Simon und sah auf
seine Uhr.
    „Ich find' das überhaupt nicht lustig", meinte B.A. und sah sich un-
behaglich um. „Mir gefällt das hier überhaupt nicht."
    Aber auf dieser Reise hatten wir alle schon ein paarmal unsere Mei-
nung innerhalb kürzester Zeit ändern müssen. Kaum eine halbe Stunde
später gefiel Käptn Barawitzka diese schwarze unheimliche Insel über
alle Maßen. Der Zwinkerwirt hatte mit dem Rest der Mannschaft angelegt, und Giselher, Max und der Hofrat kamen jetzt vorsichtig und be-
dächtig den Weg herauf, indem sie ängstlich auf die klappernden und
mit dem Schwanz schnappenden Langusten in ihren ausgestreckten
Händen sahen, die ihnen der Wirt anvertraut hatte. Er folgte mit einem
Korb Brot und Wein und machte sich sofort daran, die Langusten an
Leinen zu binden und sie in ein brodelndes und kochendes Quelloch zu
tauchen.
    „In zwanzig Minuten gibt es eine Langustenjause", übersetzte Janos,
„der Wirt sagt, die Körbe waren voll, und er kocht einen Teil des Fan-
ges gleich für uns."

219

Die schön schwarz und blau gesprenkelten Panzertiere wurden krebsrot in dem kochenden Wasser, und die Zehnerjause „à la Vulkano" war wirklich die ungewöhnlichste und seltsamste Jause, die wir bisher je auf unseren Reisen genossen hatten. Unsere Seebabies, die noch eher Burenwürste oder Frühstücksgulasch gewöhnt waren, betrachteten die gekochten Panzertiere erst mit Mißtrauen. Als ihnen aber dann der Zwinkerwirt zeigte, wie man zwischen zwei Steinen die Panzer zerschlägt und mit einem Messer das zarte weiße Fleisch herausfischt, schlugen sie sich tapfer.

Nach dem letzten Schluck Vulkanwein machten wir wieder die Transfers, schüttelten Stavros und dem Zwinkerwirt die Hand, ließen uns reihum einmal abküssen und legten ab. Das war ein bemerkenswerter Vormittag gewesen, aber es dauerte nicht lange, bis sich herausstellte, daß wir einen schrecklichen Fehler gemacht hatten. Der Vulkanwein war pur natürlich völlig unbrauchbar für einen Erfrischungsschluck. Das in der Bilge gestaute Bier und Mineralwasser hatte aber die Temperatur der Bordwand angenommen, und das war leider in der Nähe des Siedepunktes. Unter Deck konnte man es überhaupt nicht aushalten, da war es wie in einem Backofen, und als Simon völlig gedankenlos eine Bierdose aufriß, spritzte der Inhalt schäumend wie heißer Champagner bis zur Besansaling.

Die Stunden über die offene See bis zur nächsten Insel waren lang, und der heiße Tee vertrieb den ständig wachsenden Durst auch nicht. Das Anlegemanöver in Pholegandros Hafen Karavostasia klappte blitzartig in einer Traumzeit. Wir hüpften mit trockenem Mund und ausgedörrten Zungen ans Ufer, um sofort in die nächste Kneipe zu stürzen.

Der kleine Kai war leer, die nächsten vier Häuser dahinter waren leer. In der prallen Sonne rannten Janos und Georg die halbe Meile zu einem kleinen Kafeneion unter einem Ölbaum oben am Berg und signalisierten nach einer spannenden Warterei: Zoroaster . . . Uniform . . . Gospodin . . . E . . . S . . . P . . . E . . . R . . . R . . . T mit dem Spiegel.

Ich stand mit B.A. an einem Wegweiser, und wir entzifferten die griechischen Buchstaben. „Es ist nur sieben Meilen bis zur Chora", meinte B.A., „dort soll es einen schattigen Dorfplatz und ein Kafeneion und einen Weinkeller geben."

„So ein Wahnsinn", explodierte jetzt Simon, „wozu bauen diese Teufelsknaben alle ihre Städte hoch oben im Gebirge statt da herunten am Meer? Was denken sich die eigentlich? Das ist mir schon ein paarmal aufgefallen, die ganzen Hauptorte sind irgendwo oben in den Hügeln versteckt, meilenweit von der See. Warum gibt es hier keine Häfen mit Kneipen, wie sonst überall auf der Welt?"

Janos kam gerade wieder den Hügel herab. „Ziemlich einfach, eben wegen der anlegenden Seeräuber. Früher gab es keine Kreuzfahrer und Touristen, die ihr Geld auf den Inseln ausgaben. Ganz im Gegenteil, die früheren Seefahrer haben gegessen und getrunken und dann noch die Weiber und das Silbergeld und den Schmuck ohne Bezahlung mitgenommen. Diese Inseln hatten immer unter Seeräubern zu leiden. Du kannst es den Leuten nicht verdenken, wenn sie da ihre Städte lieber hoch oben am Berg gebaut haben, damit sie genug Zeit hatten, in die Hügel zu flüchten, wenn ein Schiff voll lustiger Piraten unten am Hafen anlegte, mit Säbeln und Hackebeilchen statt mit Kreditkarten und Travellerschecks."

„Das kann ich durchaus verstehen. Ich habe ebenfalls gute Lust, zur Chora hinaufzustürmen und alles in Schutt und Asche zu verwandeln.

Eine ausgesprochene Frechheit, die Weinkeller und Kaffeehäuser so weit oben am Berg hinzustellen, da wird man einfach zum Mörder und Räuber, wenn man da anlegt. Ha..." Er unterbrach sich und beschattete seine Augen mit der Hand. „Ein großer Segler kommt in die Bucht."

Ein großer weißer Zweimaster mit Toppsegel lief eben in den winzigen Hafen ein. Vom Heck flatterte die panamesische Flagge, und an der Reling lehnten weißgekleidete Millionäre und Bikinimädchen.

„Jetzt wollen wir sehen, wie die das machen. Eventuell verbünden wir uns mit den Panamesen, stürmen die Chora und zwingen die furchtsamen Einwohner, uns ihre Weinkeller zu öffnen."

„Blödsinn", knurrte B.A., „die haben sicher genug zum Saufen in ihren Eiskästen... Holla! Da kommt ja die Antwort auf unser Flehen. Beim Zeus... seht einmal!"

Eine lange Staubfahne hinter sich nachziehend, kroch ein Autobus die gewundene Straße über den Berg herunter. B.A. lachte zufrieden. „In 20 Minuten sitzen wir unter den schattigen Bäumen auf der Plaka von Pholegandrós bei einem kühlen Bier. Man muß nur auf die Götter vertrauen."

Eine halbe Stunde später hockten wir im Schatten des ersten leeren Hauses von Karavostasia und schmiedeten finstere Pläne. Die Götter hatten uns voll im Stich gelassen, und Barawitzka lachte nicht mehr zufrieden. Um den mehr als 25 Meter langen Toppsegelschoner längsseits an die Kaimauer zu lassen, hatten wir die HIPPODACKL verholt, und unter den argwöhnischen Augen des Charterskippers legten wir uns wieder an den riesigen Bruder.

Dann stiefelten wir über die Decks zum Kai, nur um zu erfahren, daß der Bus speziell für die Gäste der S. Y. PAULINE gechartert worden sei und keine anderen Passagiere mitnehmen könne. Dann kletterten die Millionäre, lustige Sprüche von sich gebend, in den Bus. Obwohl Janos noch seine Überredungskünste an dem Reiseleiter der Gruppe ausprobierte, sagte dieser etwas von „geschlossener Gesellschaft" und „...es tue ihm sehr leid", und wir blieben in einer Staubwolke am Kai zurück.

Simon entwarf sofort ein Dutzend verschiedener Angriffspläne und Attacken auf die PAULINE und schilderte uns, wie dumm die Millionäre bei ihrer Rückkehr auf die verkohlten Überreste ihrer ehemaligen Yacht starren würden, nachdem wir mit dem Biervorrat an Bord fertig und die HIPPODACKL schon längst am Horizont verschwunden wäre. Käptn

Barawitzka kaute an seinem erkalteten Zigarrenstummel und runzelte und entrunzelte abwechselnd die Stirne.

„Seeräuber gab's da einmal, eh?" sagte er dann. „Ich glaube, die gibt es noch immer. Sie haben nur elegantere und modernere Methoden. Da fallen mir die alten Raubritter ein. Wer glaubt, es gibt keine mehr, der war noch nie in einem historischen Burgrestaurant. Eh? Hört mir einmal zu..."

Wir lauschten staunend dem Plan, den uns B.A. entwickelte, und Janos zwinkerte mir zu. Auch unser Käptn war ein wenig so ein Bronzekanonen-Romantiker. Allerdings ein sehr effizienter und gefinkelter.

Als der Abend über den leeren Hafen sank und die Staubfahne des zurückkehrenden Busses wie ein blutrotes Banner über einem exotischen Heerzug flatterte, war alles fertig, die Falle gestellt, jeder an seinem Posten. Die HIPPODACKL war gerüstet für den Piratenstreich.

Was es an Signalflaggen, Clubstandern und bunten Reklamefähnchen an Bord gegeben hatte, flatterte von den Toppen und Stagen. Die große Ankerlaterne baumelte über dem Cockpit, wo Janos das Bordorchester dirigierte. Die Dissonanzen von Okarina, Ukulele, Mundharmonika und Mandoline erklangen über das blitzblank gescheuerte Deck. Max ersetzte die komplette Rhythmusgruppe mit einer klappernden Löffelkombination, die sich sonst als Musikinstrument nur in Gefängnissen einer gewissen Beliebtheit erfreut. Auf dem Achterdeck standen Gläser und Weinflaschen bereit, unten in der Kajüte zwei Backbleche voll mit scharf gewürzten und stark gesalzenen Kanapees. Ganz romantisch sah die bunte Lichtergirlande aus, die Felix aus Reservedraht, Reservelämpchen und -fassungen und roten und grünen Stanitzeln aus Plastikklarsichthüllen aus der Navigation gebastelt hatte.

Die HIPPODACKL sah aus wie ein zum Clubjubiläum geschmückter Segelvereinssteg.

Janos hatte Eis und zwei Kisten Bier zum Zollfreipreis vom Skipper der PAULINE erhalten, nachdem er ihm anvertraut hatte, das sei für Käptn Barawitzkas Geburtstagsparty.

B.A. ließ seinen Blick mit Stolz über das Deck streifen. „Super", sagte er anerkennend, „ganz super. Das muß vom Ufer aus ausschauen wie ein gemütliches Heurigenlokal. Trinkt, o Freunde, und spielt mir das Lied von der ‚Golubiča'. O Janos Bácsi, heute ist ein Festtag für mich."

„Rutsch mir den Buckel herunter, o Barawitzka, dein Geburtstag ist eine Kriegslist, und ich spiel dir nix. Ich spiel für die Millionäre. Versuchen wir einmal ‚Donau so blau.‘"

Wir spielten.

Die an Bord der PAULINE zurückgekletterten Millionäre beugten sich neugierig über das hohe Schanzkleid und sahen verwundert auf die ausgelassen feiernde HIPPODACKL-Crew.

„Da geht es ja zu wie bei einem Volksfest", rief einer erstaunt, „das sieht urgemütlich aus."

Das war unser Stichwort. Wir hoben die Gläser und ließen unseren Käptn donnernd dreimal hochleben. B.A. erhob sich und dankte mit wohlgesetzten Worten für die gelungene Überraschung.

„Unserem Käptn zur Ehre, ‚La Paloma‘", kommandierte Janos, und wir spielten das bestens eingeübte Stück, die kroatische Version von „La Paloma", und Georg sang dazu mit seinem recht angenehmen Bariton.

Wir schauten aus den Augenwinkeln auf die PAULINE. Die Millionäre schienen ergriffen. Ob sie... Da fiel das ersehnte Stichwort.

„Das sieht ja aus wie bei einer Geburtstagsfeier", meinte jemand an Bord des Toppsegelschoners.

B.A. sah auf, als ob er die Anwesenheit der PAULINE und ihrer Passagiere erst jetzt bemerken würde. Dann stand er breit grinsend auf und schwenkte sein Glas.

„Das ist eine Geburtstagsfeier! Meine Geburtstagsfeier! Es wäre mir eine Ehre, wenn Sie die Einladung zu einem Geburtstagsgläschen annehmen würden. Ich heiße Sie willkommen an Bord der HIPPODACKL."

Die Millionäre sahen sich an. Da kicherte eines der Mädchen, stieg über die Reling und ließ sich von Georg auf unser niedrigeres Deck helfen. Der Bann war gebrochen. Binnen kurzem hockten die Millionäre zwischen uns und erhielten ihr erstes Glas. Bis jetzt war alles nach Plan verlaufen.

Der Charterskipper sah ein paar Minuten etwas mißtrauisch über die Reling, aber als dann einer nach dem anderen von unserer Crew aufstand, B.A. ein wohlverschnürtes Geburtstagsgeschenk übergab und ihm alles Gute wünschte, verschwand er in seiner Kajüte.

Es war eine ergreifende Szene, wie in einem Heimatfilm. Mit Tränen der Rührung packte B.A. die Geschenke aus und freute sich mit erstaunlichem schauspielerischem Talent über sein eigenes Segelmesser, sein Hafenhandbuch „Ägäis" von Denham, Giselhers nagelneue

Reservekappe mit goldenem Lorbeer und vermied es geschickt, die Geschenke auszupacken, die Dinge wie eine Packung Spaghetti enthielten oder 20 Teebeutel oder eine Schachtel Fewa für die zarte Wäsche, oder eine Rolle alter Pornohefte.

Aber unser Trick funktionierte. Der Skipper der PAULINE erschien und überreichte seinem Kollegen eine große Korbflasche mit Samos und schüttelte ihm die Hand.

Was B.A. nicht vorhergesehen hatte, war, daß sich jetzt die Damen anstellten, um B.A. reihum mit Lippenstift zu „verschönern". Ich merkte, wie er zusammenzuckte und die Zähne zusammenbiß.

Weiter konnte ich nicht mehr aufpassen, weil ich wieder Mundharmonika blasen mußte. Janos führte uns durch ein burgenländisches Tamburizza-Potpourri, das alle mitriß. Wir hatten haarscharf die richtige Masche gewählt. Nicht zu exotisch. Janos' geklimperte Zigeunermusik weckte aber in jedem Zuhörer den Wunsch, wenigstens ein paar Takte mitzuklatschen, um zu zeigen, daß man auch Paprika und Leidenschaft im Blut habe.

Maxens Löffelrhythmus war schon eine Weile nicht mehr zu hören, er servierte die versalzenen Kanapees. Es klappte wirklich wie nach einem gut einstudierten Drehbuch. Max hantierte im Halbschatten der Achterkabine, und genau in dem Moment, als die Millionäre nach Luft schnappend nach ihren Gläsern griffen, um die durstanregenden Kanapees hinunterzuspülen, gab es nur mehr leere Gläser und Flaschen.

Barawitzka führte stimmgewaltig den Chor an, der um mehr Wein schrie. Max entschuldigte sich und zerrte, wie von Selbstvorwürfen geplagt, an seinem Bart. Die Flaschen und Kanister der HIPPODACKL seien leider leer. Das Fest sei — Aghios Stephanos, stehe ihm bei — leider mangels Getränken zu Ende.

Janos winkte, und traurig bliesen wir „Muß i denn zum Städtele hinaus" mit besonderem Tremolo der zitternden Hand vor der Mundharmonika. Die Millionäre sahen sich an.

„Bei Sisyphos, dem Hartherzigen", knurrte Janos leise in seinen Bart, „sind die wirklich so geizig?"

B.A. sah seinen ganzen so klug ausgetüftelten Plan ins Wanken kommen. Wenn es uns nicht gelang, die Gäste dazu zu bringen, daß sie die Vorräte der PAULINE anbrachen, dann war unser ganzer eleganter und moderner Piratenstreich vergebens gewesen. Und es war jammerschade um die paar Gläser Wein und die Salzbrötchen, die wir schon investiert

225

hatte. „Da muß noch eine halbe Flasche Uozo in der Schiffsapotheke sein", sagte B.A. und stand auf, „wir können unsere Freunde nicht so gehen lassen . . ."

Da griffen wieder die Götter ein. „Sie werden doch nicht zu Ihrer Geburtstagsfeier die letzte Flasche Medizin anbrechen, Herr Kapitän", sprach Zeus, der verkleidet zwischen den Millionären saß. „Und wir können doch diesem prächtigen Seemann nicht alles austrinken und wegessen und dann einfach fortgehen, ohne uns zu revanchieren. Luigi, lassen Sie zwei Kisten Mavrodaphne herunterhieven."

Die anderen Millionäre sagten zustimmend: „Nein, das wäre doch zu schade, jetzt schon schlafen zu gehen, Luigi, Luigi, den Wein!"

B.A. versuchte ein dankbares Grinsen, aber es wurde daraus das triumphierende Zähneblecken von Schwarzbart, dem hinterhältigen Piraten, dem es gelungen war, einem gemarterten Gefangenen das Versteck des Goldschatzes von Paramaribo zu entlocken. Fachmännisch angeschlagen, sanken die Weinkisten taljewimmernd an Deck der HIPPODACKL herunter.

„Er hat Talent, der Barawitzka", flüsterte mir Simon zu und klimperte auf seiner Ukulele, „da waren ein paar gefährliche Und-dann-müßten-sie-eigentlich-Momente in seinem Plan. Vielleicht ist es gar nicht so schlecht, wenn man einen Chef hat, der trickreicher ist als Kalanag oder Magic Christian."

Ich für meine Person bewunderte B.A. außerordentlich. Ich würde manchmal auch eher so wie Simon reagieren, heraus mit dem Säbel – und ab mit den Ohren! Ich war schon mit vielen Kapitänen gesegelt, aber B.A. war für mich ein ganz Großer. Nicht in puncto Navigation, oder Knotenkunde, oder Seemannschaft...

Ich versäumte meinen Einsatz beim nächsten Lied, weil ich zu einer neuen Flasche Mavrodaphne griff, meiner ersten echten Piratenbeute. Ich beschloß, ein anderes Mal darüber nachzudenken, was eigentlich B.A.'s Größe ausmachte. Aber es hatte irgend etwas mit Dingen zu tun, über die ich bis jetzt in der nautischen Literatur nichts gelesen hatte. Es war aber etwas, das ich lernen wollte. Ich setzte wieder meine Mundharmonika an die Lippen, weil ich sah, daß Georg, Giselher und Max einigen Millionärsfreundinnen an Bord der PAULINE halfen, um den Nachschub an Sandwiches oder Getränken sicherzustellen.

„... *Maria med kithrina*..." stimmte Janos an, und wir versuchten unser erstes griechisches Lied.

Die Circe von Milos

*Die Sklavenjäger der Ägäis · Ein Schiff mit zwielichtigen
Absichten · Der Geist aus der Flasche ·
Eine zauberhafte Wirtin und wie die Crew das Weitersegeln
vergißt · Ein höchst willkommener Orkan*

„Von Aiolos, dem Vater der Winde, hatte Odysseus als Abschieds-
geschenk einen ledernen Schlauch erhalten, in dem alle Winde einge-
schlossen waren. Als der Held einmal vor Müdigkeit eingeschlafen war,
öffneten neidische Matrosen den Schlauch, da sie darin Schätze vermu-
teten. Da stoben die Winde brüllend ins Freie, und das Schiff irrte sieben Tage lang auf dem Meer umher, bevor es auf der Insel Aiaia landete, wo die schöne Zauberin Circe in einem prächtigen Palast wohnte“,
las Gludowatz aus seinem Sagenbuch vor.

„Da bin ich aber ausgesprochen froh, daß Käptn Barawitzka keinen
ledernen Windbeutel hat. Denn wenn wir sieben Tage auf dem Meer
herumirren, versäumen wir unser Flugzeug nach Hause“, meinte
Georg. „Wo fahren wir denn jetzt hin?“

Der Morgen war recht kühl, und die Freiwache saß um Janos
geschart in der Kajüte, lauschte alten Sagen und stärkte sich mit einer
Tasse Felicino. Lange bevor die rosenfingrige Eos den kommenden Tag
ankündigen wollte, hatten wir die Leinen der HIPPODACKL ganz leise
gelöst und waren mit dem aufkommenden Windhauch aus dem Hafen
von Karavostasia gekreuzt, für den Fall, daß der Reiseleiter der Millionäre am Morgen vielleicht eine finanzielle Beteiligung an dem
Mavrodaphne haben wollte.

B.A., der seitdem das Hafenhandbuch studierte, sah auf Georgs Frage auf: „Laut Wachkalender ist heute Donnerstag, und das Mädchen
vom Tage sieht sehr geheimnisvoll aus mit der roten Maske, dem roten
Mantel und den hohen Stiefeln, wenn sie sich auch sonst recht offenherzig zeigt. Als vernünftige, einsichtige Segler sollten wir schauen, daß

wir nach Athen kommen. Dabei haben wir noch Zeit, auf einer der Inseln anzulegen. Ich denke da an Seriphos oder an Kea, dort soll es besonders schön sein. Dafür brauchen wir aber eine kleine Winddrehung. Momentan können wir maximal die Insel Polyaigos anliegen. Also lassen wir wieder einmal den Wind die Entscheidung über unser nächstes Ziel treffen.

Da vorne in dreißig Seemeilen Entfernung liegt Milos, und diese Insel reizt mich auch. Das ist die Insel, wo die berühmte Venus von Milos gefunden wurde, und im Hafenhandbuch steht, Milos mit seinem großen, geschützten Naturhafen war der Stützpunkt und der Warenumschlagplatz der Seeräuberflotten, die hier ihre Beute zu Geld machten. Da soll es sogar einen richtigen Seeräuberkönig gegeben haben, einen gewissen Ioannis Kapsis. Das interessiert mich. Sollten uns die Winde später im Stich lassen, können wir immer noch die Nacht durchdieseln, um rechtzeitig in Piräus zu sein. Seid ihr einverstanden?"

Simon war sofort für Milos eingenommen. Janos wies noch darauf hin, daß es unbedingt sehenswerte Ausgrabungen und Katakomben gab. Georg wollte überprüfen, ob die heutigen Millienerinnen noch so schön wären wie das marmorne Vorbild. Giselher meinte, die nordöstliche Durchfahrt von Milos sei angeblich ein navigatorischer Leckerbissen, und der Hofrat schrie vom Ruder herunter: „Ja, bitte, mit recht viel Zucker!" weil er glaubte, es ginge um einen zweiten Kaffee. Ich war zwar mehr für einen direkten Kurs nach Athen, Max wollte nach Kea, weil er dort einen Bekannten hatte, und Felix war der Kurs egal. Wir blieben also auf Kurs nach Polyaigos und warteten, für welche Insel sich der Wind entscheiden würde.

Max hatte recht. Der Kurs der HIPPODACKL war unvorhersehbarer und unlogischer als die Bahn einer im Flipper herumgeschleuderten Kugel. Aber wir hatten ein großes Vorbild. Odysseus brauchte gar zehn Jahre, um vom kleinasiatischen Hafen Assos bei Troja nach dem ionischen Ithaka heimzusegeln. Eine Strecke, die auch nur unter Segeln in drei Wochen leicht zu schaffen ist. Es war gut, daß sogar wir von der Gebirgsmarine ein wenig besser navigieren konnten als der berühmte Odysseus, denn wenn vielleicht auch meine Frau den Langmut Penelopes aufbräuchte, meine Direktoren würden sicher nicht zehn Jahre warten, bis ich vom Segeln zurückkäme.

In der Kajüte war es äußerst gemütlich. Die HIPPODACKL lief mit weichen, angenehmen Bewegungen dahin; die in ihren Kardanringen

sich drehende Petroleumlampe verbreitete nicht nur ein angenehmeres Licht als die stromsparende Leuchtröhre im Salon, sondern auch den mich an Abenteuer erinnernden Geruch nach Petroleum. Manche Leute hassen Petroleum und behaupten, es stinke. Für mich ist Petroleumgeruch untrennbar mit Freiheit und Abenteuer verbunden. Petroleumlicht, das sind traute Stunden in alten Skihütten, Nächte im Zelt, Ankerlicht in exotischen Buchten; Petroleumkocher, das bedeutet primitives Essen hoch oben in den Bergen, Erbswurstsuppe auf einsamen Schotterbänken an der Donau, Reis mit Kamelfleisch in klirrkalten Saharanächten, Labskaus in der Kombüse von hölzernen Fischkuttern.

Ich habe schon ein paarmal daran gedacht, den Erzeugern von Herrenkosmetikprodukten, die auf der Rasierwasser-ist-gleich-Abenteuer-Linie reiten, eine neue Serie mit dem abenteuerlichen Namen OLD KEROSENE vorzuschlagen. Ich wäre der erste, der umstiege auf OLD-KEROSENE-Rasierschaum, und eine ganze Reihe von aufregend nach Petroleum riechenden After-Shave-Lotions, Eau de Colognes, Desodorant-roll-on-sticks, Zahnpasta, Bartpflegeölen und Seewasserseifen für den „ganz harten Kerl".

In langen Atlantiknächten am Steuer habe ich diese Idee schon ziemlich ausgebaut, bis zu der petroleumkanisterförmigen Seife, der stumpfblaugrün-petrolfarbenen Verpackung mit dem Markenzeichen, der kardanisch aufgehängten Messinglampe, die, blank poliert, in den Auslagen der Parfümerien die Käufer anlockt, wie diese Kosmetikserie mit dem bronzenen Taucherhelm.

B.A.'s Frage unterbrach mein Gedankengespinst: „Sag, Janos, du erzählst immer von Seeräubern. Was für Leute waren das? Ich meine — unter Seeräubern verstehe ich die mit Entermessern bewaffneten, mit Kopftüchern, Ohrringen und Augenklappen geschmückten Korsaren Westindiens, die mit Gold und Silber beladene spanische Schatzschiffe entern und die unermeßlichen Schätze auf einsamen Eilanden vergraben. Wer hat aber in der Ägäis auf diesen armen Inseln geseeräubert?"

Janos legte sein Sagenhandbuch zur Seite. „Das ist eine sehr naheliegende, aber nicht leicht zu beantwortende Frage. Ich muß dir sagen, daß ich sogar in der Nationalbibliothek herumgestöbert habe und keine so richtig befriedigende Antwort bekommen habe. In allen Quellen, vom alten Caesar über die Berichte der venezianischen Herzöge von Naxos und Paros bis zu den knapp gehaltenen Depeschen der alten Marine wird immer nur von Piraten gesprochen. Aber wer diese Teufel waren, welcher Nationalität, das konnte ich nicht herausfinden. Ich war deshalb aufs Raten angewiesen, und meine in langen Jahren in der Kommunalpolitik erworbenen Fähigkeiten, zwischen den Zeilen zu lesen, haben mir den richtigen Weg gewiesen. Interessiert dich das?"

Barawitzka kam an den großen Tisch und setzte sich. „Seit gestern abend interessiert mich alles, was die Piraten hier betrifft. Was weißt du darüber zu berichten?"

„Du machst es dir einfach. Die Wissenschaft ist sich nicht sicher, und von mir verlangst du eine Erklärung. Aber gut, höre meine Theorie. Diese Inseln waren nie besonders reich. Alles was es gab waren Steine in Hülle und Fülle, Wein, Oliven, Schafe, Esel, Zwiebeln, Knoblauch, Tomaten und ein paar Fische. Beim alten Agamemnon, nichts, wofür sich ein Überfall ausgezahlt hätte. Also warum wimmelt es da von Seeräubern? Für mich gab es also zwei Möglichkeiten: Entweder die Piraten waren Kerle, die selber so arm waren, daß sie für ein wenig Knoblauch, Wein, Schafskäse und Zwiebeln ihr Leben aufs Spiel setzten, oder sie waren auf was anderes aus. Und was könnte das gewesen sein? Was gab es noch auf diesen Inseln, außer Ziegen und Eseln?" Er blickte uns fragend an.

„Fische vielleicht?" versuchte sich Max im Raten. Georg kratzte sich am Ohr. „Hm! Frauen vielleicht?"

230

Janos sank auf die Sofabank zurück. „Georg, geh bitte nie in die Politik mit diesem Scharfsinn", stieß er verblüfft hervor. „Du hast den Nagel auf den Kopf getroffen." Er beugte sich engagiert vor und unterstrich seine Worte mit lebhaften Gesten. „Ich hab' viel länger als Georg zu diesem Schluß gebraucht. Sklaven, das war die Antwort auf die Frage, was man auf kahlen einsamen Inseln rauben kann. Das war das einzige, was es auf diesen Inseln gab, Menschen, schöne Menschen, einsame Menschen, unbewachte Menschen. Und jetzt kommen wir sehr schnell zu der Lösung der Rätselaufgabe. Wer hatte das ganze Mittelalter hindurch und bis in die Neuzeit hinein einen immensen Bedarf an Sklaven?" Janos sah uns triumphierend an. „Die Sklavenjäger von Algier bis Alexandria und Iskenderum. Das waren in all diesen Zeiten die einzigen, bei denen sogar ein armer Zwiebelbauer und seine Töchter einen Wert darstellten. So, da habt ihr eure Seeräuber."

B.A. schlug sich an die Stirne: „Natürlich. Jetzt weiß ich endlich, an was mich diese alten Pyrgos genannten Türme hier auf den Inseln erinnert haben. Dieselben Wachttürme stehen ja überall auf Korsika und in Süditalien. Wachttürme gegen die berberischen Seeräuber. Dieselbe Plage hat auch diese Inseln befallen. Die berberischen Galeeren. Na klar."

„Araber, Berber?" fragte Simon und eine steile Falte erschien auf seiner Stirne. Geschichten, in denen Mädchen geraubt werden, gefallen ihm überhaupt nicht, weil er eine minderjährige Tochter hat. „Warum hat man da denn nicht aufgeräumt? Also, wenn ich damals was zu reden gehabt hätte, ich hätte meine Kriegsschiffe geschickt und diese beturbanten Frauenräuber in Fetzen geschossen. Wozu hat denn der Berthold Schwarz das Pulver erfunden?"

Jetzt lachten Barawitzka und Gludowatz gemeinsam höhnisch auf. „Du bist und bleibst ein unverbesserlicher Idealist. Du glaubst doch nicht, daß es früher auf der Welt anders zugegangen ist als heute. So wie heute verschiedene europäische Staaten den Ölscheichs gar nicht genug die Pantoffel küssen können und nicht mit der Wimper zucken, wenn einige ihrer Bürger da irgendwo im Mittleren Osten unfair behandelt werden, nur damit die Erdöllieferungen nicht eingestellt werden, genauso haben die mittelalterlichen Staaten Geschenke und liebenswürdige Botschaften an die Hohe Pforte gesandt und sehr höflich um Verlängerung der Handelsverträge gebeten, damit sie ja nicht auf die begehrten Monopolwaren des Ostens verzichten mußten, als da waren: Kaffee, Tee, Pfeffer, Zimt, Muskat, Seide, Teppiche, Tabak, Perlen, Parfums, Äffchen und Papageien und niedliche schwarze Pagen. Warum sollte sich da jemand aufregen, wenn die Einwohner von ein paar armseligen Dörfern da hinten im Archipel entführt wurden? Die hatten ohnehin nie Steuern gezahlt, ein elendes Gesindel, das sowieso bei der nächsten Dürre verhungert oder der Krone nur zur Last gefallen wäre. Simon, du kannst sicher sein, daß auch damals irgendein Minister immer versichert hat, daß es diesen Leuten in der Sklaverei bedeutend besser geht als zu Hause. So war das immer – und so wird es immer sein. Wirtschaftlicher Nutzen geht immer vor Gerechtigkeit. Simon, das solltest du aber langsam kapieren."

Simon wollte aber nicht kapieren. Er hämmerte auf den Tisch und wollte gerade so richtig in Rage geraten.

Aber wieder griffen die Götter ein. Griechenland war ein angenehmes Land. Die Götter sorgten immer im rechten Augenblick für Abwechslung. Diesmal stießen sie in der Verkleidung von Giselher das Luk auf und riefen herunter: „B.A., kommst du mal? Der Dampfer da will uns anscheinend rammen. Ich hab' schon zweimal gewendet, aber er kommt immer wieder direkt auf uns zu."

B.A. sauste den Niedergang hoch wie eine startende Saturnrakete, und Simon rempelte mich grob zur Seite, um ebenfalls schnellstens an Deck zu kommen. Es dauerte einige Sekunden, bis sich unsere Augen an die Dunkelheit gewöhnt hatten. Dann sahen wir ihn. Gegen den schon leicht grau werdenden Horizont hob sich der schmale Schatten mit Masten und Aufbauten ab. Das rote und grüne Seitenlicht stand genau auf uns zu und in der Mitte darüber das Topplicht.

„Kurs?" fragte B.A.

„Dreihundert Grad."

„Schoten auf, geht auf zweihundert Grad."

Ich legte mit Hand an. Als die Segel wieder voll standen, sahen wir uns nach dem unbekannten Schiff um. Es blieb auf Kurs dreihundert Grad, das grüne Licht wanderte aus, verschwand, und eine Weile sahen wir die lange Längssilhouette und das rote Seitenlicht.

„Na also", knurrte B.A.

„Da! Er dreht schon wieder!" rief Giselher. Der lange Schatten wurde wieder kürzer und dann sahen wir wieder rot und grün.

„Kurs?" fragte B.A. „Zweihundertfünfzehn Grad ... zweihundertzehn Grad geht durch . . . zweihundert Grad", meldete der Hofrat.

„Halogenscheinwerfer auf die Segel!" kommandierte B.A. Ich duckte mich und schloß die Augen, als der grelle Schein der Lampe hochschwenkte.

„Jetzt muß er uns aber sehen", meinte Simon, „wir sehen aus wie der unheimlich von unten beleuchtete ‚Fliegende Holländer' auf einer verdunkelten Bühne."

Wir segelten eine Weile auf dem neuen Kurs, dann meldete Giselher: „Peilung steht! Der Kerl kommt wieder direkt auf uns zu."

B.A. versuchte den geheimnisvollen Verfolger direkt anzuleuchten, aber dicht über dem Wasser war ein ganz zarter Dunst, der den Lichtstrahl auffraß. Wenn die Lampe ausgeschaltet wurde, sah man scharf die Lichter und den hohen Schatten des fremden Schiffes. Bei eingeschalteter Lampe stand ein blasser Kegel, wie aus beleuchtetem Rauch, zwischen den Schiffen und blendete uns.

„Kenn ich von Herbstfahrten über Land", sagte B.A., „mit dem Abblendlicht siehst du noch etwas, mit dem Fernlicht wird die Welt weiß wie Watte, und du bist blind. Aber es steht fest, daß uns der Kerl folgt oder zumindest unbeirrbar denselben Kurs hält wie wir. Karl, schalte die Salingleuchten ein und bleib gleich an den Schaltern. Felix, starte bitte die Maschine, für alle Fälle. Wir luven wieder an."

Westermeyer mußte erst ein wenig energisch werden, denn nach und nach war unsere komplette Mannschaft ins Cockpit gekommen, um neugierig zuzusehen. Man konnte sich kaum bewegen, auf allen Schoten, Winschen, auf den Schienen des Großbaumtravellers, überall saßen oder hockten halbbekleidete Zuseher.

„Geht doch nach vorn an Deck oder nach achtern", knurrte Giselher ärgerlich.

„Da ist alles naß vom Tau", raunzte jemand.

„Dann schlüpft gefälligst in eure Ölzeughosen oder legt euch wieder ins Bett. Ich kann euch doch nicht alle auf den Schoß nehmen, damit eure Unterhosen nicht feucht werden. Geht hier aus dem Weg."

Beleuchtet wie ein Christbaum änderten wir wieder unseren Kurs auf 310°. Nach einigen spannenden Minuten stand es fest: Der unbekannte Dampfer verfolgte keinen eigenen Kurs, sondern haargenau den unseren. Er drehte sofort, und wir starrten wieder auf das symmetrische Dreieck aus Seiten- und Topplichtern. Diesmal aber Backbord achterlicher als querab.

„So schneidet er uns prima den Weg ab", stellte B.A. fest.

233

„Was kann der von uns wollen?" fragte Georg.

Käptn Barawitzka grinste plötzlich. „Was der wollen kann? Wirklich, warum soll ich mir immer allein den Kopf zerbrechen? Wir sind doch ein demokratisches Schiff. Wir machen also jetzt ein lustiges Ratespiel und warten, was in der Folge passiert. Also, was kann der von uns wollen?"

„Es ist ein Fischer, der zickzack fischt, aber vergessen hat, die grünweißen Rundumlichter zu setzen", schlug der Hofrat vor.

„Nicht schlecht, aber warum wendet er immer in derselben Minute wie wir?" gab B.A. zu bedenken. Der Hofrat zuckte mit den Schultern.

„Der Steuermann ist einfach neugierig, er möchte wissen, wer da segelt", riet Georg.

„Dann wollen wir nur hoffen, daß der Kapitän bald aufwacht und ihm eine hinter die Ohren haut, weil er sich nicht an den vorgeschriebenen Kurs hält und biedere Segler schreckt."

Dann hagelte es Ideen:

„Ein Zollwachkreuzer, der vergessen hat seine Lichter zu setzen..."

„Ein Schiff, das seinen Kompaß reguliert und vergessen hat, seine Lichter ..."

„Der Käptn ist betrunken."

„Ein Dampfer, dessen Mannschaft an Dysenterie erkrankt ist, und der jetzt vom Schiffsjungen gesteuert wird", meinte Felix, der Sanitäter.

Dann wurden die Vorschläge dramatisch.

„Der Käptn hat verbotenerweise giftige Chemikalien ins Meer gepumpt und fährt jetzt zickzack, damit sich die Säure verteilt und man ihm nichts nachweisen kann."

„... ein Schmuggler, der uns mit einem Rauschgiftlieferanten verwechselt ..."

„Moderne Piraten, die einsame Segelyachten überfallen und ausrauben ..."

„Ein verirrtes libysches Kanonenboot, das Konterrevolutionäre jagt."

B.A. hielt sich die Ohren zu. „Schluß! Aus! Eure Einfälle sind noch besorgniserregender als meine eigenen Befürchtungen. Aber wir sind uns jedenfalls einig, daß die Absichten dieses geheimnisvollen Fahrzeuges da hinten auch ganz anders als gutmütig oder harmlos sein können, oder?" Er starrte durch das Nachtglas.

„Warum drehen wir nicht bei und warten, bis das Schiff uns eingeholt hat und fragen, was er will?" schlug der Hofrat vor.

Max tippte sich an die Stirne. „Und wenn er wirklich ein Schmuggler oder Seewasservergifter ist und uns versenken möchte, damit es keine Zeugen gibt? Glaubst du, daß er sich sofort ergibt, wenn du ihm ein paar Paragraphen vorliest? Liest du keine Zeitungen?"

B.A. verlangte einen Moment Ruhe, teilte die Mannschaft an Besan- und Großmast ein und prüfte noch einmal den Himmel. Der Horizont war schon heller, das kommende Tageslicht hatte aber den Dunst stärker werden lassen. Der Schatten unseres Verfolgers war nur mehr zu ahnen.

„So", sagte B.A., „dann wollen wir einmal, so wie der alte John Wayne als Hilfskreuzerkapitän, wenn ihm die japanische Flotte auf den Fersen ist. Wende! − Geh auf dreißig Grad, Viktor. Ree! Felix, Vollgas!'

Die Winschen ratschten, wir beschleunigten mit dröhnender Maschine, noch immer beleuchtet wie ein türkischer Fernlaster. Käptn Barawitzka stand wie Admiral Tegetthoff im achterlichen Niedergang verkeilt und behielt den Gegner fest im Auge.

„Er dreht schon wieder − und geht auf Nordkurs. − Alles runter, Leute!"

Radarreflektor und Segel wurden hastig heruntergerissen, ich schaltete alle Lichter mit einem Schlag aus, und der Hofrat ging in einer scharfen Kurve auf Gegenkurs. Die Mannschaft hockte auf den Segeln an Deck und starrte gespannt zum geheimnisvollen Verfolger hinüber. Die Lichter wanderten aus, das grüne verschwand. B.A. regulierte den Gashebel so weit zurück, bis der Diesel ganz leise blubberte. Im Dunst mußten unser niedriger Rumpf und die nackten Aluspieren beinahe unsichtbar sein.

Nach einigen Minuten ließ die Spannung nach. Das rote Seitenlicht war noch eine Weile zu sehen, dann tauchte das Hecklicht auf, und die Dämmerung löschte das sonderbare Geisterschiff spurlos aus.

B.A. gab das Nachtglas zurück und meinte, jetzt könne er einen kräftigen Kaffee mit Verbrämung brauchen. Max turnte nach unten, und wir setzten wieder Segel, liefen aber vorsichtshalber noch eine halbe Stunde lang auf westlichem Kurs weiter.

Beide Wachen hockten an Deck und rätselten weiter über die wirklichen Absichten des geheimnisvollen Schiffes. Ich ging mit Giselher zur Karte. Er koppelte die Zickzackkurse mit seinem Taschenrechner, und ich schrieb ins Logbuch: „Eine Stunde lang von unbekanntem Piratenschiff gejagt."

(Ein Jahr nach diesem mysteriösen Vorfall sollte ich nochmals daran erinnert werden. Das geheimnisvolle Schiff hatte B.A. auch nicht ruhen lassen, und als er geschäftlich in Athen zu tun hatte, setzte er seinen Geschäftspartner und die Hafen- und Zollbehörden darauf an. Es steht nun fest, daß es sich um kein offizielles griechisches Fahrzeug gehandelt hatte. Ich trug deshalb in das alte Logbuch folgenden Nachsatz unter die obige Notiz ein: „Laut Telex der griechischen Behörden war damals in dem fraglichen Seegebiet weder ein Zoll- noch ein Polizeiboot unterwegs. Unbekanntes Schiff kommt daher in die Liste der unaufgeklärten Seegeheimnisse. Vettermann.")

Georg sah Westermayer interessiert zu, wie er mit den Kartendreiecken hantierte, mit dem Stechzirkel am Kartenrand Meilen abnahm und an jeder Ecke des Zickzackkurses Zeiten und ähnliches notierte. Dann fragte er: „Wie funktioniert diese Navigation eigentlich?"

Giselher machte ein leicht überhebliches Gesicht. „Das ist eine ziemlich komplizierte Sache. Wo soll ich anfangen? Bei der Trigonometrie, oder bei der Deviation, oder bei ..."

Ich unterbrach ihn, weil ich es ungerecht finde, wenn Spezialisten interessierte Laien mit massivem Fachchinesisch abschrecken, weil sie zu faul sind, eine schlichte, einfache Erklärung zu geben.

„Was hältst du davon, wenn wir die Durchfahrt zwischen Polyaigos, Kimolos und Milos für eine anschauliche Demonstration in instrumente- und mathematikloser Navigation verwenden? Wir suchen jede Menge Deckpeilungen aus der Karte und zeigen unserer Crew, wie man ein Schiff auch ohne Kompaß, Peilscheibe, Winkelmesser und Logge sicher durch die Klippen bringt."

Giselher sah mich eine Weile an und murmelte dann ohne Enthusiasmus: „Das ist eine gute Idee."

Als ich an Deck kletterte, sah ich noch, wie er sofort nach der „Seemannschaft" griff. Das war ein gutes Zeichen. Allwissende gibt es wenig, und mir ist ein Navigator, der weiß, wo man nachschauen kann viel lieber als einer, der zu stolz ist etwas nachzuschlagen und das Schiff lieber vierkant auf Schiet jagt.

Die Sonne ging auf und vertrieb den leichten Morgennebel. Wir waren allein auf weiter See, voraus die Schatten der Inseln, die wir ansteuerten. Max servierte ein leichtes Frühstück, und dann klarierten wir das

Deck ein wenig auf, füllten die vielen leeren Weinflaschen mit Seewasser, versenkten sie, und ich half dem Hofrat, die Spuren der gestrigen Feier vom Deck zu schrubben.

Nach dem Wachwechsel um 8.00 Uhr wurde es ruhig an Bord. Die Freiwache kroch teilweise wieder in die Kojen, Felix legte sich nackt aufs Vorschiff und ich steuerte, gemütlich mit Simon plaudernd.

Simon entwarf bereits Pläne für den nächsten Törn. Zu den Inseln des Dodekanes wollte er, die türkische Küste befahren und in Troja und Pergamon die Ausgrabungen besichtigen und Samos-Wein in Originalkellern verkosten. Aus den Augenwinkeln sah ich, wie der Hofrat am Gas-Schapp hantierte, um die Flaschen zu wechseln, und Max reichte ihm Rohrzange und Franzosen, weil der Anschluß leicht verrostet war.

Wir überlegten gerade, ob wir auch durch die Dardanellen segeln sollten, da zischte es gewaltig, und der Hofrat taumelte quer durchs Cockpit. Mit einem in den Ohren gellenden Heulen fuhr etwas aus dem Schapp wie ein befreiter Flaschengeist, der zu lange unter hohem Druck gestanden hatte. Die Verdunstungskälte ließ wallende Nebelspiralen entstehen, und es stank bestialisch.

„Das Butangas!" brüllte ich. „Feuer aus! Rauchverbot!" Ich zog den Dekompressor und der Diesel verblubberte. Simon hechtete in die

Dampfspirale und schrie vor Schmerz, als er an das vereiste Ventil kam. Er angelte nach der Rohrzange, aber es pfiff weiter wie ein dampfgetriebener Dudelsack. Dann wurde das Orgeln leiser – sank die Tonleiter herunter bis zu einem tiefen Zischen – dann war es still.

Simon stürzte an die Reling und hustete wie ein Lungenkranker. Aus dem Niedergang quoll ein Mannschaftsstrom, wie Zahnpasta aus der offenen Tube, wenn man drauftritt.

„Was ist denn jetzt wieder los?" überbrüllte B.A. den Wirbel.

„Ich fürchte, unser Hofrat hat versehentlich den ledernen Sack des Aiolos aufgemacht und die eingeschlossenen Winde befreit."

„So riecht es hier auch. Fix Laudon! Viktor, du alter Linksaufdreher, wir hätten alle in die Luft fliegen können. Die Explosion in Santorin wäre nichts dagegen gewesen", sagte B.A. ärgerlich. „Absolutes Rauchverbot, keine Schalter anrühren, kein Kocher! Karl, geh hart an den Wind."

Die Stinkwolke verschwand im Nu vom Deck. Unter Deck dürfte zum Glück kaum viel Gas gelangt sein, weil Viktor die Flasche auf die Bank gehoben hatte, bevor es ihm gelang, das Ventil so weit zu lockern, daß das Gas abzischen konnte. Trotzdem wurde alles geöffnet und gelüftet, und B.A. stellte Viktor an die Bilgenpumpe mit dem Auftrag, einige Stunden lang eventuell in die Bilge absinkendes Gas abzusaugen. Der arme Hofrat pumpte grimmig.

„Ich bin nicht abergläubisch", sagte Barawitzka, „aber ich geh jetzt das Barometer kontrollieren und hör jeden Wetterbericht in tausend Meilen Umkreis ab. Ich hab' keine Lust, jetzt sieben Tage vom Sturm herumgebeutelt zu werden wie der alte Odysseus, und dann ein Jahr im Palast der Circe zu verbringen, nur weil der Viktor dem Aiolos seinen Sack falsch herum aufgeschraubt hat." Er zögert einen Augenblick und fügte hinzu: „Darüber hinaus ist unser Kurs eindeutig festgelegt. Milos. Wir brauchen eine neue Gasflasche."

Simon grinste: „Laszlo Rosenstein würde jetzt sagen, mit euch mach ich was mit. Da gibt es keine Langeweile an Bord. Ihr seid's keine Segler, ihr seid's eine reine Nervensache."

Gegen 10.30 waren die kahlen Hügel von Polyaigos querab. Zwischen den langgestreckten Schatten von Milos und den etwas zackigeren von Kimolos glitzerte die Durchfahrt in den Sonnenstrahlen. Davor, bedeutend näher, ragten die dunklen scharfen Kanten des Inselchens Georgios empor. Giselher erklärte einem interessiert zu-

238

hörenden Publikum die Übereinstimmung der schwarzen Punkte und Kreuzchen auf der Karte mit den Klippen, die südlich von Georgios wie sehr niedrig eingeschlagene Dalben aus der See guckten.

Barometer und Wetterberichte blieben beruhigend, aber der südliche Himmel war dunkel, und weiße, auf der Unterseite graublaue Wolken warfen Schatten auf See und Inseln. Sonnenlicht fiel zwischen den Wolken hindurch wie zwischen schräg gestellten Jalousien und schuf märchenhafte Kontraste zwischen schwarzblauer See und dunklen Hügeln, hellblauen Streifen Wassers und weißleuchtenden Häuserhaufen.

Giselher erklärte mit einfachen Worten die in der Karte D 1091/D eingezeichneten Deckpeilungen und wie er damit den Kurs der HIPPO-DACKL bestimmen wollte. Georg machte bald mit Feuereifer mit. „Nisos Evstathios und Nordkap Polyaigos in Deckung!" schrie er begeistert. „Karl, fall endlich ab, jetzt mußt du auf einen neuen Kurs gehen. Fahr genau auf dieses Kap dort zu, bis ich dir sage, es ist genug und ich dir neue Befehle gebe."

„Aye, aye, Sir", sagte ich, „zu Befehl, Herr Obernavigator."

Georg strahlte, das gefiel ihm, und uns gefiel das vorbeiziehende Panorama. Buchten öffneten sich, gaben den Blick auf weiße Sandstrände und kleine saubere Ansiedlungen frei, und wenn wir uns sattgesehen hatten, verdeckten sie den Ausblick wieder mit einem schroffen Vorgebirge oder einem neuen Inselchen, das sich plötzlich aus dem Landgewirr löste und rascher vorbeizog als die fernere Küste.

Trotz unseres langsam kräftiger werdenden Hungers machten wir einen kleinen Umweg durch die Bucht, um seltsame Sandsteinformationen auf Klippen näher zu betrachten und zu fotografieren. Unter Georgs Navigation − souffliert von Giselher − segelten wir gemütlich zwischen Kap Lakida und den Akradia-Felsen mit dem Leuchtturm hindurch und in die große Bucht von Milos. Beinahe mit Backstagsbrise lief die HIPPODACKL die grünen Hänge entlang; die weißen Häuser der Plaka leuchteten in dem unwirklichen märchenhaften Goldlicht vor einem tintenblauen Himmel, die weite Bucht glitzerte wie ein riesiger geschuppter Fischbauch in der schrägen Sonne.

Um 13.30 legte Georg längsseits am Kai von Adamas an, und ein lachender Stavros fing unsere Leinen. Sein Köhlerkaiki war schon wieder vor uns angekommen.

Georg stieg vom Boot, gemessenen Schrittes wie Christoph Columbus, und ich erwartete eigentlich jeden Augenblick, daß er die historische Frage an Stavros richtete: „Verzeihen Sie, roter Freund, ist das Amerika?"

Er ging derart aufgeblasen auf und ab, daß Max dem Hofrat zuraunte: „Hoffentlich ist er gut zugeschraubt, sonst geht ihm ein Wind ab. Er sieht so gebläht aus wie der Sack des Aiolos."

B.A. bemerkte das auch und holte Georg schnell wieder auf den Boden. „Das hast du sehr zufriedenstellend gemacht, Georg. Du lernst schnell. Vergiß aber nicht die traditionelle Runde Schnaps, die der Mannschaft zusteht, wenn das Anlegemanöver gut geklappt hat."

Bis Christoph Columbus bei der Bordkassa ein neues Darlehen aufgenommen hatte, war er wieder auf Normalgröße geschrumpft, und wir marschierten fröhlich über den breiten, leeren Kai bis zu einer Ansammlung blecherner Sessel vor einem winzigen Kafeneion.

Eine fesche Wirtin in den besten Jahren begrüßte uns herzlich mit einem Kuß auf die Stirne und brachte eine Runde Ouzo. Georg blies die Backen auf und machte überflüssigerweise dieselben Melonenwägegesten wie der Moody-Skipper in Santorin, als ob wir nicht selber die außerordentlich stramm ausgefüllte Bluse der Wirtin bemerkt hätten. Die Wirtin konnte zwar nicht Deutsch, aber als sie bei der zweiten Runde die mit einem lustig gluckernden Ausgießer versehene Ouzoflasche gleich auf dem Tisch stehen ließ und etwas sagte, wobei ihr der Schalk aus den Augen blitzte, verstanden wir auch ohne Vivaldi, daß wir damit als vertrauenswürdige Kunden und Stammgäste aufgenommen worden waren. Die Herbstsonne schien warm auf den Kai, unter den Ölbäumen am Ufer saßen zwei Fischer und flickten ihre Netze, in der weiten amphitheaterähnlichen Bucht waren ein paar kleine Küstenfrachter und Kaikis verankert, und wir sahen Stavros zu, wie er mit einem haushoch beladenen Lastwagen wieder seine Kohle irgendwohin zustellen fuhr.

Die lustige Wirtin lehnte in der Türe, dann ging sie ins Lokal, drehte ein Radio lauter und tänzelte im Sirtakirhythmus im Halbdunkel. B.A. stand auf und ging ins Lokal.

„Wenn der Käptn sie jetzt zu einem Tänzchen auffordert, falle ich bewußtlos vom Sessel", stieß Janos hervor. B.A. unterhielt sich gestikulierend mit der Wirtin, die ihn dann am Arm nahm und mit ihm aus dem Kafeneion marschierte.

„Was grinst ihr denn so dreckig?" fragte B.A., als er an unserem Tisch vorbeigezerrt wurde.

„Was kann er sich den spezielles bestellt haben?" fragte Georg grinsend. „Für ein Küßchen in Ehren braucht sie ihn ja nicht in den Feigengarten zu schleppen."

Unsere Wirtin führte den Kapitän zu einem Tisch im Schatten der Bäume, wo zwei Griechen in ein Brettspiel vertieft waren. Einer hatte eine Art Uniformrock an mit Achselklappen, und der andere trug einen Strohhut und altmodische Hosenträger. Die Wirtin stellte B.A. anscheinend vor und tänzelte dann trällernd durch die leeren Sesselreihen zurück. Georg sah sie fasziniert an. Sie bemerkte das sofort und zerstruwwelte ihm das Haar mit flinker Hand. Dann tätschelte sie ihm die Wange und sagte etwas, das klang wie „braver Junge, Georg".

Von diesem Moment an war Georg verzaubert und fraß ihr aus der Hand.

B.A. kam zurück und ließ sich in den Sessel fallen. „S' war der Hafenkapitän", berichtete er. „Beim heiligen Aghios Phlegmatikos, die Burschen hier haben wirklich die Ruhe weg. Das imponiert mir enorm. Ich wollte ihm die Schiffspapiere bringen, aber er meinte, der Papierkram könnte doch sicher warten, er sei jetzt mitten in einer Partie mit dem Schulmeister, und ich solle morgen, oder übermorgen oder nächste Woche kommen." B.A. sah träumerisch hinüber zu dem Tisch mit den beiden Spielern. „So möchte ich eigentlich auch leben. Vollkommen gelassen und ruhig unter dem Ölbaum sitzen und Mühle spielen. Und wenn ein Kunde stört, dann sag ich ihm, er soll morgen, oder übermorgen, oder noch besser nächstes Jahr kommen. Jetzt hätt' ich keine Lust zu arbeiten."

B.A. sah sehr nachdenklich drein und sagte lange nichts. Wir redeten alle nicht viel, wir saßen einfach da, saugten die Sonne, die Stille im Hafen und den Ouzo auf, sahen lange den ziehenden Wolken nach, ohne daß es uns langweilig wurde. Jetzt, in den letzten Tagen der Fahrt, hatten wir die nervöse Unrast besiegt, eine wohltuende griechische Ruhe hatte uns eingeholt.

Simon blinzelte in die Sonne. „Meine Herren, da könnt' ich es ein Jahr lang aushalten. Laßt mich hier sitzen, und mögen widrige Winde unsere Heimfahrt verhindern. Zum Hades mit meinem Amt."

Zu jeder anderen Zeit und in jedem anderen Hafen hätten mich diese Worte argwöhnisch aufschauen lassen. Diesmal nicht. Hätte das Simon nicht gesagt, wären es meine Worte gewesen. Dieses winzige Kafeneion auf dem Kai mit der hübschen Wirtin und dem weiten Blick auf die

Bucht war so gemütlich und forderte zum Bleiben auf wie eine warme Kaminecke, wenn draußen der Schnee meterhoch liegt, wie eine kuschelige trockene Koje in einem feuchten Nordseewetter, oder ein Stück einsamer Sandstrand, auf den die Sonne herunterbrennt.

Am Abend saßen wir noch immer, gelassen wie eingeborene Milier, im Kafeneion unserer Wirtin und beobachteten, wie sich die Farben von Bucht, Himmel, Wolken und der Hügel veränderten, je weiter die Sonne am westlichen Horizont heruntersank.

In der Dämmerung lief eine deutsche Yacht ein. Zu unserem Bedauern klappte das Anlegemanöver, obwohl anscheinend fünf oder sechs Kapitäne an Bord waren, die alle einer einzigen Deckshand Befehle gaben.

„Schade", murmelte Simon, „wenn ich nicht einen so bequemen Sessel hätte, wäre ich rübergegangen, um ein wenig mitzukommandieren. Wetten, der Matrose hätte was falsch gemacht?"

Aber es hatte niemand Lust, mit ihm zu wetten. Wir sahen den Kapitänen zu, wie sie sich selber noch ein wenig herumkommandierten und dann zu einem Landausflug aufbrachen. Sie marschierten im Gleichschritt an uns vorbei, und der Matrose ging hinterdrein.

„Juten Abend!" grüßten die Kapitäne, nur der kleine Matrose kam an unseren Tisch.

„Seid ihr von dem österreichischen Boot da?" fragte er mit unterdrückter Stimme, anscheinend sollten seine Kapitäne das nicht hören. Wir nickten, und er beugte sich vertraulich zu Barawitzka:

„Laßt euch von dene' nichts gefalle'. Ja? Wenn ihr am Schiffle noch ä Gläsle trinkt oder Musik spielt und die...", er zeigte mit dem Daumen über die Schulter, „...und die verlange' Hafenruhe, dann laßt euch nichts gefalle'. Hängt ihne tüchtig ä Maul an. Das mache' sie in jede' Hafe'."

„Die kommandieren Sie ja ganz ordentlich herum", bemerkte Simon.

Der kleine Matrose seufzte. „S'ischt die schlimmste Crew, die ich in de' viele' Jahre alsch Charterskipper erlebt hab'. Lauter Oberschtaatsanwält'. Fahret nie mit Oberschtaatsanwält' zur See", meinte er dann und kippte blitzschnell den Schnaps, den ihm Barawitzka hingehalten hatte.

„König!" durchschnitt eine scharfe, befehlsgewohnte Stimme den Abend. Oben an der Straßenserpentine standen die Oberstaatsanwälte und sahen vorwurfsvoll auf den zurückgebliebenen Skipper.

„Hanoi", Käptn König stand hastig auf, „d' Oberschtaatsanwält'
warte' nicht gerne. Schade, ich wär' lieber mit euch gesesse' als mit
dene' da oben in d' Reschtaurant vornehm zu esse'. Tschüs! Mir sehe'
uns vielleicht no'"
Er rannte seiner Crew nach.
„Hanoi", machte ihn Simon nach, „auf andere Schiffle wird au'
manchmal gestritte'. Nicht nur auf d' HIPPODACKLE. Hanoi."
Barawitzka sagte nichts und lehnte sich nur wieder in seinen Sessel
zurück. Etwas später kam Stavros und führte uns um ein paar Ecken in
ein schild- und aufschriftloses Haus, in dem Ortsfremde nie ein besonders exquisites — wenn auch primitiv eingerichtetes — Fischrestaurant
vermutet hätten. Ich habe mir leider den Namen des Gerichtes nicht gemerkt, aber es war so eine Art „Scholle auf Finkenwerder Art", nur
statt mit gebratenem Speck und Petersilkartoffeln mit gehackten Oliven, herben Bergkräutern und Reis. Sie schmeckte traumhaft. Die Frau
des Fischkochs, der sich sicher einige Häubchen in einem „Gault &
Millau Restaurantführer" für die Kykladen verdient hätte, war eine
Deutsche, die uns erzählte, daß sie vor sieben Jahren hierher auf Urlaub
gekommen und gleich hiergeblieben war. So sehr hatte ihr Milos gefallen und gefiel ihr auch noch heute.
Nach dem köstlichen Mahl spazierten wir zurück zu unserer „Milos-
Tante", wie wir die Wirtin des Kafeneion getauft hatten, und als sie uns
wieder die lustige Gluckerflasche auf den Tisch stellte, erinnerte ich
mich kurz an die Bootsmesse. Dieses Kafeneion war das Zentrum der
Kreise, die wir in Milos zogen, so wie die Schnapsbude in Friedrichshafen.
Es wurde spät an diesem Abend. Stavros erzählte Inselgeschichten,
später marschierten die Oberstaatsanwälte wieder im Gleichschritt vorbei, aber Käptn König blieb, um mit uns einen Ouzo zu kippen.
Er erzählte Oberstaatsanwalt-Geschichten. Von dem morgendlichen
Ritual der feierlichen Verleihung der Klosettbürste an den Putzesel vom
Dienst, über formelle Anträge zur Änderung der Segelstellung, über
einen Pflichtverteidiger, den sie ihm gleich zu Beginn der Reise zuge-
teilt hatten, und daß es wenig Unterhaltung auf dem Schiff gäbe, sondern nur Plädoyers. Käptn König war vom Bodensee, und er lud uns
ein, ihn beim Besuch der nächsten Friedrichshafener Bootsmesse zu besuchen. Leider mußte er kurz darauf gehen, weil ein Fischerjunge einen
gefalteten Bescheid überbrachte, der seine sofortige Präsenz an Bord

243

verlangte, bei Androhung von 25 Tagessätzen im Nichtbefolgungsfall. Wir schüttelten ihm mit Bedauern die Hand, und er rannte davon.

Mit unserem Käptn stimmte an diesem Abend etwas nicht. Als wir endlich aufbrachen, saß er schwer wie eine Marmorstatue in seinem Sessel, so daß wir ihn kaum hochbrachten. Wir nahmen ihn in die Mitte, je vier HIPPODACKL-Matrosen hängten sich links und rechts an ihm ein, es sollte niemand über unseren schwankenden Kapitän lachen.

Das war die Nacht, wo wir den Sirtaki „erfanden".

Wenn eine Reihe Männer nebeneinander untergehakt über einen breiten Kai zu ihrem Schiff gehen will und in der Mitte einen schweren Kapetanjos hat, der, die ganze Reihe mitreißend, einmal nach links und dann wieder nach rechts das Übergewicht bekommt, so daß alle einen schnellen Wechselschritt machen müssen, um nicht in den Hafen zu fallen oder in die Hausmauer gerammt zu werden, und wenn dieser Kapetanjos die Reihe nicht nur nach Back- und Steuerbord reißt, sondern auch manchmal vor und zurück, so daß alle ein paar schnelle Tanzschritte machen müssen, um nicht auf die Nase zu fallen, und wenn das alles zum Rhythmus vom laut aufgedrehten Radio unserer Milos-Tante geschieht, dann... ist das Sirtaki.

Nach einigen Fehlschritten hatten wir den richtigen Rhythmus gefunden, und die Fischer, die inzwischen am Kai ihre Boote für den nächtlichen Fang vorbereiteten, klatschten begeistert Beifall, als unsere Neun-Mann-Kette vor und zurück stolpernd, nach links und rechts im Wechselschritt oder Kreuzschritt und dann wieder tief in die Hocke gehend, mit einem hochgehobenen Bein das Gleichgewicht haltend, den Kai entlangtanzte. Stavros tanzte vor uns her, klatschte im Takt, und wir bemühten uns, es nicht so aussehen zu lassen, als würde uns der Käptn so herumreißen.

An Bord erwachte der Käptn plötzlich und sang lauthals griechische Lieder. Wir lachten dann viel, und es gab noch eine kleine Verhandlung mit aus dem Schlaf gerissenen Oberstaatsanwälten. Simon soll angeblich die Verhandlung drastisch abgekürzt haben, weil er als schlagkräftiges Argument eine geschwungene Decksbürste einsetzte und dieses Plädoyer eindeutig zu Gunsten der HIPPODACKL ausging. Ich habe das aber selbst nicht gesehen, und die Staatsanwaltsyacht war am nächsten Morgen nicht mehr am Kai. Georg brachte die Nachricht, daß es bei Tante Milos einen traumhaften Reispudding mit Rosinen gäbe. Auf der HIPPODACKL wurde an diesem Morgen kein Frühstück gekocht.

Es war einer jener strahlenden Herbsttage, wo alles in satten Farben leuchtet und man klar und weit sieht. B.A. löffelte mit Genuß drei Portionen Reispudding und setzte sich dann an den Tisch des Hafenkapitäns, um ein wenig Mühle zu spielen.

Die restliche Crew fuhr mit dem Inselbus hinauf zur Plaka. Janos war gut aufgelegt, weil sich in der Nacht das letzte Pflaster von seinem Gesicht gelöst hatte und seine Haut wieder in altem Glanz erstrahlte. Licht, Luft und Seewasser hatten eine schnelle Regeneration bewirkt, und von den bösen Rissen in seinem Gesicht war nicht einmal eine Narbe oder eine Schramme geblieben.

Oben am Berg spazierten wir ein wenig in der Plaka herum, und dann schlug Janos zielsicher einen steinigen Weg ein, der aus der Kühle der schattigen Gassen in die pralle Glut der Mittagssonne hinausführte. Nach einer halben Stunde klebte uns das Hemd am Körper, und wir litten schrecklich an Durst. Der Ausflug war leider kein großer Erfolg. Die einzige Attraktion am Ende des beschwerlichen Weges war eine steinige Mulde voll Dornengestrüpp und eine rostige Tafel, die besagte, daß man hier – Pfeil nach unten – die berühmte Venus gefunden hätte.

Simon starrte mißmutig auf das Gestrüpp und machte eine einzige Aufnahme. „Hochinteressant, muß ich schon sagen. Es hätte in diesem

Fall aber genügt, wenn du uns eine Ansichtskarte von dieser Fundstelle gezeigt hättest."

Janos blätterte in seinem Führer. „Wenn wir den Berg da hinuntersteigen, kommen wir zu hochinteressanten Katakomben..."

„Langsam", unterbrach ihn Simon, „was sieht man in diesen Katakomben? Liegen da interessante Mumien oder gibt es Höhlenmalereien? Oder ist da wieder nur eine Tafel, die besagt, hier wären die Kunstschätze gefunden worden, die man jetzt im Britischen Museum oder im Louvre besichtigen kann?"

Janos blätterte in seinem Buch. „Da steht nichts davon."

„Dann geh ich kein Risiko mehr ein." Simon drehte sich um. „Ich gehe zurück und besichtige das schattige Gewölbe neben der Kirche mit dem Schild ‚Beck's Bier'."

Es gab diesmal keine demokratische Abstimmung, weil die komplette Crew umdrehte und den Weg zur Plaka zurückmarschierte. Janos folgte achselzuckend. Auf dem Rückweg teilte uns Simon mit, die Aufnahme sei für einen Bürokollegen bestimmt, dessen Spezialität „nichtsehenswürdige Sehenswürdigkeiten" seien. Dieser Kollege bringe jedesmal aus dem Urlaub Spezialaufnahmen mit, in der Art: ‚Loch Ness ohne Monster' oder ‚Der berühmte Geysir, wenn er einmal nicht spuckt', ‚Schlammbank am Sambesi, nachdem die Krokodile von unserem Motorboot verscheucht wurden' oder ‚Der berühmte Freitagsmarkt von Arles am Montagmorgen', ‚Der Stromboli eine Woche vor dem Ausbruch' und ‚Leerer Parkplatz in Pontebba, nachdem das Auto gestohlen worden war'. Simon klopfte auf seine Kamera. „Da gefällt ihm diese Aufnahme sicherlich. Leeres Loch, aus dem die Venus gestohlen wurde. Hahahaha!"

Am Stadtrand trafen wir eine kleine holländische Reisegruppe, die sich nach der Fundstelle der berühmten Venus erkundigte. Janos machte seinem Ruf als Reisefachmann alle Ehre. Er schilderte die einmalige Lage der Fundstätte mit derartigem Eifer, daß die Holländer ihre Kameras zückten und begeistert den steinigen Weg entlangstolperten. Wir fanden, daß wir ein Bier verdient hatten.

Wieder im Autobus nach Adamas, fragte mich Felix nach dem Datum, weil er ein paar Postkarten wegschicken wollte. Ich hatte statt der Digital- die Taucheruhr ohne Datum mit und wußte es nicht; ich versprach ihm, an Bord der HIPPODACKL zu gehen und im Kalender nachzuschauen. Irgendwie kam es dann nicht dazu, ich glaube, daß uns die

246

Wirtin mit einem Honigstrudel anlockte. Ich weiß das leider nicht mehr so genau, und Logbucheintragungen fehlen ebenfalls.

Am späten Nachmittag saß ich neben dem Boot am Kai und zeichnete die Hafenhäuser auf der Rückseite eines Wetterleerberichtes, als B.A. auftauchte und sofort ablegen wollte. Das war natürlich leichter gewollt als dann in der Praxis durchgeführt. Von der Mannschaft war nur Max an Bord, Simon war in Sicht, er saß drüben bei den Fischern unter dem Ölbaum und lernte netzen. B.A. war aber guter Laune, er wurde gar nicht grantig, sondern schickte Max los, die Mannschaft einzusammeln. Er startete die Maschine und ging gemächlich und gefaßt am Kai auf und ab. Meine Zeichnung war gerade fertig, als der Motor einmal tief seufzte und stehen blieb. Käptn Barawitzka schien das aber nicht weiter aufzuregen. Er kontrollierte gelassen Tankanzeige, Batterieladung und Starterritzel und versuchte erneut zu starten. Es tat sich nicht mehr, als daß das Rumoren des Anlassers im Lauf der Zeit immer müder und schwächer wurde, während der Motor keinen Mucks machte. B.A. drehte die Zündung ab und ging „einstweilen noch eine Partie Mühle mit dem Hafenkapitän spielen", wie er sagte. Etwas später tauchten Felix und der Hofrat auf, und auf meine Schilderung hin nahmen sie sofort die Treppe vor dem Motorschapp weg und krochen in den engen Schlitz, mit Werkzeug und Taschenlampen bewaffnet. Ich nahm mir einen Schundroman aus dem Bücherschapp, und um die Mechaniker bei guter Laune zu halten, rief ich ab und zu in das finstere Loch: „Braucht ihr eine Zange?" oder „Soll ich euch die Lampe halten" oder „Wißt ihr endlich, was kaputt ist?"

Nach einer halben Stunde kletterten die beiden ölverschmiert und schwitzend an Deck, um eine Zigarette zu rauchen. Mit einer Blitzreparatur war es diesmal nichts. Es war keine angesaugte Luft, sondern sämtliche Treibstoffleitungen und Filter waren komplett verstopft, weil wir irgendwo Dieselöl getankt hatten, in dem mehr Sand war als in einer Hosenstulpe nach einer Feier am Strand, wie Felix sarkastisch bemerkte.

Max kam zurück, allerdings ohne weitere Mannschaftsmitglieder. Er ersuchte mich, mein Glück bei Janos in der Klöppelfabrik zu versuchen, und übernahm meinen Posten als Hilfshandlanger.

Ich fand Janos Gludowatz in einem großen alten Haus, in der Nähe des Kais, inmitten einer großen Schar reizender alter Großmütter, die Spitzen klöppelten. Janos versuchte sich soeben als Klöppler, und die

Omis lachten, daß ihnen die Tränen über die zerfurchten Wangen rannen, wenn er eine Masche falsch warf und das Muster etwas von seiner gleichmäßigen geometrischen Schönheit verlor.

„B.A. will auslaufen, komm endlich!" rief ich.

Janos warf geschickt mit den hölzernen Spulen herum. „Laß mich", brummte er ohne aufzusehen, „das ist ja tausendmal lustiger als das Raumschiff-Abschießspiel bei unserem Dorfwirt. Ha! Jetzt hab ich das Muster aber hingekriegt." Er klemmte vor Eifer die Zungenspitze zwischen die Zähne und warf flink mit den Klöppeln herum und wickelte die Maschen um die Drahtstifte oder Nägel in dem Klöppelrahmen. Die Omi, auf deren Brett er übte, klopfte ihm anerkennend auf die Schulter. Janos grinste mich an: „Das ist schon wieder eine Szene aus den klassischen Sagen. Der alte Herakles ist doch angeblich ein Jahr lang bei Königin Omphale in der Spinnstube gesessen, auf Grund einer Wette oder eines Götterfluches, und hat gesponnen oder gestickt oder sowas."

Da tutete mein kleines Nebelhorn wieder im Unterbewußtsein, aber dieses Mal sah ich die Gefahr selber. In der letzten Zeit war ein wenig zu oft die Rede von unfreiwilligen Aufenthalten bis zu einem Jahr auf irgendwelchen Zauberinseln gewesen. Odysseus blieb ein Jahr lang bei Circe, Herkules strickte ein Jahr lang für Omphale, Barawitzka wollte ein Jahr lang Mühle spielen, Simon wollte ein Jahr lang im Kafeneion sitzen, und jetzt wollte Janos auch ein Jahr lang klöppeln.

Unser Rückflug war doch für Sonntag gebucht. Warum regte das denn niemand auf? Mir war das ja egal, ich würde schon eine Ausrede finden, aber die anderen mußten doch alle arbeiten gehen. Ich verstand die Welt nicht mehr.

„Laß mich noch hier klöppeln, bis wir tatsächlich ablegen", sagte Janos, „ich verzichte auf den Abschiedstrunk. Blas nur ins Nebelhorn, dann komme ich sofort, okay?"

Ich ging zur HIPPODACKL zurück. Felix wischte sich gerade die öligen Hände an einer meterlangen Klosettpapierschlange ab und teilte mir mit, daß alles gereinigt sei, die Leitungen wieder sauber, der Sandsatz im Tank soweit wie möglich abgesaugt, und alles wieder picobello.

„Allerdings müssen wir bis morgen warten, bis die Werkstätte da oben am Berg wieder aufmacht. Viktor hat leider die Dichtung vom Ölfilter beim Zerlegen ruiniert, und wir kriegen erst morgen Ersatz."

Viktor klebte sich Hansaplaststreifen auf Risse im Handrücken und sagte voll Vorfreude: „Da können wir heute abend wieder Fisch essen gehen."

Am nächsten Morgen suchte ich in der Navigation nach Buntstiften, weil ich ein paar der typischen Häuser zeichnen wollte, und da fiel mir ein grünes Logbuch in die Hand. Ich blätterte darin und erinnerte mich an das fehlende Datum. Die letzte Eintragung war vom Donnerstag. Ich kontrollierte also den Kalender, da war aber auch Donnerstag. Allerdings kam mir die rotmaskierte und rotgestiefelte Dame seltsam bekannt vor, so als ob ich sie schon mehrere Tage gesehen hätte. Also hatte kein Mensch den Kalender mehr abgerissen. Ich ärgerte mich ein wenig über den Schlendrian, der plötzlich an Bord herrschte und machte mich daran, die letzten Tage im Logbuch nachzutragen. Routinemäßig notierte ich Motorstundenzahl, Logge und Barometer − und hatte meinen Schock auch schon weg.

Das Barometer war auf 900 mbar gesunken, verdammt wenig für Schönwetter. Ich stürzte an Deck, und die ersten Anzeichen eines jähen Wetterwechsels waren schon zu sehen. Der Himmel hatte sich schwarz verdüstert, aus tiefhängenden Wolken fiel ein einziger Sonnenstrahl in die Bucht und beleuchtete bereits aufgerührtes Wasser draußen am Südrand der Bucht. Ein grober Windstoß sammelte am Kai eine Handvoll Sand und warf sie mir blitzschnell ins Gesicht, daß es zwischen den Zähnen knirschte.

Eine Minute später sah der Hafen nicht mehr so gemütlich aus. Fauchende Böen fuhren den Hügel herab und schmissen Weinblätter, Zweige und Sand auf die HIPPODACKL, packten die nackten Masten und versuchten das Boot umzuwerfen. Sogar im Windschatten des Kais tanzten bissige winzige Wellen, und draußen in der Bucht flog der Schaum zum Himmel. Aiolos Winde aus dem Sack waren da, wenn auch mit Verspätung. Mit zusammengekniffenen Augen kletterte ich an Deck herum und überprüfte alle Leinen und Springs, bändselte alle Fender zwischen Kaimauer und Bordwand und schaute mich zwischendurch nach irgendeiner barmherzigen Seele um, die mir helfen könnte, Anker auszubringen. Die Masten blieben zirka 25° gekrängt, und die Welt wurde schwarz und finster. Ich duckte mich hinter die Reling, weil jetzt am Kai zwei leere Gemüsekisten Anlauf nahmen und mit einem hohen Satz an Deck hüpften. Es war wie in einem Alptraum. Ich schloß alle Luken und Niedergänge und suchte mein Ölzeug zusammen. Jetzt fiel mir siedendheiß die Geschichte mit Odysseus und der

Circe ein. Wir waren vom Regen in die Traufe gesegelt. Circe hatte keinen Palast, aber ein Kafeneion, und wir waren gefangen, der Käptn verzaubert, die Mannschaft verzaubert. Ich saß da mit dem dumpfen, bitteren Gefühl absoluter Ohnmacht und des Ausgeliefertseins an unbekannte unheimliche Mächte. In diesem Moment polterten Simon und Felix an Bord. Sie waren schrecklich aufgeregt und berichteten von der Strandung eines Kaiki am Südufer der Bucht, die sie vom Berg aus mitangesehen hätten. Nachdem die beiden auch nicht wußten, wo die anderen waren, zogen wir unser Ölzeug an und machten uns daran, die HIPPODACKL besser zu sichern. Eine Winddrehung würde uns das Boot sonst am Kai in Trümmer schlagen, bevor wir etwas tun konnten. Es war gar keine so leichte Arbeit, die Anker mit Kette und Trosse in das kleine Gummidingi zu laden und so weit wie möglich in den aufgerührten Hafen hinauszufahren.

Bis beide Anker im Sandgrund gefaßt hatten und kräftigen Zug aufnehmen konnten, waren wir patschnaß, das Dingi vollgeflutet, und Simon hatte ein geschlossenes, sich verfärbendes Auge, wo ihn Felix' Ellbogen an einem der wilden Außenbordmotorstartversuche getroffen hatte. Es war dunkel wie bei einer Sonnenfinsternis, und sogar hier im Hafen sangen die Wanten wie die strapazierten Saiten einer Cowboygeige. Wir riggten die Ankerlaterne und stolperten dann, vom Wind getrieben, zu Circes Kafeneion. Auch hier sah alles anders aus. Die Blechsessel waren zusammengeklappt an die Wand gelehnt und mit Stricken verzurrt, die Tische an die Wand gerollt, und der Eingang zum Kafeneion mit hölzernen Sturmtüren verrammelt, an denen die Böen böse rüttelten. Drinnen war es gemütlich und windstill, der altmodische Luster verbreitete Licht und ein Gefühl der Geborgenheit. Der Hafenkapitän und Barawitzka hatten ihr Mühlespiel unterbrochen und schauten interessiert auf einen flimmernden Fernseher in der Ecke.

„Käptn", rief ich sofort, „wir können unmöglich auslaufen, draußen muß es mit neun Windstärken blasen, die kleinen Frachter suchen alle Schutz in der Bucht!"

„Weiß ich bereits." B.A. zeigte auf den Fernseher. „Warum, glaubst du, schauen wir uns die Nachrichten an?"

„Aber wir versäumen unseren Rückflug!"

Barawitzka zuckte mit den Schultern. „*When piradhsi.* Macht nix, wie die Griechen sagen. Gegen Sturm ist man machtlos. Außerdem gefällt es mir hier besser als in Wien. Sei jetzt still, ich möchte zuhören."

Er meinte wohl eher „zusehen", denn ich konnte mir nicht vorstellen, daß er den griechischen Kommentator verstand. Fernsehsendungen in einer vollkommen unbekannten Sprache sind etwas sehr Lustiges. Da man die Bilder nur deuten kann, merkt man erst, wieviel völlig belangloses Zeug da so eigentlich über die Bildschirme flimmert. Da ich viel herumkomme in meinem Beruf, bin ich ein Spezialist für fremdsprachige Fernsehsendungen. Es gibt sehr interessante Sendungen, wie beispielsweise japanische Samuraifilme mit chinesischen Untertiteln oder österreichische Operettenfilme mit indischer Synchronisation; weniger unterhaltsam sind finnische Gesellschaftsstücke oder arabische Nachrichtensprecher, die sehr lange aus dem Kairoer Telefonbuch vorzulesen scheinen.

Die griechischen Nachrichten an diesem Samstagabend waren aber leicht verständlich, da sie beinahe nur Bilder von dem Orkan brachten, der in der Ägäis tobte. Wir sahen verwaschene Bilder eines Schiffsdecks, das halb unter kochendem Wasser verschwand, und einen Hubschrauber, der mit einer Seilwinde unbeholfene Schwimmwestenträger abbarg. Das war eindeutig. Auch zu dem Filmstreifen, in dem Feuerwehrleute an entwurzelten Bäumen herumzurrten sowie zu dem hilflos auf den Tragflächen liegenden Flugzeug, dessen Fahrgestell und verbogener Propeller anklagend in den düsteren Himmel zeigten, brauchte man keinen Kommentar. Eine dachlose Holzhütte in strömendem Regen und ein umgestürzter Baukran auf einem Parkplatz sprachen für sich. Weniger klar war uns der grinsende schnurrbärtige Grieche, der einer ganzen Schar jubelnder Gratulanten die Hand schüttelte. Das hätte ein Nobelpreisträger für Literatur sein können oder ein stolzer Vater von Zwillingen oder ein Politiker auf Stimmenfang. Dann wurde eine Wetterkarte gezeigt, und der Hafenkapitän pfiff durch die Zähne.

„Ich denke, wir werden heute abend nicht auslaufen", stellte B.A. mit stoischer Ruhe fest, „da buche ich lieber den Rückflug um, bevor wir Schiff und Masten riskieren." Ich zuckte mit den Schultern. Mir war auch Montag als Rückflugtermin recht, den hatte ich mir sowieso freigenommen, um den Seesack gemütlich auspacken zu können.

In diesem Moment lachte Barawitzka plötzlich dröhnend auf.

Ich sah überrascht auf den Bildschirm. Man sah lange Menschenschlangen auf einem Flughafen, Reisende, die auf ihrem Gepäck saßen oder lagen und eine große Abflugsanzeigetafel, auf der neben den verschiedenen Flugnummern „Cancelled" angezeigt wurde.

„Sie streiken. Hahahaha! Sie streiken. In Athen wird gestreikt. Nichts fliegt mehr, haha!" B.A. hämmerte vor Begeisterung mit beiden Fäusten auf den Tisch. „Das ist natürlich super. Wozu mach ich mir Sorgen? Jetzt können wir gar nicht nach Hause fliegen. Wenn die Griechen einmal streiken, dann dauert das Wochen. Den Göttern sei Dank, eine bessere Ausrede für einen verlängerten Urlaub hätte selbst ich nicht erfinden können. Einen Krug Wein, das muß gefeiert werden. Das ist super."

Ich sah auf die Wirtin, sie lehnte an der Theke und ein triumphierendes wissendes Lächeln glänzte in ihren schwarzen Augen.

Jetzt war es sicher − wir waren verloren. Sie war Circe, die schöne Zauberin, und wir mußten nun ein Jahr auf Milos bleiben, wie es geschrieben stand. Ich nahm meine Buntstifte und zeichnete B.A. und den Hafenkapitän beim Mühlespielen. Dann versuchte ich, Circe zu zeichnen, aber es wurde nichts Rechtes, einmal sah sie viel zu alt aus, das andere Mal viel zu jung. Zauberinnen sind schwer zu zeichnen.

Barawitzkas Heimkehr

Verheißungsvolle Rauchsignale · Ein Torpedo als Souvenir · Rudi, der rundum glückliche Mensch von Kea · Der Klabautermann ist an allem schuld

Das Ende einer Seereise ist immer etwas deprimierend und kommt plötzlich und unerwartet. Da gibt es kein sich steigerndes Finale mit großem Chor und letztem glanzvollen Auftritt aller Mitspieler, kein Happyend, sondern eine Segelreise ist ohne besonders ersichtlichen Grund auf einmal vorbei. Auch wenn Minuten vorher die Crew noch lustig die letzten Bierdosen aufknackte, sich in der Sonne an Deck räkelte oder sich den letzten Salzspray wie eine seltene Köstlichkeit von den Lippen leckt, in der Sekunde, in der die Segel aufgetucht sind, die Leinen belegt und die Dieselmaschine zum letzten Mal abgestellt wird, in dieser Sekunde stirbt die Segelreise. Übrig bleibt eine wehmütige Leere, die sich auch nicht durch markige Aufrufe zu einem letzten Krug Wein auf die herrliche Freundschaft oder durch die Hoffnung auf kostbare Erinnerungen, die durch öfteres Hervorholen poliert und durch die Zeit veredelt werden, verdrängen läßt.

So war es auch diesmal.

Kaum, daß die HIPPODACKL in Zea vertäut lag, standen alle ungeduldig herum und wollten fort. Ein letztes vertrautes Tätscheln des Mastes, der Winsch, ein kurzes verträumtes Drehen am Steuerrad, ein Blick hinauf zu den Wanten und Stagen, das Klicken der Schappdeckelschlösser beim Schließen, und unser Griechenland-Törn war vorbei.

Unserer Stimmung entsprechend, begann es sofort aus einem grauen Himmel zu nieseln. Es nieselte auch noch, als die rotsilberne AUA-Maschine mit dröhnendem Gegenschub in Schwechat aufsetzte. Wir zerrten die schweren Segelsäcke vom Laufband der Gepäckausgabe und wankten damit zum Ausgang.

„Was haben Sie denn in diesen riesigen Säcken?" fragte der Zöllner mißtrauisch.

„Schrecklich schmutzige Wäsche, salzverkrustetes Ölzeug, schimmlige Socken, sonnenölgetränkte Pyjamas und rostige Segelmesser. Wollen Sie sehen?" sagte Giselher zuvorkommend und lud seinen Sack auf dem Kontrolltisch ab.

„Oh je, Segler", stöhnte der Zöllner, „machen Sie, daß Sie mit diesem Zeug weiterkommen und packen Sie mir ja nichts aus. Vorige Woche waren Segler da, die haben hier einige große Muscheln aus einem Plastiksack ausgewickelt, die sie vom Roten Meer mitgebracht hatten. Unter den anderen Fluggästen ist beinahe eine Panik ausgebrochen. Diese Muscheln haben noch bestialischer gestunken als der tote Dackel, den ein Las-Palmas-Urlauber einmal in seinem Koffer durchschmuggeln wollte. Tragen Sie Ihre Säcke schnell hinaus an die frische Luft, gemma, gemma!"

„Ihr Wunsch ist uns Befehl, auf Wiedersehen", grinste Giselher und schulterte seinen Sack wieder, weil ihm schon ein wenig bange gewesen war. Wegen der vielen Tabaksdosen, die er im Zollfreiladen in Athen gekauft hatte.

„Ruf doch vielleicht erst zu Hause an, B.A.", riet Simon, „wenn da zufällig noch alles voller Gäste ist, komme ich mit und helfe dir die Freier zu erschlagen und danach die Wohnung aufzuräumen."

„Sei nicht deppert", knurrte Barawitzka übelgelaunt, „ich finde diesen Odysseus-Blödsinn überhaupt nicht lustig. Ich muß sofort in mein Büro, dort geht alles drunter und drüber." Er schauderte in dem kühlen Wind und winkte einem Taxi.

„Du meinst, die Freier sitzen in deinem Büro und machen deiner Sekretärin unsittliche Anträge, saufen deinen Repräsentationswhisky und rauchen deine kubanischen Kundenzigarren?" fragte Simon. „Ich wußte nicht, daß deine Sekretärin Penelope heißt. Wird sie dich erkennen, nach all den Jahren? Was meinst du?"

„Laß mich endlich in Ruhe mit diesen blöden Sagen und deinen geschmacklosen Witzen", sagte Barawitzka gereizt, warf seinen Seesack auf den Rücksitz eines Taxis und sich selber auf den Nebensitz. „In die Riemergasse, aber presto! Geben Sie Vollgas!" befahl er dem Taxifahrer. Der Mercedes brauste davon, und jetzt standen nur mehr acht kleine Seglerlein im Herbstwind.

Da unsere Maschine nicht flugplanmäßig gelandet war, standen keine

254

freudestrahlenden Anverwandten und Lieben am Flughafen, um die ruhmreiche Mannschaft der HIPPODACKL abzuholen. Da die vielen Telegramme und Botschaften, die wir von verschiedenen Inseln abgesandt hatten, meistens verstümmelt oder zu spät eintrafen, waren die Frauen zweimal vergeblich am Flughafen gewesen und hatten deshalb vielleicht unserem letzten Telegramm aus Athen nicht mehr so recht geglaubt.

Bei einem Fluglotsenstreik ist es immer recht mühsam, jemand abzuholen, von dem man nicht weiß, wann er ankommt.

„Na ihr Matrosen, warum schaut ihr denn so traurig in die Gegend? Hallo, Karl! Ihr seht aus wie Iranflüchtlinge, wollt ihr in die Stadt?" Ein roter AVIS-Kleinbus bremste neben mir, und ein junger blonder Mann grinste aus dem Seitenfenster.

„Josef, dich schickt Hermes! Wir waren in Griechenland beim Streik verschollen."

Josef sprang lachend aus dem Bus und riß die Schiebetüren auf. „Immer nur rein mit euch! Is' was – dann AVIS! Gelt?"

Wir stopften unser Gepäck und die restliche Crew in den Bus, und Josef fuhr los.

Die letzte Etappe unseres Überführungstörns von Malta nach Athen war nicht ohne Dramatik gewesen. Von daher stammte zum Teil auch die üble Laune unseres Kapitäns.

Wir hätten wahrscheinlich wirklich ein ganzes Jahr in Milos bei Circe bleiben müssen, wenn uns Westermayer nicht gerettet hätte. Die Schiffsführung hatte sich in diesen Tagen erstaunlich gleichgültig, lax und entscheidungslahm gezeigt. Die Nachricht über den Fluglotsenstreik hatte auf die gesamte HIPPODACKL-Mannschaft wie ein Zauberspruch gewirkt, der das kritisch-wache Bewußtsein vollkommen lähmte, wie eine geheimnisvolle Droge, die große, tatkräftige Männer in verspielt in den Tag hineinblödelnde Kinder verwandelt.

Käptn B.A. Barawitzka versank in ein mehrtägiges Mühlespiel mit dem Hafenkapitän; Simon begann ein eigenes Hundertmeternetz zu knüpfen; Gludowatz klöppelte acht Stunden täglich in der Fabrik, als ob der Geist seiner fleißigen kroatischen Großmutter in ihn gefahren wäre; Max fand eine feste Anstellung bei unserem Fischbratkochkünstler in der Nebengasse; Felix und der Hofrat begannen oben bei der Tankstelle einen alten Traktor zu zerlegen; Georg half Circe im Kafeneion als Hilfskellner, Reispuddingrührer und Gläserwäscher; Giselher schloß sich einer Gruppe italienischer Landvermesser an, die eine neue Straße um den Hügel herum bauen sollten, und ich zeichnete eine Mappe voll mit kleinen, weißen, vierkantigen Häuschen, mit und ohne Oleander.

In der Nacht vom Mittwoch zum Donnerstag, um 03.36 − wie Giselher uns später berichtete − erwachte in ihm plötzlich das Erbe seiner seefahrenden Ahnen. Voll des griechischen Weines kam er von der Diskothek oben am Berg, kletterte an Bord und hörte plötzlich eine Stimme, die ihm befahl, sofort abzulegen. Er nahm ein Blatt der Crewliste − dieses Dokument seiner Heldentat liegt in unserem Logbuch − hakte die Anzahl der vorgefundenen schnarchenden Schlafsäcke ab, löste entschlossen alle Leinen, stieß die HIPPODACKL mit Berserkerkraft vom Kai und setzte allein alle Segel.

Am Morgen fanden wir ihn völlig entkräftet und übermüdet, aber mit mutig blitzenden, rotunterlaufenen Augen am Ruder, wie er leise unverständliche Heldengesänge sang und ebenfalls einhändig die Bordflasche gelenzt hatte.

Wir mußten ihm in die Koje helfen, so sehr knickten die Knie unter ihm ein. Aber Milos war nurmehr ein blasser Schatten in der Dämmerung im Süden, und wir waren Circes Bannmeile glücklich entronnen.

Kapitän Barawitzka erinnerte sich plötzlich, daß er zu Hause viel zu tun hatte, und daß Frau und Kinder sicher schon bange warteten. Die alte Bordroutine setzte schlagartig wieder ein. Wie auf einem entzauberten Dornröschenschiff begann Simon wieder Eier zu braten, der Hofrat schrubbte das Deck, ich zeichnete in der Seekarte und trug das Logbuch nach, Felix legte sich in die Sonne und Gludowatz stritt mit B.A. herum, welche der kykladischen Inseln wir noch besichtigen sollten.

Er verlangte entweder einen westlichen Umweg, um die Inseln im Saronischen Golf noch zu besuchen, oder einen östlichen Umweg, um in Syros oder Tinos anzulegen, weil bisher die Besichtigung alter Baudenkmäler und Ausgrabungen stark vernachlässigt worden sei.

Barawitzka lehnte das strikt ab und bestand auf einem möglichst direkten Kurs nach Athen. Nach und nach mischten sich die anderen HIPPODACKL-Segler in das Streitgespräch, und es wurde sehr laut an Deck. Der Hofrat wollte unbedingt nach Naxos segeln, Max hatte einen Bekannten in Kea, der dort das größte Hotel auf der Insel haben soll, und den wollte er besuchen; Simon brachte vor, daß angeblich auf Kithnos ein besonderer Wein wachse und wollte dort anlegen; Giselher plädierte eher für einen direkten Kurs nach Athen, um dort Besichtigungen zu machen, und Georg stimmte für einen zweiten Besuch von Mykonos.

Ich ging unter Deck, nahm mir die Karte her und zirkelte ein wenig darauf herum. Gerade als Barawitzka gönnerhaft lachend eine demokratische Abstimmung vorschlug, fiel mir der Zirkel zu Boden. Ich bückte mich, und da sah ich etwas, das mich stutzig machte. Auf meinem Notizblock waren viele ganz gleich aussehende Worte durchgedrückt. Ich hielt den Block schräg gegen das Licht. Jemand hatte öfters dasselbe Wort geschrieben und das oberste Blatt dann abgerissen.

„Geh, Karl! Gib mir den Schreibblock und Schere und Kugelschreiber herauf", rief Barawitzka in diesem Moment durch den Niedergang herunter. „Wir führen eine demokratische Abstimmung durch, weil wir uns auf kein gemeinsames Ziel einigen können."

Ich reichte ihm das Gewünschte und trug dann seelenruhig einen Kurs zu einer bestimmten Insel in die Karte. Ich wußte jetzt nämlich, wo wir hinfahren würden. Ich und Barawitzka wußten es. Er, weil er schon längst gefälschte Wahlzettelchen vorbereitet hatte, und ich, weil die durchgedrückten Worte auf dem Block alle Seriphos lauteten.

Ich sagte nichts, weil Seriphos geradezu ideal für eine ruhige Nacht lag. Genau in der Dämmerung würden wir die Insel erreichen.

An Deck zerschnitt B.A. einen Bogen Papier, jeder schrieb die Insel seiner Wahl auf ein Zettelchen, das dann zusammengerollt in Barawitzkas Prinz-Albert-Kappe landete. Die Kappe wurde geschüttelt, und Felix zog den Hafen der Verheißung.

Janos kam kurz danach herunter und suchte in der Kombüse nach einem Schnaps. „So ein Mist", knurrte er, „von all den schönen Inseln muß dieser Schmiermaxe ausgerechnet Seriphos ziehen. Hast du das Hafenhandbuch gesehen? Kahle, öde Insel, früherer Erzhafen, rostige Bergwerksanlagen verschandeln die ganze Gegend. So ein Mist!"

Als B.A. dann einen Kurs genau in die Bucht von Koutalas, den verlassenen Erzhafen, verlangte, wußte ich, daß er sich eine ruhige, ungestörte Nacht, ohne Kneipen, ohne Kafeneion und ohne listige Wirtinnen vorstellte.

Wie schon so oft auf dieser Reise, mußten wir später feststellen, daß man sich in Griechenland nichts vornehmen oder vorstellen soll. Es kommt nämlich immer anders.

Die Hügel der Bucht färbten sich rosa im letzten Licht der sinkenden Sonne, und die violetten Schatten in den Tälern wurden dunkel, als wir uns abends mit der sterbenden Brise gerade noch in die Bucht schleppten.

Barawitzka grinste wie der listige Odysseus, als der Hofrat und auch Georg mit langen Gesichtern die Ferngläser weglegten und irgend etwas von „total menschenleer" und „kein einziges Haus, alles ausgestorben" murmelten.

Eine recht lustlose Mannschaft barg die Segel, brachte Bug- und Heckanker aus, und nicht einmal, als Georg ein schon gespannter Gummistropp vom aufgetuchten Großsegel loskam und ihm die Plastikkugel ans Auge schnalzte, kam Stimmung mehr auf.

Georg massierte sein schmerzendes Auge und stieß Janos an.

„Sag, gibt es hier wenigstens Quellen? Dann könnte ich versuchen, ob ich eine Nymphe ansprechen kann."

Janos starrte ans Ufer. „Nymphen gibt es hier nicht, aber Indianer gibt's hier anscheinend. Ich sehe zumindest da hinten in der Bucht Rauchsignale."

Diese Meldung elektrisierte die Mannschaft. Alle verfügbaren Feldstecher wurden an Deck geholt.

„Es ist leider schon zu dunkel", ärgerte sich Westermayer, „aber irgend etwas brennt dort. Der Rauch steigt nur leider nicht hoch, sondern lagert sich an der Wasseroberfläche ab, so daß man nichts erkennen kann. Schiet! Jetzt ist die Sonne auch noch weg."

„Eine Sekunde lang war mir, als hätte ich Leute gesehen", meldete der Hofrat.

„Wie interessant", belustigte sich Barawitzka, „trugen sie Adlerfedern im Haar und Kriegsbemalung?"

„Aber es brennt dort etwas. Was kann das sein?"

„Pumpt doch das Schlauchboot auf und geht nachsehen, wenn ihr sonst keine Ruhe habt", empfahl Barawitzka und setzte sich gemütlich mit einer Zigarre ins Cockpit. „Wer weiß, vielleicht campieren dort wieder ein paar einsame blonde Französinnen und bringen kein gescheites Lagerfeuer zusammen? Vielleicht brauchen sie Hilfe und Würstchen zum Grillen?" fügte er sarkastisch hinzu.

„Vielleicht ist da ein Weinkeller, der Feuer gefangen hat, und wir können noch etwas retten, wenn wir uns beeilen", meinte Simon hoffnungsvoll.

„Es kann natürlich auch sein, daß da ein alter zurückgebliebener Bergmann auf eine Goldader gestoßen ist und sich jetzt Golddrachmen selber aus dem Erz herausschmilzt", spekulierte der romantische Hofrat.

B.A. lachte. „Oder es ist nur ein einäugiger Riese, der hofft, daß einer von uns so blöd ist ans Ufer zu rudern, damit er ihn braten kann. Hahaha!"

Max starrte noch immer durch sein Glas. „Es könnte natürlich auch sein, daß da Schiffbrüchige sind, die auf sich aufmerksam machen wollen", meinte er.

„Wo ist mein Reservemesser? Her mit der Signalpistole!" stieß Simon entschlossen hervor, und hätte ihn ein eventuell am Strand lauernder einäugiger Menschenfresser jetzt so gesehen, mit dem grimmig vorgestreckten Kinn und den zusammengekniffenen Augen, der wäre sicher vor Angst davongelaufen. „Wir fahren zur Erkundung an Land. Wer kommt mit?"

Es meldeten sich zu viele Freiwillige, so daß Giselher wieder mit seinen Auszählreimen die Anzahl auf die Tragfähigkeit des Schlauchbootes reduzieren mußte. Ich bemerkte aber, daß er schon viel von Barawitzkas Organisationstalent gelernt hatte, weil er die Landungspartie erst einschränkte, als unter der Mithilfe aller das Schauchboot, fertig aufgepumpt, zu Wasser gelassen und der Außenbordmotor montiert war. Freiwillige helfen lieber mit, wenn sie noch Aussicht auf Beteiligung haben, das ist eine alte Führungsregel. Außerdem beherrschte er die Demokratie durch Auszählreime schon recht gut, denn er befand sich selbstverständlich an Bord des Schlauchbootes, als es dann endlich knatternd in der blauen Nacht verschwand.

Ich mußte dann eine ganze Weile im Flaschenschapp suchen, um wenigstens eine halbvolle Flasche Ouzo zu finden, denn Westermayers unorthodoxes Ablegen in Milos hatte uns zwar gerettet, aber auch entschieden unterverproviantiert gelassen.

„Was kann da gebrannt haben?" fragte der Hofrat, der auch zu der Gruppe gehörte, die nach dem Reim: „...und Müllers Esel, der bist duuu!" an Bord bleiben mußte.

„Mich interessiert das nicht im geringsten", sagte B.A. und paffte seine Rauchringe gegen die mildes Petroleumlicht verbreitende Ankerlaterne.

Felix öffnete eine Dose Dolmati, den in Weinblätter gewickelten griechischen Reis, und es war eigentlich sehr gemütlich und ruhig an Bord.

B.A. runzelte die Stirne, als der Motor wieder herangurgelte. Zwischen Deckskante und unterem Relingsdurchzug tauchte Simons Gesicht auf, so wie wenn der sagenhafte Mann vom Meer an Bord gucken würde.

„Weißt du was gebrannt hat?" fragte Simon.

„Es interessiert mich genausowenig wie ein hübscher Transvestit in einer Bar", knurrte unser Kapitän, unwillig über die Störung.

Simon grinste. „Schade, dann gehen halt nur wir wieder an Land und essen ein paar frisch gebratene Sardinen und ein wenig von dem gegrillten Tintenfisch und dem Räucherkäse und trinken dazu eine Kanne Retsina. Adios und Aufwiedersehen."

Käptn Barawitzka sprang auf wie ein Prospektor, der den Ruf hört: „Goooold, Gold am Klondyke!" Er stürzte an die Reling und stotterte aufgeregt: „Sardinen? Tintenfische? Retsina? Wie? Wo? Wieso?"

Wenige Sekunden später tuckerten wir sehr vorsichtig mit dem überfüllten Schlauchboot zu der hinter einer Landzunge versteckten Fischertaverne, die das Landekommando entdeckt hatte.

„Wir werden auf unseren Käptn in Zukunft mehr aufpassen müssen", flüsterte mir Simon ins Ohr, „wenn er wirklich auf Transvestiten so anspringt wie auf gebratene Sardinen."

Giselher leuchtete uns mit seiner Taschenlampe, und im Finstern konnte man eine steinerne Hausmauer ausmachen, zwei Tische unter einem Ölbaum, an dem einen saß ein halbes Dutzend stummer Fischer oder Bauern, an dem anderen lärmte das erste Landungskorps. Das in der Dämmerung gesichtete Feuer war zu einem dunkelrot glühenden Glutnest heruntergebrannt, und ein vollbärtiger Mann grillte Sardinen auf einem primitiven Drahtrost. Jemand drückte mir im Dunkeln einen Becher Retsina in die Hand.

„Eine Traumbucht", sagte Janos begeistert. „Aber diese Hafenhandbücher sind doch recht unzuverlässig, nicht?"

„Ich werde ein neues Hafenhandbuch herausgeben", sagte Simon, „eines, wo die guten Kneipen auch wirklich eingetragen sind und nicht nur unwichtige Erzminen und uninteressante Hausruinen."

„Das ist dann kein Hafenhandbuch", mischte sich Max ein, „sondern eher ein Retsina- und Ouzoführer durch die griechischen Hafenkneipen, mit Angaben so wie: ‚Kafeneion peilt 90°, Wirtin hübsch, es empfiehlt sich aber, dem Wirt zu vorgerückter Stunde die Brille wegzunehmen, damit keine Fremdenfeindlichkeit aufkommt'. Oder: ‚Sie gehen am venezianischen Kastell, am Museum, am Grabmal Homers, an der Ikonenausstellung vorbei und finden die wirkliche Attraktion der Insel, den BLAUEN ANKER, wo ein ausgezeichneter Rosé serviert wird'. Statt Sterne könntest du für gute Kneipen drei oder vier Korkenzieher vergeben, hahaha!"

Barawitzka bestellte Retsina für die Fischer, die daraufhin plötzlich aktiv wurden. Einige riefen „Jassu!" und grüßten mit ihren Gläsern, zwei verschwanden und erschienen kurz danach mit einem uralten Jeep, auf dessen Ladefläche eine sonderbare Maschine montiert war. Dann haspelten sie Garn oder Draht ab und werkten in den Zweigen des Ölbaums herum, wobei sie unter viel Gelächter auf den wackeligen Sesseln balancierten. Mit einer Kurbel warfen sie die Maschine auf dem Jeep an, und dann war es wie zu Weihnachten. Die Maschine sprang keuchend an, und je mehr Umdrehungen sie gewann, desto heller leuchteten die zwei kleinen Lämpchen in den Zweigen des Baumes über unseren Köpfen. Wir applaudierten begeistert dieser nicht nur überraschenden, sondern auch äußerst gastfreundlichen Geste.

Wir sagten „Jassu" und „Efcharistó", und Janos Gludowatz brach mit Simon und Felix auf, um sofort sein Griechisch-Stereogerät von Bord der HIPPODACKL zu holen. Die Sardinen schmeckten hervorragend, der Tintenfisch war zart und der Räucherkäse so würzig und fett, wie man es bei echtem hausgemachten Käse erwartet.

Felix, Westermayer und der Hofrat gingen den seltsamen Dynamo untersuchen, und die Überraschungen des Abends rissen nicht ab.

„Stellt euch vor", sagte Westermayer, „das ist ein alter U-Boot-Dynamo. Man kann auf dem Schild gerade noch ‚Siemens‘ und ‚Unterseeboot...‘ und den deutschen Adler mit dem Hakenkreuz ausmachen."

Jetzt war der Abend perfekt. Als Janos mit seinem Dolmetschgerät zurückkam, hörten wir eine wilde Geschichte von einem in der Bucht aufgelaufenen U-Boot, von einem deutschen Kaleu, der das Boot mit Hilfe der Fischer vor alliierten Fliegern tarnte und nach Kriegsende gegen ausgebaute brauchbare Maschinen den Fischern einen Kaiki abkaufte, um mit seinen Leuten nach Kiel heimzusegeln.

„Wahnsinnig interessant", kommentierte Gludowatz zu den Klängen von Vivaldis Largo, „der alte Großvater hier sagt, er habe die Unterwasserkanone noch versteckt, und ein paar Torpedos hat er auch noch, und die Türken würden schön schauen, wenn sie da einmal landen wollten."

Simon hatte die Instrumente der Bordkapelle mitgebracht, und wir spielten den Fischern unser Renommierstück vor. Während zwei der Fischer versuchten, auf der Okarina und Janos Mandoline ebenfalls etwas zum besten zu geben, beugte sich Barawitzka zu mir herüber. „Ich fürchte, das wird eine lange, laute Nacht. Eigentlich wollte ich mich heute einmal ausschlafen."

Nachdem ein Kapitän immer recht hat, blieben wir bis zum ersten nautischen Dämmerlicht des Morgens unter dem Ölbaum sitzen. Simon hatte dem Großvater noch einen Torpedo abgekauft für zwei Liter Retsina, aber der Großvater konnte das Versteck nicht mehr finden. Das war auch besser so. An Bord lebten wir ohnehin schon ein wenig gedrängt, und so ein Torpedo mitten in der Kabine nimmt viel Platz ein. Außerdem glaube ich, hätte ihn Simons Frau über die Reling des Balkons der netten Wohnung gestoßen, wenn er mit dem riesigen Souvenir zu Hause aufgetaucht wäre. Auch wenn sich ein Torpedo über dem Kamin sicher recht nett ausmacht; wie ich österreichische Seglerfrauen kenne, haben sie für doppelte Palsteks, auf einem Brettchen montiert, mehr über.

Wir liefen gegen neun Uhr mit einer stark reduzierten Wache aus der

Koutalas-Bucht aus. Überall an Deck lagen Matrosen herum und versuchten, in Büchern zu lesen. Die meisten hatten allerdings die Bücher oder Magazine aufgeklappt auf dem Gesicht liegen und träumten wahrscheinlich von gebratenen Sardinen, Siemens-Dynamos und geheimnisvollen U-Booten.

Bei einer frischen Brise, einem wie geschliffen glitzernden, kupfervitriolfarbenen Meer, einer warmen Sonne, war das einer jener Segeltage, die man nur genießen, aber über die man nichts erzählen kann. Wie soll man denn auch jemand klarmachen, daß man einen Tag lang nichts gemacht hat, außer an Deck zu liegen oder am Steuer zu drehen, und die ganze Zeit nur in den blauen Himmel oder in die blaue See gestarrt hat und zufrieden war, wie ein Delphin im Wasser oder ein Pinguin auf seiner Eisscholle. Dabei einen ganzen Tag lang kein einziges Mal daran gedacht hat, daß das Benzin täglich teurer wird, daß man wieder einmal zum Zahnarzt gehen muß oder daß man in der Firma eigentlich wie ein mittelalterlicher Leibeigener ausgenützt wird. Wir waren, wie der französische Philosoph Jean Gebser in einem klugen Buch schrieb, „eins mit der Natur, ein Bestandteil des Kosmos, des Himmels, des Meeres und der Winde. Verbunden durch ein kollektives, instinktives Verstehen, ein traumhaftes Begreifen, eine mythische Verbundenheit mit allen Lebewesen und mit der Natur ...". So glücklich sollen angeblich die Menschen gelebt haben, bevor sie aus dem Paradies vertrieben wurden. Ich meine, bevor sie anfingen nachzudenken, was ist Intelligenz, was ist Sünde, was ist Pflicht, was ist Faulheit, und die Leistungsgesellschaft erfanden und die Jagd nach einem immer höheren Lebensstandard.

Damit Sie sich, lieber Leser, jetzt nicht fragen, in welche Superschule ich einmal gegangen bin, weil ich Jean Gebser gelesen habe, möchte ich gleich hinzufügen, daß Seesegler wahrscheinlich vielseitig belesene Leute sind. Bücherschapps auf Segelschiffen enthalten neben Fach- und Seehandbüchern eine besonders kuriose Auswahl an Literatur. Auf den seltsamsten Wegen verirren sich Bücher an Bord und bleiben dort. Und in Ermangelung anderer Unterhaltung auf langen Reisen greift man dann doch nach dem „Handbuch für die Aufzucht von irischen Wolfshunden" oder „Die Erkrankungen des Kehlkopfs" und liest über erstaunlich interessante Details. So habe ich alle 1200 Seiten der Gideon-Bibel am Strand von Rarotonga gelesen, weil diese Bibel das einzige Buch war, das im benachbarten Hotel verborgt wurde. Auf dem Südatlantik wurde ich Fachmann für die Verschiebungen der Erdkruste und der Kontinente während der Eiszeit, und Perry Rhodans phantastische Abenteuer in fernen Milchstraßen begleiteten mich während eines verregneten Törns in der Ostsee. Jean Gebsers kluges Buch borgte mir ein alter Einhandsegler in Castries (St. Lucia), während ich auf ein winziges kompliziertes Ersatzteil für den Schiffsdiesel aus Stuttgart wartete.

An diesem traumhaften Segeltag jedoch lasen wir nicht, sondern segelten wie die uralten mythisch mit der See verbundenen Vorsintflutburschen, blätterten nur kurz im Hafenhandbuch, um uns über die Einfahrt nach Aghios Nikolaos, dem Hafen der Insel Kea, zu informieren.

Wir waren schon sehr gespannt auf das Restaurant von Max' Bekannten, das er uns in den höchsten Tönen angepriesen hatte.

„Ihr werdet Augen machen", hatte er den Vormittag über geschwärmt. „Mein Freund ist vor vier Jahren nach Griechenland ausgewandert und hat sich praktisch aus dem Nichts ein gastronomisches Imperium aufgebaut. Er hat zwar Grund und Boden geheiratet, aber das Restaurant verdankt er nur seiner Tüchtigkeit. Dutzende Kellner, Kerzen auf den Tischen, schweinsledergebundene Speisekarten, Damasttischdecken, das müßt ihr euch vorstellen, auf Kea! Die Kreuzfahrtschiffe machen eigens hier einen Nachtstop, damit die Passagiere einmal wirklich gut essen gehen können. Den Martini mischt er in riesigen Kesseln mit einer Art Außenbordmotor, den er selber konstruiert hat."

„Du siehst mich staunen", sagte Simon bewundernd, „das nenne ich Mut, sich auf einen Außenbordmotor zu verlassen, wenn gleichzeitig 600 Gäste auf einen Aperitif warten. Bei der verbrieften Unzuverlässigkeit dieser verdammten Zweitakter."

Kaum hatten wir am Kai von Aghios Nikolaos festgemacht, und unser Kapitän hatte den üblichen Höflichkeitsbesuch beim Hafenkapetanjos hinter sich, da zogen wir zum letztenmal auf dieser Reise die noch immer verhältnismäßig weißen Hosen an, schlüpften in die letzten frischgewaschenen HIPPODACKL-Leiberln und marschierten los, Maxens Freund, den Restaurantkettenbesitzer, zu besuchen.

„Zu Fuß können wir da aber sicher nicht hingehen", meinte Georg, „sollen wir uns ein Taxi nehmen?"

Max winkte ab. „Es muß direkt hier am Hafen sein. Wir sind ihm immer willkommen, das hat er einmal in einem Brief geschrieben. Er wird sich schrecklich freuen, wenn wir ihn so überraschen. Nachdem wir ja ursprünglich nach Zakynthos segeln wollten …" Er hatte sich schon so gut eingelebt, daß er mir einen hämischen Blick zuzuwerfen wagte, „… hab' ich ihm ja nicht geschrieben, daß wir kommen. Da entlang, es muß der moderne Bau da unten sein."

Der moderne Bau da unten war aber ein Hotel, das einem gewissen Georgosopoulos gehörte.

Max ging fragen, kam aber stirngerunzelt zurück. „Komisch, ‚Chez Rudi' kennen die da nicht. Sein letzter Brief war zwar schon vor einem halben Jahr, aber ich bin sicher, er hätte mir geschrieben, wenn er umgebaut und einen noch vornehmeren Namen draufgeschrieben hätte." Wir marschierten also den Kai wieder zurück, aber weder das „Stella Maris", das „Psari kucina", das „Homeros" oder die Bar „Kapetanjos Alexander" gehörten dem tüchtigen Rudi. Plötzlich blieb Max stehen und schlug sich an die Stirne. „Natürlich! ‚Chez Rudi' ist sicher ganz vornehm in der Hafenparallelstraße, so wie das Fischrestaurant in Milos, kommt, wir gehen da entlang."

Nach einigen Kabellängen Parallelstraße hatte Barawitzka genug und erklärte, er denke nicht daran, wie ein Idiot hinter Max dreinzulaufen, er würde sich jetzt in der nächsten Kneipe einen Schnaps kaufen und dort solange warten, bis das verdammte Restaurant gefunden worden wäre.

„Haha! In Kea gibt es zwei Rudis", lachte der Hofrat und zeigte auf ein buntbemaltes Schild auf einer winzigen Bude. „Rudi's Suvlaki Ecke", las er vor.

Max lachte herzlich, als er die Bruchbude sah. „Das ist witzig! Hahaha! Wie dieser hagere Grieche in der schmutzigen Schürze, der dort Hammelstückchen am Spieß und Pommes frites verkauft, auf die Idee kommt, sich den Namen eines so berühmten Restaurants … Oh – mein Gott! … Hallo Rudi …" Seine Stimme erstarb. Der schmuddelige Grieche hatte sich umgedreht und blies fest auf einen Finger, den er sich gerade beim Umwenden der Spießchen auf dem winzigen Holzkohlenrost verbrannt hatte. Er starrte eine Weile auf den blaß gewordenen Max, dann dämmerte etwas wie Erkennen in seinen Augen, und er rief freudig überrascht: „Max, du alter Erdäpfelschalenstampfer und Tellerwäscher! Hab' nicht gedacht, daß ich deinen Rübezahlbart je wiedersehe. He, he, bist auch nicht schöner geworden in den Jahren."

Die beiden Köche packten sich an den Schultern und rüttelten sich gegenseitig, wie um die Rührung, die aufstieg, wieder hinunterzuschütteln. Da „Rudi's Suvlaki Ecke" wirklich nur eine Ecke mit einem Rauminhalt von maximal zwei Kubikmetern war und mit dem Holzkohlenrost, dem Pommes-frites-Kessel, einem Eiskasten, einem Kaugummispender, zwei Fliegenfängern und mit Rudi und Max bereits vollkommen überfüllt wirkte, angelte Käptn Barawitzka mit dem Bordschuh nach einer leeren Bierkiste und setzte sich gemütlich an den Straßenrand.

„Super", sagte er sarkastisch und tat so, als würde er sich bewundernd in einem Lokal umsehen, „die vielen Kellner, das Porzellan, das alte Silber, die Kristalluster, die echten Stilmöbel, der El Greco dort, mit dem Matrosen und der Aufschrift ‚Stella Bier', die schweinslederne Speisekarte, die geschickt als Kreidetafel getarnt ist, die Champagnerkübel, das imponiert mir schon, muß ich sagen. Gegen diesen Rudi sind die Werbetexter von Ferienwohnungen wahre Ehrlichkeitsfanatiker. Wo mag er wohl seinen 100-Liter-Martinimischer zu stehen haben?"

Der gelungene Gag mit Rudis Restaurant versetzte uns alle in eine ausgelassene Stimmung. Wir lümmelten mitten auf der Straße auf Cola- und Bierkisten herum, fraßen Rudi den Vorrat an Suvlaki-Spießchen weg, tranken ihm seine Korbflasche mit billigem Retsina aus, halfen ihm dann, die Portale des Luxusrestaurants zu schließen und schleppten ihn zum „Kapetanjos Alexander" auf einen vernünftigen Umtrunk. Zu unserer Überraschung hörten wir dann dort von Rudi keine sentimentale Saga von Enttäuschung und Niedergang, von Entbehrungen und furchtbaren Schicksalsschlägen auf fremder Erde, wie wir erwartet hatten, sondern Rudi versicherte uns lachend, er sei der glücklichste Mensch der Insel. Er habe die beste Frau der Welt, fünf goldige Kinder mit griechischen Nasen, einen winzigen Weingarten, eine kleine Herde Schafe, und er würde mit niemand tauschen wollen. Er grinste uns zahnlückig an. „Ich bin der freieste Mensch der Welt. Keine Angestellten, keinen Ärger. Ich brate Suvlaki, wenn es mich freut. Wenn es mich nicht freut, sperr ich die Bude zu und geh angeln. Ha! Ich kann mich mit meinen Gästen unterhalten so lange ich will, da kommt keiner und ruft ungeduldig: ‚Herr Rudolf, ich möchte endlich zahlen!' Bei mir zahlen die meisten Gäste überhaupt nichts. Sie essen meine Spießchen, und dafür doppelt mir der eine die Schuhe, der andere liefert das Brot, dieser bringt dafür Wein oder Käse. Das ist viel lustiger. Ich brauche am Abend nicht abzurechnen und mich nicht mit Buchhaltung herumärgern. Ha!" Er klopfte Max auf die Schulter und beschwor ihn, als Kompagnon dazubleiben.

„Und warum hast du mir in den Briefen solche Märchen erzählt?" fragte Max.

Rudi lachte herzlich. „Ich habe gewußt, das freut dich, wenn ich so was erzähle. Ich freu' mich, wenn sich andere freuen. Außerdem ist nicht alles gesponnen. Wenn die Kreuzfahrtschiffe anlegen, habe ich Hochbetrieb, da stehen alle bei mir, weil auch die Touristen nicht die Brieftasche haben, da unten bei der ‚Psari kucina' für eine magere Makrele mit Salat und schwarzen Oliven den Preis eines Taschenradios hinzublättern."

Wir erzählten ihm von unserer Fahrt, und eines der großen ungelösten Geheimnisse von Chozzoviotissa klärte sich, da Rudi noch besser Griechisch konnte als Gludowatz samt seinem Vivaldi. Das geheimnisvolle ‚Spathi', das der Einsiedler zu Viktor gesagt hatte, bedeutete ‚Pik-As'. Der Hofrat wurde daraufhin sehr einsilbig, und etwas später weinte er in sein Glas.

Sehr viel später erfüllte sich dann auch noch die zweite Voraussage des Einsiedlers, sehr zu Janos' Verdruß. Beim Heimweg zur HIPPO-DACKL marschierten wir heiter über den Kai. Die Sterne funkelten unwirklich am Nachthimmel, von irgendwo her klang Bouzukimusik, Janos stolzierte dahin, die Hände in die achterlichen Jeanstaschen gezwängt, den Blick in olympische Höhen gerichtet. Dabei übersah er leider die Eisenbahnschienen und stürzte schwer wie ein Gefesselter, weil er die Hände nicht mehr aus den Taschen bekam. Wir sahen das versprochene Blut auf seinem Gesicht und auf rauhen Steinen, wie der Einsiedler prophezeit hatte. Felix rannte, um den Medizinbeutel und die Restbestände an Mullbinden zu holen, Merfen Orange und Heftpflaster reichten gerade aus, um Janos noch einmal zusammenzuflicken.

Bis dahin war B.A. noch immer guter Laune gewesen. Er war auch noch gut gelaunt, als wir unten am Kai Stavros' Köhlerkaiki entdeckten und mit Stavros noch einmal in den „Kapetanjos Alexander" zurückgehen mußten, um Wiedersehen und eventuellen Abschied entsprechend zu feiern. Janos Gludowatz, unseren Reiseleiter, nahmen wir etwas in die Mitte, damit niemand erschrak, denn er sah aus wie Boris Karloff in dem Gruselfilm „Die Mumie".

B.A. war auch noch gut gelaunt, als wir erst sehr spät von Kea ablegten, weil uns Georg mitten im Ablegemanöver zweimal davonlief, um noch ganz schnell einen „Allerletzten" im „Kapetanjos Alexander" zu kippen, wie er sagte.

Ganz grantig wurde er erst nach dem Sabotageanschlag des Klabautermannes. Auf der letzten Reise hatten wir gröbere Schwierigkeiten mit diesem unsichtbaren blinden Passagier gehabt. In der Ägäis war er kaum zum Zug gekommen, vielleicht weil da die griechischen Götter stärker waren, aber auf dem letzten Bein der Reise, von Kea nach Athen, schlug er zu. Unsichtbar, schnell und heimtückisch.

In der Nacht schlief der Wind ein, und wir motorten viele Stunden dahin. Ich war gerade am Ruder, als der schwach rot glühende Kompaß plötzlich schwarz wurde. Ich blickte nach vorn, auch die Fahrtlichter brannten nicht mehr.

„Kein Licht!" rief jemand aus dem Dunkel des Niederganges.

„Kontrollier einmal die Sicherungen", rief ich zurück. Jetzt bin ich sicher, daß das damals der Klabautermann war und niemand aus der Mannschaft. Leider unternahm ich nicht sofort etwas. Andererseits muß ich bekennen, ich weiß kein Mittel gegen den Klabautermann. Wir haben später viele Fachbücher durchgeblättert, im Seglerlexikon steht nur, daß er auf Schiffen herumklabautert, was von „kalfatern" kommt, und mit einem Kalfaterhammer an den Rumpf klopft. Im Donauland-Lexikon steht ungefähr dasselbe. Im Brockhaus fanden wir noch, daß der Klabautermann weggeht, wenn man ihm ein kleines Röckchen und kleine Schuhe hinstellt, damit er was zum Anziehen hat. Der Hofrat erinnerte sich später, daß er im „Buch der Schiffbrüche" gelesen hätte, daß der Klabautermann Weihwasser nicht ausstehen kann. Womit ich ohnehin so gut wie hilflos gewesen wäre, denn ich habe keine Röckchen und Schühlein zum Hinstellen, und in der Bordapotheke fanden wir auch kein Weihwasser.

Jedenfalls ließ ich mich täuschen und auch Simon, der nachher, als die Katastrophe schon wieder vorbei war, grimmig erklärte, wie er den Klabautermann mit seinem Dolch verscheucht hätte, wenn ... na ja!

Als sich jedenfalls eine ganze Weile unten im Schiff nichts tat und ich dann schon ganz gerne wieder eine Kompaßbeleuchtung gehabt hätte, stieg Simon mit der Taschenlampe hinunter. Er meldete, daß kein Schwanz, geschweige denn ein Elektrikermeister, an den Sicherungen arbeite.

„Mann, da stinkt es aber sonderbar", rief er dann. „Wie bei uns im alten Chemiesaal." Eine Sekunde später schrie er aufgeregt: „Die Batterien kochen, Karl! Autsch! Jetzt hab' ich mich verbrannt!"

„Was ist da los?" brüllte Barawitzka schlaftrunken, da leuchtete es im Niedergang wie von einem Gewitter, im Lichtstrahl der Lampe stiegen Qualm und Rauch auf, und es begann ätzend nach verbranntem Isoliermaterial und glosenden elektrischen Wicklungen zu stinken. Barawitzka rief irgend etwas wie: „Achtung... Knallgas!" Ich fand das unnütz, denn wenn die Batterien schon längere Zeit so richtig gegast hatten, würden wir ohnehin keine Zeit haben, irgend etwas zu tun, bevor es knallte und ein blendender Lichtblitz die HIPPODACKL und ihre gesamte Crew zu den Sternen blies.

Aber es knallte nicht, sondern das Armaturenbrett leuchtete auf, die Zellonscheiben der Instrumente bräunten sich, warfen Blasen und dann begann alles zu brennen.

Jetzt zeigte sich der Nachteil eines gut eingedrillten Feuerlöschmanövers. Hätte Giselher nicht so darauf bestanden, weil er erst klebefrisch aus der Segelprüfung gekommen war, wäre jetzt die nicht trainierte Crew in natürlicher untrainierter Panik aus dem Vorluk gehüpft und hätte Simon genügend Ellbogenfreiheit gegeben, um das Feuerchen gemütlich mit dem Feuerlöscher ersticken zu können. So aber, dank des geübten Drills, stürzten sich sechs bis sieben Mann gleichzeitig auf den Feuerlöscher, zwölf oder vierzehn Fäuste rissen ihn los, öffneten alle Ventile, schlugen alle einschlagbaren Knöpfe, drehten alle drehbaren Griffe, und die Löschmannschaft verschwand langsam in einem sich aufblähenden Löschschaumberg. Das Feuer war inzwischen von alleine ausgegangen. In der Navigation rollte eine einsame Taschenlampe herum und warf zuckendes Diskolicht auf lustig herumtanzende weiße Schaumriesen, die husteten und spuckten.

Ein Schaumriese stürzte an Deck, daß die Flocken nur so nach allen Seiten flogen, und schüttelte die geballten Fäuste wie in unbändigem Zorn. „Welcher Idiot hat mir das Ventil unter den Pullover gesteckt?" brüllte der Schaumriese mit Barawitzkas Stimme.

Das war der Moment, wo unser Kapitän seine gute Laune verlor.

Als wir dann später den Hergang des Attentats rekonstruierten, Felix feststellte, daß jemand bei laufender Maschine die Hauptschalter eine Weile ausgeschaltet hatte, und dann wieder eingeschaltet hatte, bis der Regler durchgebrannt war, und dann wieder einschaltete, so daß sich die Batterien überluden, wurde B.A. noch etwas grantiger. Noch immer mit Löschschaumflocken im Bart, nahm er den Navigationsblock zur Hand und stellte eine Alibiliste auf, wie seinerzeit der berühmte Detektiv Poirot auf dem Nildampfer.

Als aus der Aufstellung und aus dem Vergleich der Alibis „Wer war wo, und wer kann das bezeugen?" eindeutig hervorging, daß keiner aus unserer Mannschaft ungesehen an die Schalter hätte gehen können und der Verdacht sich immer mehr auf den Klabautermann konzentrierte, wurde B.A. noch um einige Grade saurer. Als aber, noch etwas später, der genaue Umfang des Gesamtschadens bekannt wurde, daß nämlich nicht nur der Regler und das Armaturenbrett ausgebrannt waren, sondern auch die Drehstromlichtmaschine und der Starter durch Rückstrom Selbstmord begangen hatten, daß die Maschine, einmal abgestellt, niemals wieder angeworfen werden konnte und damit ein direkter Motorkurs bis Piräus den einzigen Ausweg bot, da hatte B.A. überhaupt keine Laune mehr. Das blieb so für den Rest der Reise und für den Heimflug nach Wien.

Auch die gelegentlichen Versuche Simons, B.A. mit kleinen Scherzchen und Vergleichen zwischen Käptn Barawitzka und dem berühmten Odysseus aufzuheitern, hatten keinen Erfolg.

B.A. hatte uns am Flughafen stehen lassen, wie er voller Zorn die HIPPODACKL in Zea Marina stehen ließ, mir das Kommando übergab, und einfach wegging. Ich fand das sehr positiv, wenn ich zwar nur sehr kurz Kapitän über ein demoliertes, ausgebrannt im Hafen liegendes Schiff war, aber es war mein erstes eigenes Kommando gewesen. Und so etwas erfüllt einen Mann doch mit Stolz.

Weniger mit Stolz erfüllte mich die etwas unangenehme Unterhaltung mit dem Vertrauensmann des Schiffseigners, der, trotz ausreichender Erklärungen von meiner Seite, nicht glauben wollte, daß da alles so ganz von alleine ausgebrannt war. Den Klabautermann lehnte er überhaupt ab, weil die Versicherung vielleicht noch „höhere Gewalt", aber sicherlich keinen Klabautermann als Schadensursache anerkennen würde. Obwohl ich ihm die armlange Schadensliste unter die Nase hielt, die Käptn Barawitzka schon in Malta aufgestellt und unterwegs ergänzt hatte, blieb er distanziert und mißtrauisch und verweigerte mir die Rückgabe der Kautionssumme, bis er mit Herrn Kettering gesprochen hätte und der Schaden repariert wäre. Außerdem nahm ich mir vor, nie mehr unbesehen ein Schiffskommando zu übernehmen, wenn der Kapitän gönnerhaft meint:

„Führ du mal die ganze Übergabe durch, so wie wenn du der Kommandant wärst, Karl. Da kann man viel lernen dabei. Ich muß nämlich telefonieren gehen."

Er sollte recht behalten, wie immer. Ich hatte nach der Übergabe wirklich viel gelernt. Es war das erste Mal, daß uns der Vercharterer nicht strahlend auf die Schultern klopfte, zu einem Glas Wein einlud und wohltuend seufzte: „Ach, würden doch alle Chartergäste das Schiff in einem so hervorragenden Zustand und so sauber zurückgeben."

Aber vielleicht sollte jeder neugebackene Kapitän gleich zu Beginn seiner Laufbahn übungsweise einmal ein Wrack an den Vercharterer zurückgeben. Die seelischen Wechselbäder, die er dabei erhält, sind ein ziemlich starker Anreiz, es das nächste Mal besser zu machen. Barawitzka war nicht nur ein besonders guter Kapitän, sondern man konnte von ihm auch sehr viel lernen.

Als daher Gludowatz jetzt im AVIS-Bus durch seine Verbände nuschelte: „Da vorne sehe ich ein Schwechater Schild, da könnten wir kurz stehen bleiben, auf ein Gulasch und ein Bier, und noch einmal besprechen, wie mir bei einem Sturm der Großbaum das Gesicht verkratzt hat, damit wir unseren Frauen dieselbe Geschichte erzählen", da führte ich blitzschnell eine demokratische Abstimmung in Barawitzkas Manier durch, und Josef, mein Autoverleihfreund, war recht erstaunt, als er erfuhr, daß er sich einer demokratischen Mannschaftsabstimmung beugen mußte.

So schlossen wir diese Reise auf eine würdige Art ab. Ich spendierte eine Runde, Janos spendierte eine Runde, nachdem ihm alle versprochen hatten, sich an die Version „Janos-schwer-verletzt-durch-Großbaum-im-Sturm" zu halten, und Giselher spendierte eine Runde, nachdem ihn Simon umarmte und freundschaftlich schüttelte wie ein Kind seinen Teddybär, damit er brummt, und ihm versicherte, zu Beginn der Reise habe er ihn für einen ekligen, hochnäsigen Segelvereinsmeier gehalten, aber jetzt sei er − Giselher − ihm so ans Herz gewachsen wie sein geliebtes Segelmesser, und er freue sich schon auf die nächste Dodekanes-Fahrt mit ihm zusammen.

„Ist das immer so lustig bei euch an Bord?" fragte mich Josef. „Dann möchte ich das nächste Mal auch mitfahren. Habt ihr noch eine Koje frei?"

Ich zupfte nachdenklich an meiner Nase. „Ich glaube, ich werde die Russen fragen, ob sie mir die TOWARISCHTSCH, das Segelschulschiff, im nächsten Frühjahr verchartern. Da gibt es 220 Kojen, das sollte reichen für alle, die mitsegeln wollen."

Auf vielfachen Wunsch alter Barawitzka-Fans wird hier das Rezept für „Bröselnudeln à la Rebitschek" nachgereicht, die auf unserem Malta-Törn Anlaß zahlreicher amüsanter Episoden waren.

Bröselnudeln à la Rebitschek

Zutaten für acht Personen:
1 kg Nudeln (Hörnchen, Makkaroni oder andere)
2 oder 3 Dosen Corned beef (je nach Geschmack)
1 oder 2 Dosen Erbsen
1 mittelgroße Zwiebel (gewürfelt)
4 bis 5 Eßlöffel Margarine (oder entsprechend viel Öl oder
  Schmalz)
1 gute Handvoll Brösel
1 Teelöffel Salz
Tabasco oder Chilipfeffer

In einem großen Topf einen Eßlöffel Margarine (oder die entsprechende Menge Öl oder Schmalz) erhitzen. Die Zwiebelwürfel dazugeben, umrühren. Sobald die Zwiebeln glasig sind, das Corned beef dazugeben, umrühren. Nun die Erbsen dazu. Ein wenig salzen und das Ganze bei kleiner Flamme vor sich hinköcheln lassen. Zwischendurch umrühren.

Einen noch größeren Topf voll Seewasser (oder gesalzenes Frischwasser) zum Kochen bringen, die Nudeln darin etwa acht Minuten kochen – sie sollen noch Biß haben, „al dente" sein, wie die Italiener sagen – und in ein Sieb schütten. Das restliche Fett in einer großen Pfanne erhitzen und die Brösel darin goldbraun werden lassen.

Nudeln in eine große Schale geben und mit der Corned-beef-Erbsen-Mischung verrühren. Nach Geschmack (scharf) würzen und die gerösteten Brösel darüber geben.

Ist ein Backrohr vorhanden, werden in eine große feuerfeste Form abwechselnd Nudeln und Erbsen-beef geschichtet und obenauf die Brösel und Margarineflocken gegeben. Das Ganze etwa 15 Minuten überbacken.

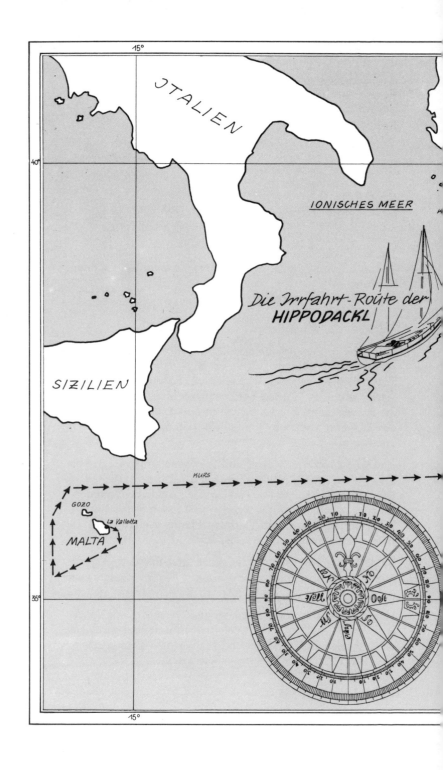

Weitere Reisen mit Käptn Barawitzka

Karl Vettermann

Barawitzka segelt nach Malta

Pannen über Pannen erschweren die Fahrt einer Yacht von Triest nach Malta. Doch Käpt'n Barawitzka bewältigt sie alle mit viel Humor und einem unvergleichlichen Organisationstalent.
264 S. mit 26 Zeichn., kart. DM 16,80

Barawitzka und der Taiwan-Klipper
Segelabenteuer in Fernost

Käpt'n Barawitzka überführt mit seiner zusammengewürfelten Crew die neue Yacht eines Freundes von Taiwan in die Adria. Eine abenteuerliche Reise, die viel länger dauert, als geplant ist.
328 S. mit 44 Zeichn., geb. DM 32,–

**Barawitzka –
Lauter Kapitäne, keine Matrosen**

Als „Flottenadmiral" führt Barawitzka vier Charteryachten aus der Adria nach Tunesien. Sie sind alle mit Führerscheinprüflingen besetzt, die selber einmal Käpt'n sein wollen.
280 S. mit 25 Zeichn., geb. DM 32,–

Preisänderungen vorbehalten!

DELIUS KLASING VERLAG